北京市社科基金重点项目"习近平总书记关于超大城市治理精细化论述的基本逻辑与实践路径研究"(编号：21GLA006)核心成果

中共北京市委党校（北京行政学院）学术文库"京"字号系列丛书

超大城市治理精细化的逻辑与路径

杨 旎 ◎ 著

中国社会科学出版社

图书在版编目(CIP)数据

超大城市治理精细化的逻辑与路径／杨旎著.—北京：中国社会科学出版社，2023.10

（中共北京市委党校（北京行政学院）学术文库."京"字号系列丛书）

ISBN 978-7-5227-2803-2

Ⅰ.①超… Ⅱ.①杨… Ⅲ.①特大城市—城市管理—研究—中国 Ⅳ.①F299.23

中国国家版本馆 CIP 数据核字（2023）第 225512 号

出 版 人	赵剑英
责任编辑	梁剑琴
责任校对	朱妍洁
责任印制	郝美娜

出　　版	中国社会科学出版社
社　　址	北京鼓楼西大街甲 158 号
邮　　编	100720
网　　址	http：//www.csspw.cn
发 行 部	010-84083685
门 市 部	010-84029450
经　　销	新华书店及其他书店
印刷装订	北京君升印刷有限公司
版　　次	2023 年 10 月第 1 版
印　　次	2023 年 10 月第 1 次印刷
开　　本	710×1000 1/16
印　　张	13.25
插　　页	2
字　　数	224 千字
定　　价	78.00 元

凡购买中国社会科学出版社图书，如有质量问题请与本社营销中心联系调换
电话：010-84083683
版权所有　侵权必究

特别鸣谢

北京大学书法家牛耕耘先生题写书名

序

在中国式现代化的推进过程中，城市治理作为国家治理体系和治理能力现代化的重要内容，直观反映着政治、经济和社会的互动进程。我国作为全球超大城市最多的国家，展开了积极的前沿探索。习近平总书记曾经强调，"城市管理要像绣花一样精细。越是超大城市，管理越要精细"，要"努力走出一条中国特色超大城市治理现代化的新路"，"加快建成具有世界影响力的社会主义现代化国际大都市"。在这一背景下，"精细化"既作为现阶段的重要治理目标，又作为实现现代化的重要治理手段，正着力回答超大城市如何从"规模开发时代"转向"存量更新精细运营时代"。

然而，面对近年来我国各大城市对治理精细化丰富的本土实践和生动探索，实务界和理论界鲜少进行系统总结和深度探讨。《超大城市治理精细化的逻辑与路径》一书在这样的背景下，通过对国内外大量超大城市的实践经验进行理论提炼、知识溯源，探寻超大城市治理精细化的思想渊源和理论发展的历史逻辑、现实逻辑和价值逻辑，力图厘清超大城市治理精细化的功能内涵和机制内涵，并在比较国外大城市治理精细化实践特征的基础上，系统总结了中国超大城市治理精细化的地理空间、技术空间、制度空间、权责空间以及需求空间的精细化模式。

超大城市是复杂的巨系统，亦是有机的生命体。全书把"精细化"作为时代命题、发展议题和观察切口，对其复杂的治理体制机制进行描绘，揭示了"精细化"理念在超大城市治理的理念转型、功能定位和方式转变上的作用机理，进而厘清了精细化的价值标尺、基本前提、方式方法和功能目的，反思了精细化的工具理性与价值理性问题和细节与系统的辩证关系。另外，作者进一步创新提出政党作为重要的治理主体，发挥了独特的功能和价值，逐步形成了中国"政党—政府—社会"的超大城市精细化治理三元架构和"一核多元"超大城市精细化治理共同体。提出在这一新型治理架构中，政党通过价值引领，弥补了精细化价值理性的缺陷；与此同时，通过组织覆盖、服务牵引、组织动员和资源整合，实现了精细化治理的全面性、穿透性和服务的精准性，并成为城市发展的价值"引导剂"、城市法律法规的"补充剂"、城市治理"条块分割"的"黏合剂"，为超大城市治理精细化做出了理论创新，同时为探讨构建中国式超大城市现代化道路做出了深入且具有创见性的思考。

总之，作者通过深入分析超大城市治理精细化的理论渊源、基本逻辑、丰富内涵和实践路径，对深化该领域的理论研究和实践创新都具有重要参考价值和全新启发。于实践而言，有助于基于超大城市发展阶段的规律特征和精细化的科学内涵，找准超大城市治理的发力点，促进超大城市从规模开发的外延扩张阶段向城市更新精细化运营的内涵发展阶段转型，进一步形成超大城市治理精细化的中国方案。于理论而言，该书也开启了"精细化"之于"超大城市治理"的内在逻辑、"超大城市精细化治理"之于丰富"习近平新时代中国特色社会主义"思想体系的实践探索、"中国超大城市治理精细化"之于"国外超大城市治理"模式比较的理论探讨，将有助于该领域理论体系的构建。

燕继荣

北京大学政府管理学院院长、教授

目 录

绪 论 ……………………………………………………………… (1)
  第一节 问题缘起 ……………………………………………… (1)
  第二节 研究述评 ……………………………………………… (4)
    一 对党中央关于超大城市工作论述的研究 ……………… (4)
    二 超大城市精细化治理的研究述评 ……………………… (6)
  第三节 核心概念 ……………………………………………… (8)

第一章 超大城市治理精细化的思想渊源与理论发展的历史
      逻辑 ……………………………………………………… (11)
  第一节 中外城市治理精细化的思想渊源 …………………… (11)
    一 中国古代"精细"思想文化渊源 ……………………… (11)
    二 马克思主义思想渊源 …………………………………… (13)
    三 科学管理主义的理论渊源 ……………………………… (15)
  第二节 城市治理精细化的理论发展 ………………………… (17)
    一 企业精益理念的提出与实践 …………………………… (17)
    二 精益理念对政府精细化管理的重塑 …………………… (19)
    三 精益理念及方法在城市治理领域的应用 ……………… (21)
  第三节 党建引领超大城市治理精细化的理论创新 ………… (22)
    一 中国超大城市"政党—政府—社会"的三元治理框架 …… (22)
    二 中国超大城市治理精细化中的党建引领的独特功能 …… (24)
    三 中国超大城市治理精细化中的党建引领机制 ………… (26)

第二章 超大城市治理精细化的现实逻辑 ……………………… (28)
  第一节 以问题为导向解决大城市病 ………………………… (28)
    一 超大城市的特征与发展阶段规律 ……………………… (28)
    二 超大城市城市问题的具体表征 ………………………… (32)

三　超大城市"大城市病"的病理分析 ………………………（40）
　第二节　超大城市发展阶段性规律驱动下的城市更新
　　　　　与精细运营 …………………………………………………（43）
　　　一　精细化运营是城市更新发展的必然要求 ………………（44）
　　　二　城市更新中多要素与多主体耦合需要精准治理 ………（45）
　　　三　城市更新中保护与更新尺度的平衡需要精细谋划 ……（49）

第三章　超大城市治理精细化的价值逻辑 ……………………（54）
　第一节　"以人为核心"的新型城镇化道路 ……………………（55）
　　　一　以人为核心的新型城镇化的背景 ………………………（56）
　　　二　以人为核心的新型城镇化的政策演进 …………………（59）
　第二节　以人民群众需求为导向的"人民城市"建设 …………（61）
　　　一　人民城市的理念价值 ……………………………………（62）
　　　二　人民城市人民建 …………………………………………（65）
　　　三　人民城市为人民 …………………………………………（69）

第四章　超大城市治理精细化的功能内涵 ……………………（73）
　第一节　超大城市的功能精简与精准定位 ………………………（73）
　　　一　功能集约与精准定位是超大城市治理精细化的前提 …（74）
　　　二　北京城市功能定位的历史演进 …………………………（75）
　第二节　超大城市的"减量发展"战略与区域功能协同布局 …（80）
　　　一　"减量发展"是超大城市精细化治理的全新理念 ………（80）
　　　二　以"减量发展"促进区域精细化协同与城市高质量
　　　　　发展 …………………………………………………………（83）

第五章　超大城市治理精细化的体制机制内涵 ………………（89）
　第一节　超大城市党建引领条块融通的精细化治理体制 ………（89）
　　　一　"条块分割"的传统城市管理体制的挑战 ………………（89）
　　　二　"条块分割"城市管理体制的原因分析 …………………（91）
　　　三　作为"黏合剂"的党建引领机制 …………………………（92）
　第二节　超大城市内外协同的精细化治理机制 …………………（96）
　　　一　超大城市群的城际协作机制 ……………………………（96）
　　　二　城市公私部门协同的精细化治理机制 …………………（101）

第六章　国外大城市治理精细化的实践特征 …………………（108）
　第一节　纽约城市治理架构与精细化治理的重点方向 …………（109）

一　权责清晰化：市—区—社区三层管理架构 ……………（109）
　　二　发展自下而上的治理的模式：扩大公民参与 …………（111）
　　三　注重包容性经济增长 ……………………………………（112）
　　四　促进繁荣的社区发展 ……………………………………（113）
　　五　智能化改革：提升数字化精细治理水平 ………………（113）
　　六　推进高效交通的建设 ……………………………………（114）
　　七　关注气候变化、创建宜居城市 …………………………（115）
第二节　东京城市治理架构与精细化治理的重点方向 …………（115）
　　一　政府机构精细化：独特的行政管理架构 ………………（116）
　　二　精细治理提早布局：着眼长期发展战略 ………………（117）
　　三　以可持续发展应对危机 …………………………………（117）
　　四　技术与经济领域精细治理的优先事项 …………………（118）
　　五　社会领域精细治理的优先事项 …………………………（119）
　　六　环境领域精细治理的优先事项 …………………………（121）
　　七　加强与其他地方政府的伙伴关系 ………………………（122）
第三节　伦敦城市治理架构与精细化治理的重点方向 …………（123）
　　一　精细的自治架构与法团管理 ……………………………（124）
　　二　与公共、私营和志愿部门合作，增进经济、社会
　　　　和环境福祉 ………………………………………………（124）
　　三　通过政企、校企合作，支持金融科技企业和中小企业
　　　　发展 ………………………………………………………（125）
　　四　着眼全球网络合作，推出"全球计划" ………………（126）
　　五　设立独立于大伦敦警察局以外的伦敦城警察局 ………（127）
　　六　与伦敦交通局合作，整合首都交通规划和运营 ………（127）
　　七　注重艺术和文化建设 ……………………………………（127）
　　八　联动促进智慧城市建设 …………………………………（128）
第四节　巴黎城市治理架构与精细化治理的重点方向 …………（129）
　　一　延续地方自治传统 ………………………………………（129）
　　二　加强公民对城市精细治理的参与，强调"开放治理" ……（129）
　　三　大力支持国际性学术交流，维持巴黎的高学术声誉 ……（130）
　　四　发展数字技术，创建联通城市 …………………………（131）
　　五　强调可持续发展 …………………………………………（132）

六　重视韧性城市建设 …………………………………………（133）
　　七　历史风貌保护制度化 ………………………………………（134）
第七章　中国超大城市治理精细化的实践模式 ……………………（135）
　第一节　地理空间精细化模式 ……………………………………（135）
　　一　网格化管理：基于地理细分的精细化管理模式 …………（136）
　　二　讨论与展望 …………………………………………………（143）
　第二节　技术空间精细化模式 ……………………………………（144）
　　一　智能化改革：基于决策精确化的精细化管理模式 ………（145）
　　二　讨论与展望 …………………………………………………（152）
　第三节　制度空间精细化模式 ……………………………………（154）
　　一　标准化改革：基于管理规范化的精细化管理模式 ………（154）
　　二　讨论与展望 …………………………………………………（161）
　第四节　权责空间精细化模式 ……………………………………（163）
　　一　权责体系改革：基于权责清晰化的精细化管理模式 ……（163）
　　二　讨论与展望 …………………………………………………（168）
　第五节　需求空间精细化模式 ……………………………………（170）
　　一　敏捷性改革：基于需求精准对接的市民诉求驱动型
　　　　精细化管理模式 ……………………………………………（170）
　　二　讨论与展望 …………………………………………………（176）
结论与展望　构建中国式超大城市现代化道路 ……………………（179）
主要参考文献 …………………………………………………………（182）
后　记 …………………………………………………………………（200）

绪　　论

近年来，在发展阶段的内在驱动、建设人民城市的价值要求和社会主要矛盾转变的现实诉求下，超大城市不断从外延式规模扩张的粗放建设模式转型为内涵式城市更新发展的精细化治理模式。在这一转型进程中，中国超大城市治理的精细化全方位深刻重塑了"政党—政府—社会"三者的治理结构，在价值逻辑、历史逻辑和现实逻辑的引领下，探索了基于精细化治理的城市功能内涵、体制内涵、机制内涵的完整体系。

实践层面，中国超大城市在地理空间、技术空间、制度空间、权责空间以及需求空间创新方面形成了五大精细化管理模式，为中国超大城市的深刻转型和更新提质发挥了显著作用，形成了中国式现代化城市的独特路径，为世界超大城市的转型发展和创新治理提供了生动的中国方案。

第一节　问题缘起

城市作为国家治理和社会治理的主要载体，决定了城市空间是国家政治、经济与社会关系的产物，体现着国家权力、经济发展与社会的互动关系。近些年随着中国城市大规模崛起和城镇化高速发展，中国城市在取得各项成就的同时，面临诸多挑战，特别是北京、上海等超大城市的"城市病"问题凸显。党的十八大以来，党中央高度重视城市治理工作，着力探索超大城市发展模式、管理方式的转型升级，指出"城市治理是国家治理体系和治理能力现代化的重要内容"。特别自2014年国务院将"城区常住人口超过1000万"的城市新增定义为"超大型城市"[①]以来，

[①] 根据2014年国务院下发的《关于调整城市规模划分标准的通知》，将城区常住人口1000万以上的城市划分为超大城市，城区常住人口500万以上1000万以下的城市划分为特大城市。

我国超大型城市已有上海、北京、深圳、重庆、广州、成都、天津 7 座，[①] 是全球拥有超大城市数量最多的国家。超大城市治理已经上升为新时代国家治理的前沿。[②]

近年来，习近平总书记多次视察北京、上海等超大城市，提出了"城市管理要像绣花一样精细。越是超大城市，管理越要精细""建设社会主义现代化国际大都市""建设人民城市"等城市工作的重要思想。在时隔 37 年再度召开的中央城市工作会议上，明确指出，"政府要创新城市治理方式，特别是要注意加强城市精细化管理"。2018 年，上海市颁布《关于加强本市城市管理精细化工作的实施意见》与三年行动计划（2018—2020）；2021 年进一步出台《上海市城市管理精细化"十四五"规划》。2019 年，北京市也出台《关于加强城市精细化管理工作的意见》。超大城市精细化管理的顶层制度设计标志着超大城市的发展理念与治理方式迈入全新阶段，中国超大城市发展重心正从"城市粗放型外延式扩张建设阶段"转型为"城市更新精细化内涵式治理阶段"。

在实践层面，北京、上海、深圳、成都、杭州等超大城市以城市群协同发展、城乡一体化发展及建设人民城市、公园城市和智慧城市的战略思路，沿着空间细分、制度细化、权责下沉、科学决策、供需精准对接等路径，创新探索了"党建引领街乡吹哨部门报到""接诉即办""疏解整治促提升""减量发展""五违四必""城市大脑""社区营造"等城市治理精细化的丰富路径，为中国式城市现代化道路提供了独具特色的方案。

面向未来，在城市更新精细化运营的内涵式治理阶段，中国超大城市如何建设"社会主义现代化国际大都市"，为探索超大城市治理精细化这一世界级前沿难题提供中国方案，我们亟须思考以下几个问题：

（1）当前发展阶段为何对中国超大城市提出了治理精细化的需求？
（2）近年来中国超大城市治理精细化探索了哪些实践模式？
（3）中国超大城市治理精细化的基本逻辑与内涵体系是什么？
（4）中国为世界超大城市治理精细化提供了什么具有中国特色的方案？

[①] 国家统计局：《经济社会发展统计图表：第七次全国人口普查超大、特大城市人口基本情况》，《求是》2021 年第 18 期。

[②] 赵孟营：《超大城市治理：国家治理的新时代转向》，《中国特色社会主义研究》2018 年第 4 期。

基于此，本书尝试从超大城市治理精细化的基本逻辑、超大城市治理精细化的内涵体系和超大城市治理精细化的实践路径三大部分展开。通过全面梳理、系统分析党中央对超大型城市治理精细化的具体论述和工作部署的基本逻辑，以及当前超大城市精细化治理实践路径的类型分析，系统总结新时代超大城市发展阶段精细化治理的理论和实践价值。一方面探索中国超大城市治理精细化的观念形成、理论渊源、理论发展与创新，补充该领域的研究短板；另一方面尝试回答"精细化"之于"超大城市治理"的内在逻辑、"超大城市精细化治理"之于完善"习近平新时代中国特色社会主义制度"思想体系的理论贡献、"中国超大城市治理精细化"之于"国外超大城市治理模式"的理论总结，以推动形成具有中国特色社会主义制度的"符合超大城市特点规律的中国方案"。

具体而言，第一、第二、第三章分别通过历史逻辑、现实逻辑和价值逻辑三条逻辑线索，探讨中国超大城市治理精细化从马克思主义到历代领导人关于城市治理理论历史逻辑的演变机理及党建引领超大城市精细化治理的理论创新发展脉络；分析在新时代超大城市发展与自然生态的失合、与内部系统的失合、与历史传承的失合的现实问题导向下，以及全球超大城市发展的客观规律与城市更新发展阶段下的现实逻辑发展机理；以及我国提出"建设人民城市"等"构建以人为中心的新型城镇化"价值逻辑的形成机理。

第四章和第五章在中国超大城市"政党—政府—社会"互动治理的特色框架下，从超大城市治理精细化"减量发展"的功能内涵、"条块融通"的体制内涵，以及"内外协同"的机制内涵等维度，系统提炼与阐释了中国超大城市治理精细化的核心内涵体系。

第六章和第七章聚焦实践层面，比较梳理了纽约、伦敦、巴黎和东京四座国际一流大城市治理精细化的特征；从地理空间、技术空间、制度空间、权责空间和需求空间的角度，系统提出了中国超大城市治理的五大精细化实践模式，即以网格化管理为代表的地理空间精细化模式；以"城市大脑"等改革为代表的技术空间精细化模式；以标准化改革为代表的制度空间精细化模式；以横向机构职能整合、纵向治理重心下沉为代表的权责空间精细化模式；以及以"接诉即办"为代表的基于需求精准对接为代表的市民诉求驱动型精细化模式。

"绪论与展望"在总结中国超大城市治理精细化基本逻辑、内涵体系与实践模式的基础上，结合比较国外超大城市治理精细化特征，探索构建超大城市治理精细化的中国道路，提出在"政党—政府—社会"互动框架下，具有中国特色的超大城市精细化管理与社会精细化治理互嵌的有机生命体与党建引领"一核多元"的精细化治理共同体。探讨为实现中国式现代化城市，为世界超大城市治理精细化提供中国方案。

第二节 研究述评

由于"超大型城市"的概念产生较晚，学界对超大城市治理精细化的研究更多是在以习近平同志为核心的党中央提出关于"城市精细化管理"论述后，特别是在时隔37年召开的中央城市工作会议背景下，围绕党中央关于新发展阶段城市工作的理念、工作重心和工作部署，进行了初步研究。与此同时，更多学者聚焦城市精细化管理的实践路径，进行了有益探索。

一 对党中央关于超大城市工作论述的研究

由于目前超大城市研究尚处初期探索阶段，对以习近平同志为核心的党中央相关论述研究较多的是城市治理的普遍性问题。主要围绕新时代"实现什么样的城市治理、怎样实现城市治理"的问题，从城市定位认识、规划建设、城镇化道路、城乡关系、城市实践应用等多个方面展开了研究。

在城市定位认知方面，有学者提出，习近平关于"城市是引领全面建成小康社会和加快实现现代化的'火车头'"的认识强调了城市工作的重要地位，与马克思主义城市中心论一脉相承。[1] 还有学者认为，2015年的中央城市工作会议上习近平总书记强调"做好城市工作，要顺应城市工作新形势、改革发展新要求、人民群众新期待，坚持以人民为中心的发展思想，坚持人民城市为人民"，体现了城市治理理念与国家治理理念高度匹配并互构。[2] 党中央提出的"人民城市人民建，人民城市为人民"

---

[1] 王振坡、张安琪、臧学英：《习近平关于城市发展重要论述的理论蕴涵与实践价值》，《江淮论坛》2019年第5期。

[2] 何艳玲：《人民城市之路》，人民出版社2022年版，第25页。

的人民城市理念，指明了城市建设依靠谁、为了谁的城市工作基本定位。

在规划建设方面，习近平总书记在2014年考察古都北京时提出，"规划科学是最大的效益，规划失误是最大的浪费，规划折腾是最大的忌讳"，强调了规划的统领性和重要性。并在察看北京玉河历史文化风貌保护工作时指出，"历史文化是城市的灵魂，要像爱惜自己的生命一样保护好城市历史文化遗产。要本着对历史负责、对人民负责的精神，传承历史文脉，处理好城市改造开发和历史文化遗产保护利用的关系"，强调了城市规划建设中对城市历史文化传承、更新保护、活化利用的重要关系。有学者认为中央对城市规划建设的一系列部署体现了以重视城市规划地位为出发点，生态文明建设为基础，以人为核心的新型城镇化为重心，空间规划体系改革为动力的中国新时代城市规划建设理念体系。①

在城镇化道路方面，有学者认为，中央"以人为核心的新型城镇化道路"体现了以人民为中心的城市治理观；提出在创新、协调、绿色、开放、共享新发展理念下，城市发展规模要同经济发展相适应、同城市资源环境可承载能力相适应、城市发展要保持社会结构整体平衡，要统筹好空间、规模、产业三大结构，形成合理城市布局；统筹好规划、建设、管理三大环节，系统推进各方面工作；统筹好改革、科技、文化三大动力，增强城市可持续发展能力；统筹好生产、生活、生态三大布局，创造优良人居环境；统筹好政府、社会、市民三大主体，集聚促进城市发展正能量。②

在城乡关系方面，建立健全城乡融合发展体制机制和政策体系是党的十九大做出的重大决策部署，系统指出了要建立健全有利于城乡要素合理配置、城乡基本公共服务普惠共享、城乡基础设施一体化发展、乡村经济多元化发展和农民收入持续增长的体制机制，③从理论和实践维度实现了从城乡一体化向城乡融合发展的创新性发展。④

---

① 张梦露：《习近平总书记城市规划建设相关论述研究》，硕士学位论文，北京交通大学，2020年。

② 何绍辉：《把城镇化路子走正——学习习近平总书记关于城镇化与城市工作重要论述》，《毛泽东研究》2020年第4期。

③ 汤斯萍：《习近平关于城乡融合发展的重要论述研究》，硕士学位论文，闽南师范大学，2020年。

④ 梅浩：《习近平关于城乡融合发展重要论述形成的双重维度》，《重庆行政》2019年第1期。

在城市实践应用方面，学界多结合不同城市治理创新实践的角度，进行了阐释。如成都按照习近平总书记在四川视察要求，把生态价值融入城市建设，突出公园城市特点，打造新的增长极，公园城市是习近平关于城市治理的重要论述与成都具体实际结合的新理论与实践成果。①

以上研究对总体把握以习近平同志为核心的党中央关于城市治理和发展论述奠定了重要基础，然而，尚未对超大型城市这一重要新形态城市治理的前沿问题和相关论述开展系统研究。

二 超大城市精细化治理的研究述评

从现有为数不多的超大城市治理研究中，论及最多是习近平总书记2017年以来关于要"走出一条符合超大城市特点和规律的社会治理新路子""城市管理应该像绣花一样精细""越是超大城市管理越要精细""构建超大城市有效治理体系要靠精治、共治、法治"等超大城市治理精细化的核心问题。学界逐渐意识到，中国超大城市正逐步进入精细化管理的阶段，特别是对社会民生领域过去粗放式管理的否定性和超越性实践探索，②并从城市精细化管理的技术实施路径和城市服务与公众关系连接路径的精细化两个维度开展了研究。

在超大城市精细化管理的技术实施路径方面，更多的学者强调以"技术—服务"为框架的城市精细化治理方案和技术主导作用，将技术力量视为倒逼超大城市实现精细化治理的手段，通过研究上海、北京等超大城市或依靠云终端重构信息传输模式，将工商、质检等系统打通，建立社会治理信息数据中心，实现了社会治理的信息的精细化整合；③ 或以云服务方式聚合城市管理，建立智慧化的大城管，突破基层社会管理的条块分割；④ 提出通过建构基于城市大脑的数字界面，实现城市治理数字化转型

---

① 叶胥、武优勐、毛中根：《习近平关于城市发展的重要论述及实践探析——以成都建设公园城市为例》，《邓小平研究》2019年第6期。

② 杨辰、辛蕾、兰蓓等：《超大城市治理的"社区"路径——〈成都市城乡社区发展规划（2018—2035年）〉的编制与思考》，《城市规划学刊》2020年第1期。

③ 刘中起、郑晓茹、郑兴有等：《网格化协同治理：新常态下社会治理精细化的上海实践》，《上海行政学院学报》2017年第2期。

④ 曾维和：《共建共享社会治理格局：理论创新、体系构筑、实践推进》，《理论探索》2016年第3期。

和精细化的智能城市治理。① 然而，这类技术主导论往往容易忽视中国超大城市治理场域下城市治理主体的参与机制构建，在实践中往往面临着"无手可抓"的问题②或产生"技术空转"的现象，对超大城市治理精细化的理解较为狭隘。

在城市服务与公众关系连接路径方面，学界认为超大城市有限的城市公共供给能力与日益增长的公众权力需求和利益诉求相矛盾，导致的一系列城市问题需要增强公众与城市政府连接，以实现城市精细化治理。③ 对此，学界围绕近年来北京、上海等地网格化管理、"吹哨报道"改革、"12345"热线问政、党建引领城市基层治理等改革实践，提出强化末端治理的城市精细化治理取向。有学者认为，网格化管理是城市精细化治理的最主要方式，提供了一种以公众需求为导向的、精细化的公共服务覆盖，这一模式随着网络技术的发展而拓展功能，提升城市政府精细化治理绩效。④⑤⑥⑦ 另外，2018年以来，北京将党建力量作为城市管理和基层治理重要引擎动力，开展党建引领"街乡吹哨，部门报到"一号改革工程、组建"小巷管家"队伍开展对背街小巷整治，不断推进治理重心下移、力量下沉，攻克"最后一公里"难题，加强城市神经末梢的治理；⑧ 而"接诉即办"等热线问政的改革，使大数据为超大城市治理有效、有序且大规模的公众参与和政府回应提供了可行的路径，⑨ 形成了精准高效解决

---

① 李文钊：《数字界面视角下超大城市治理数字化转型原理——以城市大脑为例》，《电子政务》2021年第3期。

② 薛泽林：《城市精细化治理：中国的理论与实践》，上海社会科学院出版社2020年版。

③ 狄凡、周霞：《超大城市治理公众参与演变历程与现状分析——基于国内外比较的视角》，《上海城市管理》2019年第6期。

④ 杨宏山、皮定均：《构建无缝隙社会管理系统——基于北京市朝阳区的实证研究》，《中国行政管理》2011年第5期。

⑤ 竺乾威：《公共服务的流程再造：从"无缝隙政府"到"网格化管理"》，《公共行政评论》2012年第2期。

⑥ 孙柏瑛、于扬铭：《网格化管理模式再审视》，《南京社会科学》2015年第4期。

⑦ 周晓丽：《论社会治理精细化的逻辑及其实现》，《理论月刊》2016年第9期。

⑧ 杨旎：《城市精细化管理与基层治理创新互嵌：实践模式与理论探讨》，《新视野》2020年第3期。

⑨ 赵金旭、王宁、孟天广：《链接市民与城市：超大城市治理中的热线问政与政府回应——基于北京市12345政务热线大数据分析》，《电子政务》2021年第2期。

超大城市一线问题的工作导向和机制;[①] 成都则将城市治理神经延伸到城市末端的社区层面,提出社区作为城乡居民生活的基本单元和社会治理的"最后一公里",是精细化管理的主要抓手,[②] 通过编制城乡社区规划,建立了城市治理从宏观战略到微观治理的多级传导机制。[③] 这一系列研究聚焦城市政府与公众的连接关系重构,弥补了技术主导论下忽视公众感受度的不足,丰富了超大城市精细化治理内涵,但遗憾的是,未能揭示精细化治理的产生机理和完整内涵。

综上所述,不论是技术主导路径还是强化末端治理路径仍局限在超大城市精细化治理的实践应用层面,未能探究超大城市治理精细化的内在逻辑,难以回答"从哪来"和"为什么"的理论渊源问题;未能结合实践路径,全面充分阐释"是什么"的内涵问题和"怎么做"的发展问题。基于此,本书从基本逻辑、核心内涵与实践路径的多个维度,将理论与实践相结合,研究超大型城市治理精细化的中国方案,对科学理解超大城市治理精细化丰富意蕴、指导推进实践改革,丰富完善习近平新时代中国特色社会主义思想体系、探索超大城市治理的中国道路具有重要意义。

第三节 核心概念

从上述相关文献的回顾来看,关于这一主题的探讨,业界和学界较多使用"城市精细化管理""城市精细化治理""城市治理的精细化"等概念,但较少对这些概念进行界定和区分,内涵与外延容易模糊与混淆。对此,本书对这三个高频核心概念做出如下界定和区分。

"城市精细化管理"的概念应用最早,应用范围最广。至今仍广泛应用于政府部门文件中,主要围绕市政管理、城市建设、城市环境等工作。特别是在筹办2008年北京奥运会的契机下,城市精细化管理问题较早在

[①] 王军:《接诉即办:北京提升超大城市治理水平的创新实践》,《北京党史》2020年第2期。

[②] 王阳:《从"精细化管理"到"精准化治理"——以上海市社会治理改革方案为例》,《新视野》2016年第1期。

[③] 杨辰、辛蕾、兰蓓等:《超大城市治理的"社区"路径——〈成都市城乡社区发展规划(2018—2035年)〉的编制与思考》,《城市规划学刊》2020年第1期。

我国得到了重视。2004年,时任北京市代市长王岐山指出,与举办有特色、高水平奥运会和各项工作努力走在全国前列的要求相比,北京还存在"城市管理重建设轻管理"等问题。面对北京环境污染、交通拥堵、环境脏乱等艰巨任务,"必须坚持城市建设和管理并重,不断提高城市现代化管理水平";"抓住城市空间布局战略调整和筹办奥运会的机遇,综合考虑城市功能布局,拓展城市发展空间,保护历史文化名城,为根本解决城市发展中的难点问题奠定基础";"大力推进城市管理体制的改革创新,建立长效机制,在规划、交通和环境卫生管理等方面实现新的突破"。[1]

在此背景下,2005年学界开始出现城市精细化管理的论文,提出"技术与科学相关联体现为一种精细化的思路是对以往粗放型城建方式的一种否定",认为北京2003年开始的城市危旧房"微循环"改造的思路标志着国内城市开始在城市精细化管理方面走出新路子。[2] 此后,北京东城区创新探索了基于城市管辖地理空间细分的"万米单元网格管理"模式,系统开启了城市精细化管理的实践模式;上海、杭州、深圳等城市通过"城市大脑"、智慧城市、智慧社区的建设,进一步探索了基于技术空间的城市精细化管理模式,不断深化了城市精细化管理的内涵……特别自习近平总书记提出"城市管理要像绣花一样精细。越是超大城市,管理越要精细"的思想以来,城市精细化管理内涵不断丰富。从各地实践特征来看,"城市精细化管理"是以政府管理部门为主体,以行政手段为主要方式,以现代科技为主要支撑,以市政环境、市政管理和市政服务为主要内容,通过强调理念、范围、流程、时间、效果等方面的细节管理,以提高城市运行效率和管控能力,提升城市环境品质、公共服务水平和市民生活质量为主要目的的城市管理理念、方法与过程。

"城市精细化治理"的概念则是2013年党的第十八届三中全会提出"国家治理体系和治理能力现代化"后,在党中央强调"城市治理是国家治理的重要内容"的基础上逐步形成的。2014年有学者在讨论城市规划转型的论文中提出面对城市服务需求的多元激增与指向的精细化,要力求

---

[1] 北京市人民政府门户网站:《2004年北京市政府工作报告》,2004年2月23日,https://www.beijing.gov.cn/gongkai/jihua/zfgzbg/201903/t20190321_1838372.html,2023年6月3日。

[2] 《从北京"微改"看城市精细化管理》,《领导决策信息》2005年第5期。

创新城市规划管理模式，探索规划编制方法的转型，实现城市的精细化治理。① 随后，越来越多的学者专题讨论了城市精细化治理的特征，指出实施精细化治理能够实现对城市管理力量的有效整合，城市治理精细化可实现治理主体由单一到复合、治理手段由传统到现代、治理标准由粗放到精细、治理机制由突击到长效的四大转变。② 还有学者认为，城市精细化管理是城市精细化治理的初级阶段，主要是以完善城市硬件设施，实现城市运行和维护的标准化为目标，而城市精细化治理包含了城市精细化管理，更侧重于城市治理体制机制的创新以及人民群众的感受度和获得感，强调在大数据、人工智能背景下的城市治理创新。③ 近年来，北京、成都、上海等城市通过党建引领，聚焦基层，凝聚政府、市场、社会多元力量创新探索了城市精细化治理的多种模式，日益体现出"政党—政府—社会"三元治理架构，城市精细化治理向治理主体多元化、治理方式多样化、治理层级扁平化、治理向度互动化、治理范围全面化、治理效能高效精准化的方向发展。

为更准确地在不同场景准确使用相关概念，便于讨论，本书"城市治理的精细化"用于侧重描述当前城市发展阶段城市治理的目标追求，既包括以政府为中心的城市精细化管理的诸多举措，也包含了体现多元主体等特征的城市精细化治理的诸多方面。

---

① 杜宝东：《浅议规划师角色的转型——基于中关村科学城协作规划的过程思考》，《城市建筑》2014年第10期。
② 陈晨：《城市治理精细化转型路径分析》，《中共珠海市委党校珠海市行政学院学报》2015年第1期。
③ 薛泽林：《城市精细化治理：中国的理论与实践》，上海社会科学院出版社2020年版。

第一章

超大城市治理精细化的思想渊源与理论发展的历史逻辑

　　精细化对城市治理意义重大，在国内学界与业界已形成基本共识。精细化作为价值目标、手段方法或技术工具在企业管理、政府管理、社会治理等各个领域已深入人心，"人人皆言精细化"的讨论氛围仿佛让精细化成为一种如"空气"般自然而必要的存在。

　　然而，到底何为精细化？精细化究竟有何科学方法？城市治理如何在精细化中汲取理论方法的力量？……诸如此类关键问题学界和业界往往言之模糊，还较为缺少对精细化的思想渊源、理论方法的发展及其在城市治理中的应用进行系统梳理和分析。对此，有必要在追溯中外精细化思想渊源、理论方法发展的历史逻辑基础上，分析精细化之于超大城市治理的思想渊源、理论发展和创新应用。

第一节　中外城市治理精细化的思想渊源

一　中国古代"精细"思想文化渊源

　　从词源上来看，今人将"精细"作为固定词组，在现代汉语中注解为"精密细致"之意，"精"与"细"的含义趋同，侧重描述细节的形态与程度。但若从字源上追溯，在中国古代"精"与"细"对应的含义更为丰富，更能揭示其本质特征。

　　古人很早便通过造字，从汉字本意上表达了对"精"与"细"二字的深刻哲思理解。"精"字始见于战国，本义是指纯净的米，即青禾历经漫长的生长过程和选择加工后的精华。因此，《说文·米部》在"精"的释文中做出了"精，择也"的本质解读。在造字上，左部"米字各本夺";而右部"青字凡最好之称",比如在五行中"青"主木,表示植物生长茂盛;以青色配东方,作为五方之首;又以青色配春天,是四季之始等。可见"米"与"青"的左右部结合很好诠释了"精"由取舍、淬炼而求取关键精华之意。因此,"精"的本质是"择也",是"舍"与"取",是除去多余或一般,经挑选、萃取事物最好最重要的精华。如《宋书·符瑞志下》中的"醴泉,水之精也,甘美",意指某一事物标准上的最优、最高品级。《后汉书·张衡传》"复造候风地动仪。以精铜铸成"的"精铜"用以表示精淬炼而成事物的至精至纯部分。《管子·心术下》中对"形不正者德不来,中不精者心不治",也是对精纯专一境界的描述。再如"精"延伸意义的应用,如《灵枢》中不论"先天元生之精"还是"水谷日生之精",还是《论衡·论死》中"人死精亡而形存"等对"精力""精神"等的阐释,本质上也都是体现事物精华之意。因"精"之所成必为难得的少数,所以"精"又有了精微、精密之意,如《庄子·秋水》中"夫精,小之微也",以及《吕氏春秋·博志》中"用志如此其精也,何事而不达?何为而不成?"等。

"细"为象形字,从"糸""囟"声,"糸"古字形像一束丝线,而"囟"像线团,其造字本义为像丝线团一样细微。因此,《广雅》对其的解释为"细,小也",更多是从形态上描述了"细"的意思。《说文解字》第十三卷对其释义为"细,微也。微者,妙也",不但从形态上做出了微小的解释,而且更进一步从微小形态产生的微妙效用进行了深层解读。与今人只偏重对"细"的形式形态方面的微小之意的描述相比,突出了"细"应发挥的目标、效用价值,理解更为深刻。

可见,古人对"精细"内涵的理解博大精深,层次丰富精妙。"精细"至少包括了以下几层含义:一是目标追求层面的精益求精;二是过程与方法精炼取舍;三是事物细节表象层面的形态精微;四是结果效用的精妙。

然而较为遗憾的是,在后来中外城市治理精细化的应用发展和实践过程中,古人关于"精细"的过程方法以及结果效用方面的深意并未充分得到体现,偏重于对目标追求层面和细节形式表象层面的关注与应用,甚至产生了过度追求细节造成结果上的烦琐浪费、效率低下和价值偏离等问题。

二 马克思主义思想渊源

马克思和恩格斯虽并没有专门阐释城市观的著作，但他们对资本主义城市的本质、城市作用、城乡关系、城市建设与发展等诸多重要问题进行了深刻洞察，体现在《政治经济学批判》《德意志意识形态》《共产党宣言》《论住宅问题》《英国工人阶级状况》《论权威》等一系列重要论著中。

（一）社会劳动分工对精细化的内在要求及其对城市本质的揭示

深处于大工业大机器时代的马克思和恩格斯敏锐洞察到社会劳动分工对城市产生的决定性因素，对社会劳动分工、生产力的发展与城市的产生进行了深刻的分析。在《德意志意识形态》中，马克思和恩格斯指出"物质劳动和精神劳动的最大的一次分工，就是城市和乡村的分离"[①]；"一个民族的生产力发展的水平，最明显地表现于该民族分工的发展程度。任何新的生产力，只要它不是迄今已知的生产力单纯的量的扩大，都会引起分工的进一步发展。一个民族内部的分工，首先引起工商业劳动同农业劳动的分离，从而也引起城乡的分离和城乡利益的对立。分工的进一步发展导致商业劳动同工业劳动的分离。同时，由于这些不同部门内部的分工，共同从事某种劳动的个人之间又形成不同的分工"[②]。

"分工的进一步扩大是生产和交往的分离，是商人这个特殊阶级的形成"，商人这个特殊阶级开展的远距离贸易，引发了"各城市之间在生产上的新的分工"，导致了工场手工业的产生。随后，资本主义大工业"建立了现代的大工业城市——它们的出现如雨后春笋——来代替自然形成的城市"。马克思和恩格斯认为，城市并非一开始就存在，城市的产生是生产力发展的结果；生产力的发展和社会分工则是互为因果关系，社会分工推动生产力的发展，同时，生产力的发展又反过来促进社会分工的进一步细化。[③] 可见，社会劳动分工的细化是城市产生的历史前提，是城市产生的本质要求，城市本身是社会分工细化发展的必然历史产物。与此同时，

[①]《马克思恩格斯文集》第1卷，人民出版社2009年版，第556页。
[②]《马克思恩格斯文集》第1卷，人民出版社2009年版，第556页。
[③] 邓杰：《马克思、恩格斯关于大城市规模的思想研究》，《社会主义研究》2017年第5期。

在历史唯物主义视角下，城市的发展反过来又进一步促进了分工的细化。

（二）社会劳动分工细化对城市发展的辩证哲思

虽然马克思和恩格斯肯定了在社会分工下城市的产生及其发展的重要意义，但仍对城市的空间集聚、城市病问题和城乡对立关系等对人的全面发展带来的不利影响进行了超前的辩证思考。

恩格斯曾赞叹伦敦、巴黎大城市社会分工带来的繁华和对人类文明进步的贡献，提到"他们把伦敦变成了全世界的商业首都，建造了巨大的船坞，并聚集了经常布满泰晤士河的成千的船只……这一切是这样雄伟，这样壮丽，简直令人陶醉，使人还在踏上英国的土地之前就不能不对英国的伟大感到惊奇"①；"只有当你看到了这一美丽国家的惊人的财富时，你才懂得这个光辉灿烂、宏伟壮丽的无与伦比的巴黎是怎样产生的"②。

而城市通过空间集聚、人口集聚和资源集聚产生的这些惊人的财富和成就实际上反映了资本主义生产关系的特质。马克思和恩格斯指出："资产阶级日甚一日地消灭生产资料、财产和人口的分散状态。它使人口密集起来，使生产资料集中起来，使财产聚集在少数人的手里。"③城市对多元要素的集聚必然会带来乡村的"隔绝和分散"，进一步形成城乡的对立关系。"城市越大，定居到这里就越有利，因为这里有铁路、运河和公路；挑选熟练工人的机会越来越多；由于附近的建筑业主和机器制造业厂主之间的竞争，在这种地方开办新企业就比偏远地区花费要少……这里有顾客云集的市场和交易所，这里同提供原料的市场和销售成品的市场有直接的联系。"④"城乡之间的对立只有在私有制的范围内才能存在。城乡之间的对立是个人屈从于分工、屈从于他被迫从事的某种活动的最鲜明的反映，这种屈从把一部分人变为受局限的城市动物，把另一部分人变为受局限的乡村动物。"⑤消除城乡对立思想的提出强调了马克思、恩格斯对人的全面发展这一终极价值，也对基于社会分工进一步精细化的城市发展趋势提出了拷问和深远反思。对当今探讨超大城市区域协同发展、城市群分

---

① 《马克思恩格斯全集》第 2 卷，人民出版社 1957 年版，第 303 页。
② 《马克思恩格斯全集》第 5 卷，人民出版社 1958 年版，第 551 页。
③ 《马克思恩格斯文集》第 2 卷，人民出版社 2009 年版，第 36 页。
④ 《马克思恩格斯文集》第 1 卷，人民出版社 2009 年版，第 406—407 页。
⑤ 庄友刚：《马克思主义城市观与马克思主义哲学当代出场范式的创新》，《吉林大学社会科学学报》2018 年第 4 期。

工问题——城市生产力的合理布局、城乡融合发展——"人口平均分布"的思想等议题仍有深远启迪价值。

三 科学管理主义的理论渊源

现代管理意义上的精细化理论源流则发端于20世纪初大工业大机器生产时代以泰勒、法约尔和韦伯为代表的科学管理理论。1911年，被誉为"科学管理之父"的美国人弗雷德里克·温斯洛·泰勒（Frederick Winslow Taylor）出版了《科学管理原理》（The Principles of Scientific Management），成为开启现代管理思想史的标志性代表作。泰勒在书中所强调的科学主义而非经验主义、标准化而非随意化，所追求的技术工具理性和"效率最大化"结果导向主宰了长时期内精细化管理的核心要素。

科学管理理论为精细化管理提供了科学主义而非经验主义的基本主张。在《科学管理原理》中，泰勒热切响应了罗斯福总统提出"提高全国性效率"的号召，认为人们只感受到效率不高带来的物质资源的浪费，但对日常行为中业务不熟、工作效率低下或指挥不当等问题却视而不见，由于管理不科学带来的人力资源的浪费比物质资源的浪费要大得多，使美国遭受了巨大损失。而根治效率低下的良药在于系统化的管理，而非依赖独特个人的经验。因此，泰勒提出的科学管理原理的四大要素和科学管理的五个特征是真正的科学，科学管理原理的四个基本组成要素中，首要因素是"形成一门真正的科学"；而科学管理的五项特征中，首要特征是"科学，而不是单凭经验的方法"[1]。

科学管理理论为精细化管理提供了管理定量化、行为标准化、制度规范化等基本方法论。如何让管理成为一门真正的科学，而不是单凭经验方法？泰勒认为，要从每个工人的每项操作中，归纳出科学规律来。例如通过观察实验，细致研究生铁搬运工人劳动强度与休息时间分配规律，可以每人每天搬运12.5长吨[2]的平均生产率提高为头等搬运工每人每天搬运47长吨的生产率标准。通过研究砌砖流程各个动作，消除一切"虚假的、慢的、无用的"的动作，并研发辅助工具，把最快的动作和最合适的工具汇集成一个序列，优化砌砖动作、方法和流程，可以把砌每块砖的动作

---

[1] ［美］弗雷德里克·泰勒：《科学管理原理》，马风才译，机械工业出版社2007年版，第22页。

[2] 长吨，即英吨，质量单位，1长吨=2240磅=1.016吨。

由18个压缩为5个,掌握新方法的工人,每人砌砖速度从每小时120块砖提升到350块砖。"管理者要负责把工人已有的传统知识汇集起来,加以分类、制表,并编制成规章制度和操作规程,以有助于工人的日常工作。""提出工人操作的每一动作的科学方法,以代替过去单凭经验从事的方法。"① 这些研究结果进一步形成"强制性"的标准方法和规范制度,使得科学管理制度能够在更大的范围"以绝对的一致性来充分调动每个工人的积极性",保证每个工人都能以更快的速度来操作和完成任务间的协作,从而实现从"每个人的劳动生产率最大化"到整体组织的"最大的产出,而不是有限制的产出"。

科学管理理论追求的效率最大化的工具理性为精细化管理提供了重要价值基础。不论是通过对每个动作细致的研究还是对每一秒时间的精准分配,都体现了以最大限度拆解每个细小环节的效率以提高整体效率的精细化管理的技术目的,体现了科学管理主义对"只有当工人和机器的产出达到了最大,才可实现财富的最大化","财富最大化只能是生产率最大化的结果"② 的经济价值判断,形成了以效率最大化为结果导向,以工具理性技术伦理为价值追求的最初精细化管理理论的价值基础。

科学管理主义的"管理相通性"为精细化管理深入社会各领域提供了可能性。泰勒等认为,科学管理原理具有一般性和相通性,使其能够作为普适性和嵌入性极强的理论广泛应用于社会各领域。这也使得基于科学管理主义的精细化管理思想通过建立严密细致的职责和流程分工体系、秩序体系,在此基础上进行标准化、规范化、规模化的工作流程设计和系统控制,全方面深刻影响了经济、政治、社会的方方面面,进一步推动经济市场的效率化、社会生活的组织化、公共管理的科层化发展。

特别是"传统官僚行政曾广泛而大量地采用泰勒主义的原则和做法,并与传统私营部门有着共同的科层制结构,因而也珍视和追求管理的相通性"③。包括现代政府赖以运行的专业化职能分工、官僚制度也

---

① [美]弗雷德里克·泰勒:《科学管理原理》,马风才译,机械工业出版社2007年版,第27页。
② [美]弗雷德里克·泰勒:《科学管理原理》,马风才译,机械工业出版社2007年版,第2—5页。
③ 李传军:《管理主义的终结》,中国人民大学出版社2007年版,第23页。

深受影响。韦伯在《社会组织和经济组织理论》（*The Theory of Social and Economic Organization*）一书中提出了理想官僚组织体系理论，他认为建立一种高度结构化的、正式的、非人格化的理想的官僚组织体系是提高劳动生产率的最有效形式，进而形成了处理各类社会事物的专业职能部门、价值中立非人格化的行政官僚、森严的等级秩序和标准细致的规则制度。韦伯这一"理想组织"的思想体现了基于科学管理主义的标准化、规范化、专业化、非人格化和效率导向的早期精细化管理基本特征。

第二节 城市治理精细化的理论发展

随着社会生产力的发展、社会分工的细化，城市管理事务日趋复杂交错，具有工业时代浓厚气息的早期精细化管理弊端逐渐显露：企业高效率的生产反而导致了产能过剩、负债增加、利润减少；政府分工细化过度又造成机构膨胀、人员冗余、财政危机、形式主义和官僚主义等问题，反而难以避免地影响了行政效率。20世纪六七十年代，企业主体和城市政府开启了精细化管理理论调试与发展之路的探索。

一 企业精益理念的提出与实践

20世纪中后期，日本、美国等企业对科学管理主义的精细化管理问题进行了系统反思，构建了"以顾客为中心""去除冗余""持续改善""基于数据事实管理"等精益管理（lean management）的核心理念和方法体系，并迅速被包括政府管理、城市管理在内的各个行业领域和职能部门吸收、发展。[1]

20世纪60年代，日本丰田公司在反思美国汽车公司精细化规模量产模式的基础上，针对日本汽车行业的自身问题和挑战，对以提高生产效率单一追求扩大产能的精细化生产模式进行了系统反思和改进，提出了以用户满意为导向、联通各环节、细致管理减少浪费、增加价值的"精益生

---

[1] 杨旎：《美国政府精细化管理的历史沿革及经验启示》，《陕西行政学院学报》2019年第1期。

产"（lean production）模式。"精益理念"的提出，是对强调"工具理性"方法、缺乏"价值理性"判断的早期精细化思想的批判性继承与适应性发展，把"生产是为了谁"的根本价值问题作为一切生产和管理的价值标尺；把识别浪费（muda）、科学精简业务和流程、精准控制成本作为前提；把精益求精、持续改善（kaizen）、不断提高质量标准作为追求目标，形成了现代精细化管理的完整理论体系和生产体系。

该生产模式不仅使得丰田公司迅速占领了日本市场，更将触角伸向海外，挑战了美国传统精细化量产模式下的汽车霸主地位。1985年，美国麻省理工学院教授詹姆斯·P. 沃麦克（James P. Womack）等专家历时五年对全世界17个国家和地区（北美、西欧、日本以及韩国、墨西哥和中国台湾等）90多个汽车制造厂的调查和对比分析，发现丰田高冈厂在每车总装工时、每百辆车总装缺陷数、平均零件库存分别为18小时、45辆、2小时，而美国通用弗雷明汉厂分别是40.7小时、130辆、2周，是日本的2.3倍、2.9倍和168倍。[①] 丰田企业"创造了一个精益生产方式的完整体系，从产品计划开始，通过制造的全过程、协作系统的协调一直延伸到用户……综合了单件生产方式与大量生产方式的最佳特征。即能降低单件成本、明显地改进品质、提供了范围更广的产品与更有挑战性的工作"[②]；并在《改变世界的机器》一书中提出，日本丰田汽车公司的"精益生产方式"是最适用于现代制造企业的一种生产组织管理方式，认为相对美国大量生产方式过于臃肿的弊病，精益生产综合了大量生产与单件生产方式的优点，力求在大量生产中实现多品种和高质量产品的低成本生产。20世纪80年代，这种"精益生产"逐步发展为一套"精益管理"的理念和方式，就像20年代时精细化规模量产方式向外扩散一样，风靡世界企业。日本甚至在这种管理精神的指导下，经济很快超过德国，成为世界第二经济大国。

在反思传统企业管理方式的种种弊端的基础上，美国麻省理工学院迈克尔·哈默（Michael Hammer）教授等人在1993年出版的《企业再造：企业革命的宣言书》书中，首次提出了业务流程再造（business process

---

① ［美］詹姆斯·P. 沃麦克、丹尼尔·T. 琼斯、丹尼尔·鲁斯：《改变世界的机器》，沈希瑾等译，商务印书馆1999年版，第92页。

② ［美］詹姆斯·P. 沃麦克、丹尼尔·T. 琼斯、丹尼尔·鲁斯：《改变世界的机器》，沈希瑾等译，商务印书馆1999年版，第320页。

reengineering)的概念,指出为了迅速改善成本、质量、服务、效率等重大方面的问题,强调在以顾客为导向和服务至上的信念下对企业的整个业务流程进行根本性的重新思考并加以彻底的改革。① 其基本内容是:第一,"抛弃以分工论为基础的'游戏规则',企业运作转向以关键作业流程为核心,重组企业组织结构,提倡组织内灵活变通";第二,"充分利用高科技手段";第三,"合理分权、授权,使每个职工均享有一定程度的决策权,从而提高工作效率";第四,"以顾客满意度为唯一考核基准。改变原有职能部门各司其职,互不相干,只对上级负责,不对顾客负责,管理层次繁多,管理组织庞大的旧体系弊端"②。这一企业再造理念迅速成为新一轮企业管理改革的潮流,引起欧洲、亚洲等国家企业重新审视并改革企业的组织结构、业务流程、效率和效益,进一步丰富和优化了现代精细化管理的流程体系。

二 精益理念对政府精细化管理的重塑

科学管理主义对精细化管理留下的巨大遗产除了提供思想基础、科学精神和搭建效率技术工具框架外,更重要的是"主张管理一般性,强调公私相通,并以企业管理塑造政府管理"③。当企业、政府共同面对早期精细化管理与社会发展不相适应所产生的成本、效率、回应性等弊端,而企业率先通过精益管理有效应对难题时,政府再次向企业学习精益管理的理念和方法,并于20世纪七八十年代掀起了"以顾客为需求导向"、引入市场竞争手段、塑造"企业家型政府"的"新公共管理"运动,以精益理念推动政府职能转变和再造业务流程为重要形式,转变政府职能、重塑政府,以应对早期精细化管理政府分工细化过度造成的机构膨胀、人员冗余、财政危机、形式主义、官僚主义和行政效率等问题。

在现实问题压力的驱使和企业成功经验的启示的双重影响下,美国等西方国家开始借鉴企业精益管理的相关理念和方式,开启了以政府精益管

---

① [美]迈克尔·哈默、詹姆斯·钱皮:《企业再造》,王珊珊译,上海译文出版社2007年版,第38页。
② 王巍:《"企业流程再造":美国管理理论与实践的新突破》,《世界经济》1996年第1期。
③ 沙靖宇:《管理主义反思》,博士学位论文,黑龙江大学,2017年,第14页。

理（lean government）[①]和政府流程再造（government process reengineering，GPR）为主要形式的改革。通过回答政府职能该"减什么、加什么"，以及政府职能该"如何最有效地履行"这两大核心问题，对美国政府与市场的关系进行重新调整，对政府职能范围进行重新划定，以及对政府管理方式进行重新塑造。

美国政府精细化管理就是应用精益管理的原则和方法，在提供政府服务时，识别并实施最有效的、增值的方式。精益管理的方法提升了政府对自身职能流程的理解，使快速识别、实施和改进服务更加便捷，同时建立了一个持续改进的行政文化。美国政府精细化管理的具体实践主要集中在21世纪以来的联邦环保部等政府部门，以及康涅狄格州、威斯康星州、纽约市等30多个州和地方政府。它们主要秉持以下六个原则：（1）从"顾客"的角度来定义"价值"；（2）通过观察和分析流程图来确定流程；（3）消除价值流的障碍或瓶颈；（4）让"顾客"需求驱动公共服务和产品的生产；（5）通过合作方式授权处于变革过程中的政府雇员；（6）建立一个关注政府目标和持续改进的战略方案，定期更新这一方案。

它们为政府公务人员提供了四个步骤来逐渐明晰和达到精细化管理的目标。一是清楚工作的目的和底线，工作的目的是要创造什么样的良治；二是了解"顾客"要什么以及他们看重什么；三是建立强大的政府工具，如行政许可、虐待儿童的调查报告、防止药物滥用辅导方案、税务审计等；四是寻找一种使政府运转更好、更快、成本更低的途径，关注结果。

特别在奥巴马执政期间，大力倡导政府精益管理，2012年宣布，"美国精益政府的时候到了"。在他看来，精益管理重点节约了资源，有效遏制了官僚主义的弊端，并且使政府变得更小，而且更好。越来越多的州和地方政府机构采用精益管理的技术方法，超过30个州的环保机构使用精细化大幅度提高了行政许可及其他流程，一些机构减少了50%以上的行政审查时间，并减少了行政许可积压的工作。

[①] 在美国语境中，并无与"政府精细化管理"严格对应的词汇。但从美国政府改革向企业借鉴的管理方法"lean management"和"lean government"来看，"lean"一词是日本精细化管理概念的西化，最初是被用来描述丰田公司的业务特征，如丰田生产系统、质量圈、零库存管理、全面质量管理等。在美国将其称为"精益管理"（lean management），在政府管理领域则称为"精益政府"（lean government）。我国也有学者将其翻译为"精细化管理""精细化政府"，本书为区分该阶段与早期精细化管理阶段不同的特征，采用"精益管理""精益政府"的译法。

2017年特朗普执政后，虽对奥巴马时期多项政策进行颠覆性的更改，但在减税、增强市场经济活力、进一步转变政府职能、树立政府成本收益原则、增强政府企业精神等方面大幅发力，试图在多个领域提升美国利益。精益理念在政府精细化管理的实践使得精细化在技术的工具理性中融入了价值理性、职能转变、成本效益等因素，对传统精细化管理进行了调试与优化。

这一重大理论发展对城市发展理念转型与城市管理方式转变产生了深刻影响。

三 精益理念及方法在城市治理领域的应用

纵观古今中外精细化思想与理论的发展脉络，可以梳理出精细化的四大核心要素及逻辑关系：（1）价值导向和评价标尺是人的需求；（2）基础前提是功能定位的精简优化；（3）方式方法是科学量化与持续改进；（4）目的是兼顾经济效益和人民满意。即，精细化管理的核心要义应是以公民需求为导向，在去除冗余规章制度、精简办事流程的基础上，采用一系列科学的方法工具，对管理的决策、执行、监督全过程进行细节优化，以达到兼顾经济效益和人民满意的管理理念与方式。

具体到城市治理的精细化，则其核心内涵是以城市中的人为中心，以人民群众需求为价值导向，精炼优化城市功能，做精存量、做优增量，以人性化、标准化、智慧化、可持续为核心理念，在城市发展战略目标制定、项目决策、执行监督、反馈回应的全环节，精心细致设计城市规划与管理制度、流程、标准，运用大数据等技术手段，精准严格进行城市建设、运行管理与公共服务，构建精治、法治、共治的现代化城市治理体系。

在这一认知前提下，城市的发展与治理才能走出长期以来以工业大发展需求为主导的粗放型城市化和外延扩张型城市建设与管理带来的城市病魔咒。对此，美国在1994年提出精明增长的发展方式，2000年组成"美国精明增长联盟"，确定城市精明增长的核心是用足城市存量空间，减少盲目扩张；加强对现有社区的重建开发，建设相对集中节约、空间紧凑、混合用地功能的城市等实现经济、环境和社会的协调。美国超过30个州政府下令城市发展部门应控制城市用地蔓延。斯德哥尔摩在1999年版城市规划中，提出"建设有内涵发展的城市"，对已开发土地进行重新利用。1990年欧共体委员会将功能、规模和结构紧凑的"紧凑城市"视为"一种解决居住和环境问题的途径"。

北京、上海等城市在最新的城市总规中进行了积极探索。如北京通过疏解非首都功能，精简聚焦了城市发展目标和功能，确立建设全国政治中心、文化中心、国际交往中心、科技创新中心四大中心战略定位，提出"减量高质发展"战略；上海则提出"迈向卓越的全球城市"，着力建设国际经济、金融、贸易、航运、科技创新中心。中国两座超大城市同时在生态保护、国土资源利用和控制城市规模、和谐宜居等方面强调建立了标准体系，探索"一张蓝图绘到底"的规划控制体系；倡导集约发展、绿色发展、智慧发展、"紧约束下的睿智发展"、世界级城市群的多中心发展等方式。

第三节　党建引领超大城市治理精细化的理论创新

近年来，中国在探索"中国特色的超大城市管理新路子"的实践过程中，创新将政党作为重要的治理主体，发挥了独特的功能和价值，逐步形成了"政党—政府—社会"的城市精细化治理三元架构。在这一新型治理架构中，政党通过价值引领，弥补了精细化价值理性的缺陷；与此同时，通过组织覆盖、服务牵引、组织动员和资源整合，实现了精细化治理的全面性、穿透性和服务的精准性，并成为城市发展的价值"引导剂"、城市法律法规的"补充剂"、城市治理"条块分割"的"黏合剂"，为超大城市治理精细化做出了重要理论创新，贡献了独特的中国方案。

一　中国超大城市"政党—政府—社会"的三元治理框架

超大城市治理要实现精细化，需满足治理主体在横向范围上的全面覆盖以及纵向层级上的贯穿延伸以及在治理末端上的权责统筹三个条件。然而，对于较为稳定的城市政府科层体系而言，都面临巨大的人财物、技术及协同性挑战。对此，需提供在横向上补充多元治理力量、纵向上增强组织设置或组织影响力、末端上强化统筹协调力度的方案。

西方国家在长期"国家—社会"二元理论范式的影响下，产生了国家中心主义和社会中心主义下的两种治理思路。第二次世界大战后，国家中心主义强调国家对社会的组织基础强化和管控，凯恩斯主义盛行，强调对城市各个领域的全面覆盖和直接管控，虽在开始对战后进行了高效有力的组织，快速恢复了生产力，然而长期管控又使社会、市场丧失了活力。对此，20世纪六七十年代以来，作为批判国家中心主义的社会中心主义主张通过国家向社会的放权，增加多元治理主体、增强自治来激活城市经济、社会各方面，促进社会发展。认为只有干预越少，城市基层才能更富智慧与创造性。① 这一将国家与社会对立起来，此消彼长的二元范式，在超大城市快速发展的激烈进程与复杂事务中，出现了越来越突出的弊端，"一收就死，一放就乱"的怪圈成为超大城市诸多领域治理的困境。随后，社会资本理论、多中心治理理论、参与式治理理论等理论做出了积极回应与补充发展，然而在实践中，多中心治理能否导向合作，参与式治理如何解决动力以及秩序问题，社会资本由谁推动生成等一系列问题从当今西方发生的社会撕裂问题来看，均说明社会中心主义仍存在主体性缺失的理论困境。

对中国超大城市而言，"国家—社会"二元范式下的社会中心主义这些理论虽然对重视吸引社会资本促进超大城市可持续发展、促进社区自治共治来推动社会公众参与城市精细化治理产生了积极意义，但忽略了中国超大城市基层发育的实际情况和基层各治理主体的能力局限性，脱离了当下中国超大城市基层的复杂现实情境。二元范式将政党、国家、政府混为一体的笼统化讨论方式，无法解释中国超大城市基层党、政府、社会的独特互动逻辑和行为机制。

在这一背景下，国内政治学、管理学、社会学、党史党建等学科近年来关注到中国创新实践情况，国内多学科本土理论意识开始觉醒，并尝试突破西方"国家—社会"二元范式，正探索开创符合中国实际更细致的"政党—政府—社会"三元分析框架，提出了"将政党带进来"②，以及区别于"国家中心主义"和"社会中心主义"的"政党中心主义"③ 等

---

① Arcuri, Graig and Jing, Chaoliang, "The Paradigm Shifts of Community Governance in China", *Baltic Journal of Real Estate Economics and Construction Management*, Vol. 7, No. 1, 2019, pp. 30–59.

② 景跃进：《将政党带进来——国家与社会关系范畴的反思与重构》，《探索与争鸣》2019年第8期。

③ 杨光斌：《建国历程的新政治学：政党中心主义、政治秩序与"好政治"三要素》，《中国政治学》2018年第1期。

全新理论方向。而党史党建学科围绕"基层政权悬浮化"问题,从增强党的阶级基础、群众基础和执政基础等角度,突出了党组织覆盖性与吸纳嵌入的重要性,通过强化对"两新组织"党建①和"区域化大党建"② 为助力提升城市基层治理效能起到了重要的"主体补位"、价值引领、资源整合的重要作用。政党成为解释和推动中国超大城市治理的独特力量,应在"政党—政府—社会"的治理框架下分析和看待中国超大城市治理精细化的独特路径和创新价值。

二 中国超大城市治理精细化中的党建引领的独特功能

城市基层是政府、市场、社会公众各类主体的主要活动载体、互动空间与问题场所。特别是城市社区作为城市治理的基础单元,是集党的执政基础、基层政府治理、居民自治为一体的复合型场域,是塑造和体现"政党—政府—社会"关系的复杂具体空间,也是城市治理精细化的主要对象。

与西方相比,作为长期执政党,中国共产党在城市治理的精细化过程中发挥了独特作用,在城市治理精细化的价值层面、方法层面探索了全新方案。

《中国共产党章程》中规定:"中国共产党是中国工人阶级的先锋队,同时是中国人民和中华民族的先锋队,是中国特色社会主义事业的领导核心,代表中国先进生产力的发展要求,代表中国先进文化的前进方向,代表中国最广大人民的根本利益。党的最高理想和最终目标是实现共产主义。"中国共产党这一"先锋型、代表型、使命型"的本质属性,相较于西方强调反映和代表不同社会利益团体的"代表型"政党有着本质区别,中国共产党在城市治理中具有多重使命。2020 年颁布的《中共中央、国务院关于加强基层治理体系和治理能力现代化建设的意见》提出了"党建引领基层治理机制全面完善"的主要目标以及"加强党的基层组织建设""完善党建引领的社会参与制度"等党全面领导基层治理的制度安排。2022 年新修订的《中国共产党章程》确立了基层党组织"统一领导本地区基层各类组织和各项工作,加强基层社会治理,支持和保证行政组

---

① 林立公:《试论两新组织党的建设》,《政治学研究》2009 年第 5 期。
② 梁妍慧:《区域化党建是党的建设的新课题》,《理论学刊》2010 年第 10 期。

织、经济组织和群众性自治组织充分行使职权"的基本任务。

在我国城市推进治理重心向基层下移的过程中，基层党组织作为全面领导基层治理的主体，体现出"从突出组织覆盖和党员吸纳的政党嵌入，到推进资源整合和组织协调的政党整合，再到全面强化领导权威和权力运行的政党引领"[①]的进路，成为城市治理精细化的价值"引导剂"、城市法律法规的"补充剂"、城市治理"条块分割"的"黏合剂"。

以党建引领新业态新就业群体为例，近年来，随着我国互联网大数据技术和平台经济的蓬勃发展，在国家数字经济战略背景下，快递等新业态、新就业群体成为保障新时代超大城市发展的重要力量。2021年，我国在线外卖收入占餐饮业收入比重约为21.4%，网约车客运量占出租车总客运量比重约为31.9%，快递日均业务量超3亿件，正深刻重塑社会经济交往活动和人民群众生活习惯。北京快递从业人员规模约11万人，对支撑数字经济发展、促进社会就业、抗击疫情等方面起到重要保障作用。

但与此同时，快递、外卖等末端配送新业态的转型发展仍面临双重挑战。一方面，互联网平台依托大数据算法和人工智能等新技术对从业人员更精密的管控机制和更灵活的"灰色"用工行为深刻挑战传统劳动者权益保障体系；另一方面，快递等新业态发展对分拣场地的空间秩序、运输环节的交通秩序和末端配送的安全秩序造成冲击，对传统城市治理体系和治理能力发起挑战。

在新业态迅猛发展而相应城市治理的制度体系尚未形成时，党建引领成为城市这一新兴治理领域法律法规的"补充剂"以及新生事物发展的价值"引导剂"，为新业态、新就业群体发展提供了基本保障，发挥了重要的价值引领、组织保障与资源保障作用。通过发挥党的价值引领优势，使新业态企业发展符合国家战略与社会主义核心价值观，对互联网平台的大数据算法进行了及时优化；引导行业精细化治理，通过多部门联合出台行业规范性文件、企业党组织监督企业运营规范，保障新就业群体的劳动权益；通过整合行业职能部门与属地资源，建立暖心驿站、规划分拣场地等形式，维护了城市空间秩序，服务新就业群体，提升新就业群体对城市的获得感和荣誉感，进一步转化为社区安全隐患预警员、文明实践宣传员

[①] 陈家喜：《中国城市社区治理的新变化：基于政党功能视角》，《政治学研究》2023年第1期。

等志愿者角色,成为超大城市精细化治理共同体的重要力量。

三 中国超大城市治理精细化中的党建引领机制

如何发挥政党引领、凝聚各方力量参与超大城市精细化治理的独特作用？党的十八大以来,各地探索了丰富的经验。其共性特征是通过建立党组织的嵌入机制、吸纳机制和资源整合机制,形成了"网格化党建"纵向延伸服务、"区域化党建"横向覆盖整合资源、党全面领导统筹"条块关系"增强治理效能的模式,[①] 实现了党对引领超大城市治理的精细化。

"嵌入性"的概念最早是由卡尔·波兰尼提出的,强调经济作为一个制度过程,是嵌入在经济和非经济制度之中的。随后"嵌入"机制被广泛用于解释社会行动主体的互动影响机制。嵌入式党建被认为是革命时期以来中国共产党获得强大组织力和动员力的制胜法宝。[②] 在城市治理中,党组织通过嵌入各个领域、各个属地,通过组织牵引、组织协调,党员报到和党员下沉,有效补充了城市基层精细化治理的参与主体,整合了城市精细化治理的资源力量。党组织嵌入城市基层精细化治理,旨在激活与整合城市精细化治理丰富的传统内生性政治资源,以党员下沉成为引领治理的核心,下沉党员的双重身份属性弥合了既有实践政治有效性与治理有效性之间的空白与张力,通过补位动员、激励共振、资源链接的方式贯彻"政党创制社会,党员引领群众"的基本思路。[③] 而"吸纳"则"被用来描述社会与国家之间发生关联的状态与过程",把不同的个体纳入体系当中,使之融为一体。[④] 党组织嵌入后通过吸纳机制,可以把体制外的民众政治参与吸纳到体制内有序释放,[⑤] 成为推动多方主体协同共治和提升基层治理体系整体治理能力的重要制度安排,从而发挥城市精细化治理的多元主体的共治功能。

[①] 将在本书第二部分的第五章具体阐释。

[②] 彭勃、邵春霞：《组织嵌入与功能调适：执政党基层组织研究》,《上海行政学院学报》2012年第1期。

[③] 陈荣卓、胡皓玥：《党建引领社会治理重心下移的逻辑与进路》,《江汉论坛》2023年第3期。

[④] 刘伟：《从"嵌入吸纳制"到"服务引领制"：中国共产党基层社会治理的体制转型与路径选择》,《行政论坛》2017年第5期。

[⑤] 陈家喜、黄卫平：《把组织嵌入社会：对深圳市南山区社区党建的考察》,《马克思主义与现实》2007年第6期。

资源整合机制则通过发挥党组织统筹与协调的优势,针对城市基层产生的具体问题进行精准的资源匹配与协调,对城市科层体系下的"条块分割"痼疾进行积极应对,为超大城市治理的精细化创造了弹性与适应性的灵活空间。北京市"党建引领街乡吹哨部门报到"改革、上海市党建引领基层治理改革都突出了党建引领对解决城市治理条块矛盾结构问题的方案。党的建设通过与城市治理的有机融合,形成了以提升党组织能力的区域化党建、以汇聚治理资源为核心的平台化党建和以强化治理效能为核心的技术化党建[①]等引领城市基层治理的发展方向。

通过建立连接整合政府资源、吸纳社会力量的服务供给制度结构,有效嵌入城市治理体系,实现党建引领和城市精细化治理的有机融合,推动了超大城市精细化治理共同体的建设。

---

① 杨妍、王江伟:《基层党建引领城市社区治理:现实困境实践创新与可行路径》,《理论视野》2019年第4期。

第二章

超大城市治理精细化的现实逻辑

改革开放40多年间,城市作为中国经济高速增长的载体,全面快速崛起,深刻重塑了中国的经济结构、人口结构、社会结构、生态结构、治理体系、生活习惯和文化价值。中国用短短40多年的时间,快速走完了发达国家超百年的城市化道路,从以8亿农业人口为主的乡村型社会,进入以8亿城市人口为主的城市型社会,城镇化进入50%—70%的高速发展阶段,并成为全球超大城市数量最多的国家。

在这一迅猛激荡的城市发展历程中,超大城市的"扩张效应"以及对资源人口的"虹吸效应"带来了超大城市在规模扩展、资源单极化聚集发展模式下城市发展和运行与自然生态的失合、与内部系统的失合、与乡村发展的失合、与历史传承的失合等"大城市病"问题,向城市发展和治理转型发起了严峻挑战。以解决大城市病问题为导向,成为超大城市治理精细化的重要外部驱动力。与此同时,如何"标本兼治",从城市发展客观规律的角度,深刻认知当前超大城市存量大于增量的重要特征,探索发展阶段转型的理念,形成符合超大城市特点和发展阶段规律的治理方式,以城市更新精细运营为导向,成为超大城市治理精细化的内生性驱动力。

第一节 以问题为导向解决大城市病

一 超大城市的特征与发展阶段规律

从我国的城市结构看,根据《中国统计年鉴》,不计我国港澳台地区,目前我国共有4个直辖市、15个副省级市、278个普通地级市、388个县级市,共计685个城市。在这685个城市里,有105个大城市,包括

7个超大城市、14个特大城市、14个Ⅰ型大城市、70个Ⅱ型大城市。

国际学界与"超大城市"对应的概念一般为"megacity",即"巨型城市"。联合国统计局将巨型城市的标准界定为"城市集聚区(urban agglomeration)① 人口至少1000万人",比我国对"城区常住人口1000万人以上"的超大城市定义标准更宽泛。从国内外对概念界定的共性可以看出,规模巨大是超大城市的本质特征,而"人口规模巨大"是评判其规模的首要标准。目前,全球人口规模最大的前三名超大城市是东京、德里和上海,其中东京人口已接近3800万人。② 1970年,全球只有东京、纽约、大阪三座超大城市,聚集了5000多万人口,2018年33个超大城市集聚了5亿多人口,2030年预计将有43个超大城市集聚7亿多人口(如表2-1所示)。其中,中国超大城市数量占全球超大城市总量的20%,集聚了1.4亿人。

表2-1 1970年、2018年和2030年人口1000万及以上的城市集聚区

1970年			2018年			2030年		
序号	城市集聚区	人口(千)	序号	城市集聚区	人口(千)	序号	城市集聚区	人口(千)
1	东京	23298	1	东京	37468	1	德里	38939
2	纽约-纽瓦克	16191	2	德里	28514	2	东京	36574
3	大阪	15272	3	上海	25582	3	上海	32869
	合计	54761	4	圣保罗	21650	4	达卡	28076
			5	墨西哥	21581	5	开罗	25517
			6	开罗	20076	6	孟买	24572
			7	孟买	19980	7	北京	24282
			8	北京	19618	8	墨西哥	24111
			9	达卡	19578	9	圣保罗	23824

---

① 也有学者将其译为"城市集聚体",城市集聚体主要是指由中心市和周围毗邻的建成区构成的地域,而这样的地域范围内有时不止一个中心市,如美国华盛顿特区(Washington, DC)包括巴尔的摩(Baltimore),纽约包括纽瓦克(Newark)和帕特森(Paterson),日本的东京包括横滨和川崎,德国的鲁尔(Ruhr)更是一个多中心的集聚体。参见陈彦光、姜世国《城市集聚体、城市群和城镇体系》,《城市发展研究》2017年第12期。

② 参见联合国新闻中心《〈世界城镇化展望报告〉:到2050年世界城镇人口将再添25亿》,2014年7月10日,https://news.un.org/zh/story/2014/07/217372,2023年6月4日。

续表

1970年 序号	城市集聚区	人口（千）	2018年 序号	城市集聚区	人口（千）	2030年 序号	城市集聚区	人口（千）
			10	大阪	19281	10	金沙萨	21914
			11	纽约-纽瓦克	18819	11	拉各斯	20600
			12	卡拉奇	15400	12	卡拉奇	20432
			13	布宜诺斯艾利斯	14967	13	纽约-纽瓦克	19958
			14	重庆	14838	14	重庆	19649
			15	伊斯坦布尔	14751	15	大阪	18658
			16	加尔各答	14681	16	加尔各答	17584
			17	马尼拉	13482	17	伊斯坦布尔	17124
			18	拉各斯	13463	18	拉合尔	16883
			19	里约热内卢	13293	19	马尼拉	16841
			20	天津	13215	20	布宜诺斯艾利斯	16438
			21	金沙萨	13171	21	班加罗尔	16227
			22	广州	12638	22	广州	16024
			23	圣塔安那/洛杉矶	12458	23	天津	15745
			24	莫斯科	12410	24	深圳	14537
			25	深圳	11908	25	里约热内卢	14408
			26	拉合尔	11738	26	金奈（马德拉斯）	13814
			27	班加罗尔	11440	27	圣塔安那/洛杉矶	13209
			28	巴黎	10901	28	莫斯科	12796
			29	波哥大	10574	29	海得拉巴	12714
			30	雅加达	10517	30	雅加达	12687
			31	金奈（马德拉斯）	10456	31	波哥大	12343
			32	利马	10391	32	利马	12266
			33	曼谷	10156	33	罗安达	12129
				合计	528995	34	曼谷	12101
						35	巴黎	11710

续表

1970年			2018年			2030年		
序号	城市集聚区	人口（千）	序号	城市集聚区	人口（千）	序号	城市集聚区	人口（千）
						36	胡志明市	11054
						37	南京	11011
						38	达累斯萨拉姆	10789
						39	成都	10728
						40	德黑兰	10240
						41	伦敦	10228
						42	首尔	10163
						43	阿默达巴德	10148
							合计	751916

数据来源：联合国新闻中心《世界城镇化展望报告》，第99—100页。

人口规模巨大必然伴随的是超大城市第二个特征，即聚集性。主要包括超大城市对人口、资源、功能的集聚。人口的大规模集聚是由于超大城市发展模式下经济、政治、文化等功能的集中，以及对交通、教育、医疗等公共服务资源和就业机会的聚合。但与此同时，在治理层面上，超大城市同时带来了规模焦虑和治理负荷的严峻挑战。

第三个特征是城市用地增量空间少。超大城市城区发展成熟，大部分已基本完成城市化。2021年，深圳、上海、北京等超大城市的城镇化率分别达到99.54%、89.3%、87.5%，城市新增用地空间受限，进入存量更新阶段。联合国发布的《2022世界城市报告》显示，2020—2050年超大城市和城市集中较多的东亚与东南亚的城市土地增长最低（+10%），因为这些地区的城市化程度已相对较高。与此同时，东亚、东南亚、拉丁美洲、欧洲等一些城市由于生活条件恶化、环境恶化、城市衰败甚至会经历一定程度萎缩。

第四个特征是超大城市的资源约束性强。超高的发展强度和超快的发展速度也导致超大城市人多地少的矛盾日益突出，产生了一系列土地资源紧张、自然环境资源恶化、水资源枯竭、基础设施超负荷运行、公共服务资源供给不足等问题，成为制约超大城市发展的刚性约束。对此，近年来，北京、上海将资源约束作为规划的刚性底线，严格控制城市建设用地、调控人口规模、改善生态环境、确保城市运行安全。

纵观各国城市化发展规律，当城镇化率进入50%—70%高速发展区间，必将面临"50%魔咒定律"和"人口虹吸效应"的挑战。随着城镇化率超过50%，在取得各项发展成就的同时，也是环境危机、城市问题和社会矛盾不断累积爆发的高风险阶段。比如，1851年英国率先达到50%城镇化率、工业革命铸就城市辉煌的同时，伦敦等大城市的肆虐扩张使自然矛盾前所未有激化，成为空气污染严重的"雾都"；美国、日本等国也都在这一关键节点后的高速发展过程中爆发了重大城市环境危机、公共卫生疫情及安全生产事故等。主要原因是在该阶段以往大城市资源要素带来的"规模红利"趋于消失，生产与人口的过度密集引发拥挤效应，产能扩张带来能源大量消耗与污染物过度排放等负外部效应加剧了城市生态问题，不利于城市的持续性发展。[1] 并且大多数城市空间扩张已经大于城市真实的需求，即土地城镇化速度明显大于人口城镇化速度。[2] 不少学者认为，中国城市总体上已失去继续大规模扩展的需求，经济、环境、社会所累积的矛盾已成为城市持续发展的制约，未来城市建设整体"增长主义"主导的城市扩张正走向终结。[3] 对此，2015年召开的中央城市工作会议指出，"政府要创新城市治理方式，特别是要注意加强城市精细化管理"[4]。这标志着新时代大规模的城市扩张后，必将进入深耕细作的集约发展阶段。特别是北京等超大城市在生态资源紧缺、生态环境亟待修复、经济发展进入新常态的大背景下，以往粗放的"摊大饼"、不计生态环境成本的发展模式必将退出历史舞台，走向精细化发展、提质升级的发展道路。城市空间演化重点也将由"外围增长"型的数量增长模式转向"内部优化""内涵发展"型的精细化高质增长模式。城市精细化管理成为超大城市发展的内生性选择。

二 超大城市城市问题的具体表征

随着工业化、城镇化进程的快速推进，城市经济社会发展中不平衡、

---

[1] 张治栋、秦淑悦：《产业集聚对城市绿色效率的影响——以长江经济带108个城市为例》，《城市问题》2018年第7期。

[2] 中国城市规划设计研究院：《城市发展规律——知与行》，中国建筑工业出版社2016年版，第206页。

[3] 邹兵：《增量规划向存量规划转型：理论解释与实践应对》，《城市规划学刊》2015年第5期。

[4] 兰红光：《中央城市工作会议在北京举行》，《人民日报》2015年12月23日第1版。

不协调、不可持续问题突出,大多数城市都经历了不同程度的"城市病"。尤其是超大城市遭受着人口过度膨胀、交通长期拥堵、生态环境恶化、住房就业困难、公共服务供给不足等城市问题困扰。超大城市的发展模式、管理方式亟须转型升级,作为世界性难题,从"城市病"的形成及其治理的一般规律而言,超大城市从粗放型的外延式规模扩展道路转向精细化的内涵式更新发展阶段,是其必由之路。

(一) 城市发展与自然生态的失合

城市是一个经济要素高度聚集与生态宜居安全的复合体,城市表现为拥有雄厚的经济基础、齐全的配套设施、良好的公共服务供给与生态和谐的自然景观,是居民物质的家园和精神的归宿。传统城市发展走的是粗放型产业发展的道路,以高消耗、高排放、高污染、高扩张为特征,带来了严重雾霾天气、水体污染、土壤污染、生态破坏等。我国的自然资源有限,却肩负着全球 1/5 人口城市化的任务。城市消耗了 85% 的资源和能源,排放了相同比例的废气和废物,流经城市的河道 80% 受到了严重的污染。[①] 长期以来,GDP 成为各级政府领导干部政绩考核的重要指标,一些地方为了追求经济增长速度,陷入 GDP 崇拜中,违背经济发展规律,其结果带来生态环境的严重破坏,可持续发展受到极大影响。2013 年中国遭遇史上最严重雾霾天气。雾霾发生频率高、持续时间长、影响范围广、污染程度重前所未有,全年出现 4 次较大范围雾霾过程,涉及 30 个省(自治区、直辖市),100 多个大中型城市,多个城市 PM 2.5 指数"爆表",全国平均雾霾天数达 29.9 天,创 52 年来之最。[②] 工业文明带来经济的快速增长的同时,导致了资源耗竭、环境恶化、气候变化。全球气候变化关乎全世界人们生产、生活的安危。国际科学界证明,当前气候变暖 90% 以上的可能性是由人类活动造成的,而城市作为人类活动的主要场所,其运行过程中消耗了大量的化石能源,排放的温室气体已占到全球总量的 75% 左右,制造出全球 80% 的污染。[③]

---

① 仇保兴:《我国城市发展模式转型趋势——低碳生态城市》,《城市发展研究》2009 年第 8 期。

② 央广网:《2013 年全国遭史上最严重雾霾天气 创 52 年以来之最》,2013 年 12 月 30 日,http://travel.cnr.cn/2011lvpd/gny/201312/t20131230_514523867.shtml,2023 年 6 月 4 日。

③ 陆小成:《"城市病"治理的国际比较研究》,中国社会科学出版社 2016 年版,第 53 页。

因此，统筹城市发展与自然生态，寻找城市与自然和谐发展的方式是现阶段城市发展的必然诉求。党的十八大报告提出，推进生态文明，作为"五位一体"的总体战略布局。生态文明是人类对工业文明深刻反思的文明形态，关系到城市人民的长远利益和社会福祉，是人类在改造自然以及造福自身的过程中为实现人与自然之间的和谐所做的全部努力和所取得的全部成果，表征着人与自然相互关系的进步状态。① 加快城市绿色低碳循环发展，以减少资源能源消耗，减少碳排放和环境污染，成为生态文明建设的必然要求。这是对传统工业化和城市化演变道路的辩证否定，扬弃了只注重经济效益而不顾人类福利和生态后果的唯经济的工业化发展模式，转向兼顾社会、经济、资源和环境的发展，注重社会—经济—自然符合生态整体效益。② 2015 年中央城市工作会议指出，"城市工作要把创造优良人居环境作为中心目标，努力把城市建设成为人与人、人与自然和谐共处的美丽家园"，体现出在城市建设中需要统筹人与自然和谐发展的辩证统一。只有"让城市融入大自然，让居民望得见山、看得见水、记得住乡愁"，才能不断提高城市发展的可持续性、舒适性和宜居性。党的二十大报告中指出："尊重自然、顺应自然、保护自然，是全面建设社会主义现代化国家的内在要求。必须牢固树立和践行绿水青山就是金山银山的理念，站在人与自然和谐共生的高度谋划发展。"城市发展需要继续调整产业结构，统筹生态保护和经济增长的关系，协同推进人与自然和谐共生发展。

（二）城市发展与内部系统的失合

城市属于复杂巨系统，系统良性运行是内部各个子系统之间相互协调，趋于有序，保持系统内外物质、能量、信息交流和反馈的总体平衡。"城市病"是城市发展过程中各个子系统不相协调的表现，引发城市系统的结构性失衡和缺陷，集中表现在基础设施缺乏统筹、交通设施缺乏精准前瞻、城市内部运行系统关联协调不强、公共产品和服务供给不足等方面。这种非平衡的状态也成为城市发展的内在的压力和动力，是从"混沌到有序"的演化过程。城市演变过程主要表现为人口和产业不断集聚，城市规模不断增大，各种资源要素不断累积，资源供给与需求的平衡不断

---

① 俞可平：《科学发展观与生态文明》，《马克思主义与现实》2005 年第 4 期。
② 肖洪：《城市生态建设与城市生态文明》，《生态经济》2004 年第 7 期。

被打破，进而形成聚集效应，这就赋予了城市必然承载多样化的功能。城市发展过程中的功能可以分为控制性功能、基础性功能和迁移性功能。[①] 城市功能的发挥有赖于城市各个系统的有机协调和配合，尤其是随着信息化、全球化的快速推进，城市发展的功能不断增强、迭代、转移或者替代、疏解等，城市核心功能也随之调整完善，这个过程带来了城市发展和城市内部系统良性运行之间的失合。

1. 系统整合资源的控制性功能不强

城市系统的控制性功能体现为对资源要素的控制能力和集聚能力，是城市在区域中对经济、政治、文化等社会生活的基本领域驾驭能力和治理能力。控制性功能的有效发挥是城市各子系统打破部门利益、区域利益，消解行业管理和区域管理的冲突，集聚、整合、调控内外部资源促进城市持续发展的吸引力。然而，城市在演变为超大城市过程中，城市内部众多子系统局部利益之间、局部利益与城市整体发展会产生冲突。条块分割、各自为政、多头管理、职责交叉、协调不畅等一系列问题使得城市功能的控制性越来越不明显，影响城市整体优势和聚集效应的发挥。比如城市流域水污染防治，资源、环境和生态管理部门职能分工难以形成合力，环境监督有法难依、执法不严，地区之间的合作治理缺乏法律依据和有效的议事程序与争端解决办法，使得跨区域环境问题处于"九龙治水"的局面。

2. 系统提供服务的基础性功能不够

城市正常运行必须具备的基本服务和功能，需要满足交通、住房、卫生医疗、教育就业、公共安全等基本服务。基础性功能是城市居民生产生活所必需的基本条件。城市在发展过程中演变为超大城市，形成了大都市区，基础设施作为承载人口就业、生活基本服务保障，与人口城市化增量不匹配，必然会降低基础设施的供给能力。然而，基础设施建设和发展提升的进度与人口流动和人口增量的速度相比较为缓慢，加之城市发展积累的问题没有及时解决，导致交通拥堵、环境污染、住房紧张、就医就学难、能源消耗大等系统性问题，城市无法很好地提供辖区居民地基本生产生活需求。

3. 系统疏解压力的迁移性功能不足

城市的迁移性又称为外迁性功能，即为了缓解城区各类问题，城市应

---

① 闫彦明：《产业转型进程中城市病的演化机理与防治研究》，《现代经济探讨》2012 年第 11 期。

承担的功能随着城市边界不断扩展而由周边区域承接，但不影响城市中心城区自身正常运行功能，甚至起到了改善区域的基础性功能和控制性功能。由于城市扩大，中心城区承载过多功能，必然加剧"城市病"。迁移性功能将非都市型农业、一般制造和污染企业以及城市非核心功能迁移到其他空间，避免城市功能过多带来城市资源能源以及环境承载力不够，有效缓解了城市压力和提高了城市运行效率。但是承接城市中心城区迁移性功能的区域以及超大城市功能疏解的地域能否接纳，从而实现协同发展影响了城市迁移性功能的发挥。2015年4月30日，中央政治局会议审议通过《京津冀协同发展规划纲要》，指出推动京津冀协同发展是重大的国家战略，核心是有序疏解北京非首都功能。北京市坚决贯彻落实京津冀协同发展的重大国家战略，在疏解首都非核心功能上控制增量、化解存量，产业疏解取得了显著成效。同时，原有产业链的低端环节和低端市场的疏解仍面临许多复杂的难题，需要更好地平衡城市运行保障与高质量发展、超大城市聚集性发展与疏解协同发展之间的关系。

（三）城市扩张与乡村发展的失合

在快速城市化背景下，城镇化率不断提高，城市空间大规模向周边蔓延，城市不断膨胀。城市对人口的"虹吸效应"使得越来越多的人口集聚在城市工作和生活，农村人口不断缩小，加之政策和资源的倾斜，导致城乡发展不均衡，带来城乡接合部的三大"孪生难题"。

1. 空间治理难题——倒挂村治理

20世纪90年代以来，我国城市化进程加快和城市空间加速拓展，出现了城市包围农村和城市农村混杂的局面，在城市建成区域的城市边缘区、城乡接合部形成城市中特殊的"城中村"。城中村改造过程是城乡空间和社会关系再生产的过程。在此过程中，土地利用形式发生了变化，大量村庄耕地和农业用地被占用，改为城市建成区域，而村落被保留下来。农民变为城市居民，失去了原有生活环境和生活方式，在农村地块拆迁改造中获得了资金收益和新的安置房，一部分村民搬离原来住所，通过原有房屋和土地出租获得收益。城中村为大量外来流动人口提供了非常低廉的居所，大大降低了其生活成本，尤其是像北京、上海、广州、深圳等这样具有吸引力的城市，外来人口在城中村的数量越来越多，超过了本地户籍人口，形成了"人口倒挂"的现象。

原来乡村血缘、地缘、乡规民约的稳定社会关系网络被打破，大量外来人口的涌入出现了一系列治理难题。第一，"人口倒挂村"经济活动种类"小、散、乱"。村民追求房屋和土地的"瓦片经济"，满足了外来人口以相对廉价的成本租住或从事仓储、餐饮、低端制造业等业态，成为城市监管盲区，存在大量安全隐患。第二，私搭乱建现象严重。由于这些村地处人口密集的城市空间，租赁需求旺盛，出租收益回报率高，村民抱着"法不责众"和违法成本较低的心理，大肆违法用地和私自加盖建筑，抵制政府征地、拆迁整治，导致村里建筑杂乱、道路无序、房屋采光通风不畅、公共空间被大量挤占等，空间安全无法保障。第三，基础设施陈旧，居住环境较差。城中村的基础设施落后，配建水平不高，教育、医疗、文体娱乐等公共服务配套不足。一些村由于管理不善，甚至出现垃圾乱堆、污水横流，卫生环境差等现象。第四，人口密集、人员复杂，社会治安较差。人口倒挂村吸引了大量低收入流动人口租住，人员混杂且流动性强，人员文化程度不高且法治观念意识淡薄，隐匿了大量违法和不文明行为，治安较差且犯罪多发。村委会主要负责管理本村村民，流动人口管理成为空间管理的薄弱点。第五，存在多头管理，职责不清。由于大量城中村在城市化进程中长期处于改造或待改造状态，村集体所有制和城市管理体制对于这些特殊空间的管理存在职能交叉或权限不清的问题。

2. 社会治理难题——新市民衍生的城乡新二元结构问题

传统城乡二元结构治理难题主要指的是城乡之间发展不均衡造成的公共设施、公共服务等资源的不均衡。而随着中国城镇化进程的加剧，以农民工为主体的流动人口大量流向城市，并集聚在城乡接合部地区长期生活，由此引发了关于城市户籍人口与流动人口城市权利不均衡的难题，即中心城区拥有城市权利的本地人与边缘区缺乏城市权利的外地人之间的城乡新二元结构问题。

据《中国流动人口发展报告（2019）》，我国流动人口的数量为2.36亿人，2021年发布的第七次全国人口普查数据显示，截至2020年11月1日零时，全国流动人口为37582万人，人户分离人口为49276万人，进城农民工近3.76亿人。越来越多的农村剩余劳动力进入城市，比如珠三角、长三角、京津冀等超大城市圈对外来人口形成强大的就业吸引力，带来城市经济快速发展的同时，给社会治理带来压力。城乡社会政策差异大，农民工的利益、诉求难以在城市公共政策的制定中得到制度化的表达。① 现行基于户籍制度的医疗、教育、住房以及其他多项社会保障和公共服务权利仍未完全改变,对进城农民工"经济性接纳,社会性排斥"的现象仍然存在,农民工群体仍然难以实现市民化。此外,人口无序过快膨胀,超过了城市现有的资源能源、基础设施、交通环境等承载力,必然引发城市经济社会发展不协调和不和谐问题。

3. 城市发展难题——集中整治与功能拓展问题

超大城市的大规模、高密度、流动性、异质多元文化等特征,带来巨大吸引力,形成了集聚经济效益。然而超大城市长期单极化的发展,虽然提升了生产要素空间配置效率,发挥集聚效应推动经济增长,也使得优质资源(包括就业、教育、卫生等公共服务资源)过度集聚于中心城区,造成中心城区与都市边缘区的城乡接合区域发展不均衡。环境卫生、产业结构、安全秩序、公共服务水平呈两极化发展。特别是超大城市城乡接合部医疗卫生、教育就业、商服文娱等配套设施不完善,发展滞后,生活品质比中心城区相比差距大,导致中心城区人口密度不断增加,与此同时,产生房价畸高、职住分离、交通拥堵、空气污染加剧。然而,城乡接合部地区作为支撑城市公共服务保障设施和系统运行的重点建设与维护空间,以及未来中心城区的功能拓展地带,对这一地区的整治也不能简单地走排斥型整治道路,只有通过城乡一体化发展才能系统性有效解决这一空间的发展难题。霍华德在《明日的田园城市》中指出,"城市和乡村必须成婚,这种愉快的结合将迸发出新的希望、新的生活、新的文明"②。

(四)城市发展与历史传承的失合

在超大城市城镇化的快速推进和规模扩张的进程中,一些历史建筑、文物古迹等独具特色承载着城市历史文化的建筑、街区遭到破坏,传统文化遗产传承发生断裂。文化是城市发展的根基和灵魂,蕴含着每个城市独有的神韵,传统文化遗产的继承保护和创新发展是城市吸引力、竞争力和影响力保持和提升的核心要素与重要动力。党的二十大报告提出:"推进文化自信自强,铸就社会主义文化新辉煌。2035 年建成社会主义文化强国。"围绕建设社会主义文化强国提出了五个方面的任务,其中强调"加

---

① 崔传义:《当前农民工社会管理的突出问题与政策建议》,《重庆工学院学报》2006 年第 2 期。

② [英] 埃比尼泽·霍华德:《明日的田园城市》,金经元译,商务印书馆 2010 年版。

强城乡建设中历史文化保护传承"。然而，在城市解决城镇化问题中，一些城市减弱了城市历史文化内涵，模糊了城市特色，使城市失去了生命力和发展动力。著名作家冯骥才说："城市，你若把它视为一种精神，就会尊敬它、保护它、珍惜它；你若把它只视为一种物质，就会无度地使用它，任意地改造它，随心所欲地破坏它。"①

城市中的历史街区是一定历史时期人类社会活动在相对有限的范围内，其集中保留了一定数量的文物古迹和历史建筑，比较能够真实且具象地反映出特定历史时期形成的传统风貌或地方文化特色。② 其区位优势、不可再生的历史文化价值和稀缺性所体现出的自然资源和社会资源禀赋对城市发展具有重要意义。历史街区的自然资源是指土地资源，由于其大多集中在城市中心城区的核心区域，土地用途大多是以居住功能为主，而随着城市现代化建设的快速发展，城市功能不断拓展和增加，许多老城老街、建筑风貌等被破坏或拆除，它们身上所具备的社会资源被不断蚕食。社会资源是历史街区内的有形资源（基础设施、交通道路等）和无形资源（人文气息、文化氛围等）。历史街区作为城市的居住生活单元和有机组成部分，以及最具代表性和具有规模的历史文化遗产，在快速城市化发展中能够真实、完整地保护好历史街区，既能实现城市文化品位提升、保留当地文化特色、延续城市文脉，也能够强化历史街区的历史价值、延展城市文化根脉的广度与深度，推动静态历史与活态生活的深度融合。《易经》有云："形而上者谓之道，形而下者谓之器。"守护有形文物这个文化载体，更是为了扬其"道"。

然而，千城一面缺乏特色、城市文化遗产遭到破坏、城市建设缺乏文化品位等，使得城市传承文明这一"特殊的构造空间"发生断裂。城市作为有机生命体，需要处理好"古与今"的关系，既要加快城市发展和建设，也要保护好文化遗产，"在发展中保护，在保护中发展"，从点滴处入手、由细微处着眼，让城市管理像绣花一样精细，使城市更加有内涵、有品质、有温度、有魅力。

---

① 冯骥才：《手下留情》，《民主》1998年第4期。
② 戴湘毅、王晓文、王晶：《历史街区定义探析》，《云南地理环境研究》2007年第5期。

三 超大城市"大城市病"的病理分析

(一) 超大城市发展理念尚未转型

超大城市的发展面临着系统性挑战,如交通拥堵、环境污染、资源短缺等,需要采取更加可持续的发展理念和模式,综合考虑社会、经济、文化等各种因素,制定更加系统完整、科学合理的发展策略和规划以实现城市的可持续发展。伴随全球城市化进程的快速发展,我国城市化进程仍在加速,预计到2050年,城镇化水平将达到75%左右,而超大城市数量将超过10座。2015年,习近平总书记首次提出,"提高新型城镇化水平,走出一条中国特色城市发展道路"。[①] 城镇化水平不能代表城镇化质量,还要考虑人类生存、发展、延续的需要。超大城市发展的过程是城市规模扩大并且城市发展实现其主要功能的过程。而城市有两种主要功能:一是聚集功能实现集约、高效、交流的效果;二是辐射功能实现带动、链接、互补的效果。在过去几十年的高速城镇化发展中,大量城市盲目追求城市规模扩张和快速工业化发展进程,地方政府产生了对"土地财政"的依赖,使得土地城镇化快于人口城镇化。与此同时,城市政府职能转变不足,没有适应超大城市高速城镇化发展带来的需求与挑战。长期以来,重经济轻社会、重建设轻管理、重管制轻服务。在传统超大城市发展过程中,存在"三重三轻"的现象,即重规模速度的"粗放型"发展,轻质量效率"集约型"发展;重"GDP型"评价,轻公共服务和生活品质保障提升;重阶段性治理,轻全周期管理。

(二) 超大城市规划尚未充分发挥应有作用

"城市病"的形成与城市规划不够合理密切相关。城市规划是城市可持续发展的基础性因素,通过合理规划和资源优化配置,才能引导人口和资源有效流动,避免过度聚集膨胀。2014年2月,习近平总书记在北京考察时提出科学的规划对城市建设的指导意义,"规划科学是最大的效益,规划失误是最大的浪费,规划折腾是最大的忌讳"[②]。尼格尔·泰勒

[①] 转引自陈圣来等《城市的秉性——大型特色活动与特色文化城市》,人民出版社2020年版,第323页。

[②] 本书编写组:《十八大以来治国理政新成就(上册)》,人民出版社2017年版,第318页。

认为，城市是"活"的功能性实体，处于流变的状态，城市规划是"一个'过程'而不是'终极状态'或者'蓝图式'目标"。[①] 城市是一个有机的生命体，需要通过规划、建设、管理全链条动态发力，才能维护好这个有机生命体的可持续发展。

在前期实践中，一些地方超大城市规划、建设和管理之间出现了偏差，城市规划的前瞻性、科学性、严肃性、强制性和公开性不足，城市的规划、建设、管理三大环节与城市发展中生产、生活与生态关系统筹不够。有的城市规划以领导意志为转移，注重面子工程和政绩工程，使得城市规划科学性不足难以满足城市发展需要。有的规划刚性不足，随意性强，导致规划没有按照既定的目标执行，或在执行过程中由于相关部门出于自身利益考虑，难以协调落实，使规划停留在纸面上。许多城市面对违规行为没有及时发现、监督、制止和处理，不能发现后坚决查处，尤其是城乡接合部拆违难度较大，制约了规划实施的有效性。一些地方城市规划还受到计划思维惯性影响，没有结合城市的历史特点和未来规模发展趋势，盲目自信或教条僵化，忽视对过去和未来的动态连接，没有实现从形式到实质的转变。特别从超大城市内部空间规划来看，合理的空间结构规划有利于城市环境改善和城市扩容，反之会加剧人口在市中心高度密集，居民和不同业态"插花式"分布，形成了严重的住房、交通、教育、医疗、环境等"大城市病"。

另外，超大城市在高速发展阶段容易囿于发展阶段的认知水平，忽视从城市群发展、都市圈发展等高度进行系统规划、功能布局和分工协同，导致城市规划和基础设施建设无法满足超大城市快速发展需求。从长三角、珠三角和京津冀城市群功能协同发展的比较来看，以超大城市为中心的城市群规划体系建设越成熟，各城市相互依存度越高，彼此之间的福利条件差异越小，所形成的超大城市群能更好应对"城市病"。

总之，如果超大城市缺乏区域规划或者规划难以落实，资源和人口向核心城市集聚，形成"一城独大"，优势突出，周边城市相对落后，无法对核心城市形成反磁力中心，极易造成"大城市病"。习近平总书记在北京考察时指出："城市规划建设做得好不好，最终要用人民群众满意度来

---

① ［英］尼格尔·泰勒：《1945年后西方城市规划理论的流变》，李白玉等译，中国建筑工业出版社2006年版，第151页。

衡量。要坚持人民城市为人民，以北京市民最关心的问题为导向，以解决人口过多、交通拥堵、房价高涨、大气污染等问题为突破口，提出解决问题的综合方略，要健全制度、完善政策，不断提高民生保障和公共服务供给水平，增强人民群众获得感。"①

（三）超大城市治理水平尚待提升

传统城市管理主要是围绕市政设施、城市家具等物件和事件的管理。然而，面对超大城市这一复杂有机的巨系统，城市政府治理水平亟须提升。

一是政府的城市治理理念相对粗放。超大城市具有高度的复杂性，各种城市问题随着快速发展联袂而至，超大城市治理是一项长期而艰巨的任务。传统简单粗放的城市管理模式难以适应复杂多变的发展形势和社会需求，"不同的治理情景需要不同的治理形态"②。现代化的城市治理理念需要具有前瞻性意识、战略性思考、科学性规划、敏捷性调整等，而传统的城市管理高度依赖决策者的个人能力、经验和判断，并且伴有大量的治理职权的模糊地带，对于谁来治、治什么、怎么治等明确的、系统的、完整的规则体系约束还不足，城市治理过程中存在随意性、粗放性、短期性等问题。城市发展注重短期效益，短期行为在一定程度上造成了"大城市病"。

二是治理方式和手段的专业化、智能化程度不高。在低复杂性的城市管理实践中，政府管理手段大多依靠行政命令，这种管理方式在规模不大的城市管理场景中是可行且有效的。超大城市治理领域增加、环节增多、流程复杂，要求有效对接，无缝衔接。然而，以行政手段为主的治理方式和手段系统性、专业性、精准性不足，难以对超大城市复杂的人、财、物等要素进行优化配置和资源的高效使用，缺少行之有效的科学制度、流程、规范和标准去协调各种内外部关系，经常采取简单粗暴"一刀切"的办法解决问题。习近平总书记指出："抓城市工作，一定要抓住城市管理和服务这个重点，不断完善城市管理和服务，彻底改变粗放型管理方

---

① 习近平：《立足提高治理能力抓好城市规划建设着眼精彩非凡卓越筹办好北京冬奥会》，《人民日报》2017年2月25日第1版。

② 韩志明：《从粗放式管理到精细化治理》，《云南大学学报》（社会科学版）2019年第5期。

式，让人民群众在城市生活得更方便、更舒心、更美好。"① "要强化智能化管理，提高城市管理标准，更多运用互联网、大数据等信息技术手段，提高城市科学化、精细化、智能化管理水平。"② 相比国外一些城市管理的结构扁平化、运作企业化、主体多元化和行为法治化，我国目前城市治理的方式和手段还需紧跟信息技术的发展和人民对美好生活向往的需要，持续在源头治理、系统治理和精准治理方面发力，提高现代化城市治理能力。

三是治理体制还不完善。城市管理的核心是体制，管理主体明确、权责划分清晰、运转机制顺畅、决策科学高效、措施落实有力才能提高城市治理效能。目前，城市行政管理系统是纵向职能"条"和横向管辖属地"块"的体制，这一"科层化的技术治理所面临着的一个重大难题，是将一个庞大的行政体系置于社会经济生活的具体经验和问题之上"③，同时难以有效形成响应迅速、运转协调、行为规范、办事高效、群众满意的城市治理体系。

第二节　超大城市发展阶段性规律驱动下的城市更新与精细运营

当前，中国的城镇化正逐步从以城市建设为中心的增量期，转变为以城市更新为中心的存量期。2020年，党的十九届五中全会审议通过的《中共中央关于制定国民经济和社会发展第十四个五年规划和二〇三五年远景目标的建议》明确提出，实施城市更新行动。2021年，城市更新首次写入政府工作报告。城市更新是城市可持续发展的必然选择，与其他国家相比，我国大城市土地资源供需矛盾突出，对城市存量土地资源进行再分配，充分挖掘存量用地潜力，形成可持续发展尤为重要。可见，城市更

---

① 中共中央文献研究室编：《习近平关于社会主义社会建设论述摘编》，中央文献出版社2017年版，第132页。

② 中共中央文献研究室编：《习近平关于社会主义社会建设论述摘编》，中央文献出版社2017年版，第136页。

③ 渠敬东、周飞舟、应星：《从总体支配到技术治理——基于中国30年改革经验的社会学分析》，《中国社会科学》2009年第6期。

新是城市发展阶段中从城市外延扩张逐步转变为城市内涵提升,实际是城市资源在规划建设层面的再调整,对城市空间资源的再分配和相关利益主体之间关系的再调整。城市更新的目的是对城市中衰落的区域进行拆迁、改造、投资和建设,以全新的城市功能替换功能性衰败的物质空间,使之重新发展和繁荣。我国城市经历了快速土地城镇化发展时期,粗放式的城市规模扩张和大拆大建、急功近利的城市改造时期,付出过惨痛代价。当前在高质量城市发展目标下,需要通过更加完善、系统、科学的精细化运营,节约资源、保障公平、满足多样化需求,推进城市更新进程。

一 精细化运营是城市更新发展的必然要求

城市发展到"存量"时代,发展重点由新城建设逐步向旧城功能完善、城市健康运行、人居水平改善等方向转变。我国城市更新的发展历程大致经历了四个阶段:第一阶段(1949—1977年),解决城市居民基本生活环境和条件问题;第二阶段(1978—1989年),开展大规模的旧城功能结构调整和旧居住区改造;第三阶段(1990—2011年),开展的旧区更新旧工业区的文化创意开发、历史地区的保护性更新;第四阶段(2012年至今),强调以人民为中心和高质量发展、城市综合治理及社区自身发展多层次、多维度探索的新局面。[1] 超大城市几乎每一寸土地都经过不止一次的开发,已经没有大面积的地块来批量建设,城市更新作为一项系统的工作,不仅要考虑物质性改造问题、眼前的问题,同时还要考虑经济、社会、文化、环境等多方面综合因素的精细化运营。

从城市发展的客观规律看,城市的初步建设是增量型发展,是快速的、短期的,城市到了维护和提升阶段则进入存量型发展,是缓慢的、长期的。有机更新理论认为,城市是一个不断进化的有机体,有着自身变化发展的过程和规律。在城市更新过程中,要限制其尺度和规模,进行改造。同时,要关注城市历史、现状、未来之间的关联性以及城市功能区域的均衡发展。[2] 在粗放型增量发展阶段,更新改造是大规模快速建设。进入存量时代,城市更新不再是简单的、粗放式的旧城改造,而是不断转变

---

[1] 阳建强、陈月:《1949—2019年中国城市更新的发展与回顾》,《城市规划》2020年第2期。

[2] 中国城市科学研究会:《中国城市更新发展报告(2019—2022)》,中国建筑工业出版社2022年版,第149页。

城市建设方式，注重成片规划改造和精细化运营，推动城市结构优化调整、功能完善和空间价值提升，从过去的大规模增量建设向存量提质和增量调整转变。城市更新是一种复合的、整体的、系统的更新，在建设过程中强调物质环境与软性治理相协调，社区与周边肌理以及城市整体的关联，这些需要精细化运营才能得以实现。

二 城市更新中多要素与多主体耦合需要精准治理

城市作为一个集城市人文社会系统、经济系统、生态系统和基础设施系统（城市的物质载体系统）于一体的大系统，具有很强的复杂性。① 每一个子系统本身就是一个复杂的体系，由多个要素耦合而成。城市更新是一种老模式向新模式的转变，必然会带来各子系统之间以及子系统内部的变化，必然带来对城市更新管理的精细化要求。

（一）要素类型多样，城市空间需精准设计

城市更新活动是依托要素的资源投入，包括人、物、资本、信息和技术等类型多样的要素。这些要素的相互耦合是城市更新得以实施的基本条件和城市更新综合目标实现的重要保障。然而，城市更新中更多地重视物质（空间）要素的投入与产出，其他要素或被忽视或缺少关注。由于城市里的公共存量资产形成的时间不同，历史上的开发者和运营者也不同，名义上这些公共资产的产权实际上是由不同层级的政府或不同政府部门持有，导致公共资源的产权虚置不清，管理混乱，改造更新方面缺乏多部门的统一协调和统筹。另外，我国保障多元参与的机制尚未形成，更新过程中仍然是以政府或开发商为主导的一元主体局面，造成了政府力、市场力与社会力的失衡。②

2021年3月十三届全国人大四次会议通过了《关于国民经济和社会发展第十四个五年规划和二〇三五年远景目标纲要》的决议，提出加快转变城市发展方式，统筹城市规划建设管理，实施城市更新行动，推动城市空间结构优化和品质提升，要求改造提升老旧小区、老旧厂区、老旧街区和城中村等存量片区功能。超大城市的很多老旧小区使用年限达到30

---

① 张晖明、温娜：《城市系统的复杂性与城市病的综合治理》，《上海经济研究》2000年第5期。

② 霍艺：《基于三方博弈的旧区改造利益主体策略研究》，《四川建筑》2022年第2期。

年，成为"老破小、脏乱差"的代名词和集中区域，其空间使用、外部环境要素和建筑形态与现代生活方式发生了矛盾，与新建居住区对比鲜明。但其区位优势、高密度和低容积率的现状吸引了房地产开发商进行拆迁建设高容积率的居住区。这些新建居住区人群无形中使周边的道路、公共服务设施、教育卫生环境以及公园绿地等变得紧张，给周边居民公共空间资源带来困扰，产生了社会矛盾。这些空间区域缺乏更宏观、更长远的统筹，只是针对单独参与报批地块和人口，通过降低建筑密度提高建筑高度，虽然解决了眼前居住环境的问题，但是城市空间设计、功能协调和资源配置都存在问题。还有一些老旧小区实行"微更新"，结果空间品质改善有限，设施体系完整性不足，产业空间碎片化，城市历史文化要素展现缺乏载体。单一的工程性空间改造已经无法满足老旧小区改造的发展和人民对美好生活的要求。老旧小区更新中，空间、文化、产业、认同是互为促进的关系。物质空间的优化提升将吸引更多业态入驻，为老社区带来新的生命力，但在这个过程中需要统筹精细化设计全要素，考虑区域空间发展、产业发展、文化传承、居民认同等方面，优化提升城市存量空间。

（二）参与主体多元，利益协调需精细统筹

城市更新最大受益者有城市居住用地使用者、城中村集体所有者、工业用地占有者以及通过城市更新创造经济效益的开发商等。20世纪90年代开始兴起城市更新的思潮，在初期，高房价、既有土地相对建设容积率低下的居住用地、工业用地，甚至公共服务配套设施用地被用以房地产开发为导向的大拆大建。所得利益居民不仅能够获得居住环境的改善，相对更好的公共服务配套以及巨额经济赔偿。开发商更是直接关注城市更新的商业价值及经济效益。随着城市更新过程的推进，发现仅凭市场机制并不能解决城市更新的根本问题。城市更新涉及政府、市场、社会等多方利益主体，势必会带来各利益主体的竞争和博弈，在法律层面我国土地所有权结构没有实质性调整，但是，现实中土地开发、使用和收益权已经发生变化，城市更新的成本负担与增值收益的分配如何达成一致，牵涉其中的利益协调和分配至关重要。按照产权经济学的观点，明晰的产权可以有效界定所有者的利益和预期。但是，城市更新通过基础设施的投入、空间形态的改变、环境景观的提升等手段带来地区空间价值的大幅度提升，由此带来的增值收益归属并不明确。随着地方政府、私人企业、开发商等积极参与到城市改造中，地方政府在城市改造中的角色也由先前的行政主导，演变为更多的经济合作者。一些学者认为,这种由政府主导的追求经济效益的城市改造,已经形成了一种"地方国企联盟",即地方政府常常把私人企业视为由自己的行政范围所形成的"大公司"中的一分子。这种现象甚至使地方政府的行政职责与其企业职责边界模糊化了。①

城市更新中参与主体众多,涉及规划自然资源、财政、发展改革、住房和城乡建设等政府职能部门,还有市场主体以及街道、居委会、社区等实施终端。各方参与者掌握的社会资源不同,拥有不同的决策权力,在缺乏合理的博弈平台的情况下,容易出现强势群体对弱势群体的利益剥夺,造成社会分配不公,影响社会诚信和稳定。② 比如因城市治理机制的不完善和相对滞后造成社会不公和居民极端利益主义现象。在一些城市更新项目中,由于个别居民因补偿标准不满意反对项目实施,造成更新项目停滞,损害了大部分居民的利益,提高了开发成本,同时在其中形成的"潜规则"助长了有悖于公平的极端利己行为。在城乡规划领域,有学者则认为,应该培养不同参与者之间达成一致的"制度能力",城乡规划需要转变原有的以技术为单一核心的理论体系,在维护地区发展整体利益的基础上,积极参与到各决策主体之间相互竞争与博弈的过程中,扮演沟通者与协调者的角色,提倡"沟通式规划"(communicative planning)、"协作式规划"(collaborative planning),以实现城市空间的有效治理。③ 从国内外其他城市的情况来看,英国、美国、中国香港等地,均把居民和公众权益作为旧区改造中核心考虑的问题,从初期规划就开始保证公众实权参与的权利,在旧改的整个过程中,居民利益保障一直能得到正常体现和法律保护。在城市更新整个过程中,从前期的规划开始,一直到后期的社会评估、后效评估,都应保证公众实权参与的权利,以充分保障居民权益。因此,在新时期,如何强化城市更新的多主体参与、推进精细化的社会治理成为重要使命,需要不断借助精细化的制度建设,保障产权人、公众、社会组织、规划设计者、开发公司、非营利机构等积极介入城市更新,推

---

① Oi, Jean C., "The Role of the Local State in China's Transitional Economy", *The China Quarterly*, Vol. 144, No. 2, 1995, pp. 1132-1149.

② 张京祥、胡毅:《基于社会空间正义的转型期中国城市更新批判》,《规划师》2012 年第 12 期。

③ [英]帕齐·希利、熊国平、刘畅:《一位规划师的一天——沟通实践中的知识与行动》,《国际城市规划》2008 年第 3 期。

进政府主导、社会主导、市场主导等更新模式的多元共存，以保障我国城市更新行动逐步迈向以参与主体多元化、角色关系平等化、决策方式协商化、利益诉求协同化为特征的"多元共治"。[①] 在城市更新中平衡各方利益，优化利益分配格局，加大利益统筹协调，尊重各利益主体的合法权益，共同推进城市更新的有效治理。

（三）管理措施滞后，制度规范需精密部署

目前，我国超大城市已进入城市存量更新发展阶段，但是政府管理仍存在宏观调控微观化、地方化等大规模开发阶段的思维定式。在有效的城市更新中，政府的积极作用不容忽视。它既起到维护公众利益、创造有利于各利益团体参与的条件，同时政府可以通过调整政策方向：一方面刺激房地产开发企业的资金投入，以弥补政府在实施更新工程建设中资金不足的问题；另一方面可以通过运用经济杠杆、法规手段、政策引导的方式，在更新改造中发挥其举足轻重的协调、决策、执行和监督的作用。[②] 当前，一些城市更新政策多采取"自上而下"的决议方式，由于地方政府自身利益定位不准，一些决策决定和利益实现方式从方案形成到实施没有采纳、汲取与城市更新项目直接相关的社区和人民群众的意见与建议，各方利益没有得到综合考虑，使得城市更新行动效率不高。

城市更新是城市经济增长的新引擎，是城市经济高质量发展的重要手段。城市更新应该是在城市规划的控制和引导下进行的，直接关系到城市总体规划、专项规划的有效落实。然而，目前很多城市规划编制标准缺失，相互衔接不足，现有的规划量多、面广，缺乏总体统筹整合。除了规划之外，城市更新活动涉及政策面广且部门多，还包括建设、税务、社保等，相对于多元参与的实际需求，治理机制的建设相对滞后。在缺乏有效的制度保障下，城市更新的主要参与者——政府、市场和社会不得不通过"非制度化"的方式来维护或者攫取更多的利益。[③] 在城市更新中，政府的科学定位是通过政策法规提供规则的公平合理、公开透明，调整城市更新过程中各种利益关系。完善城市更新的相关法律法规，为保证城市更新

---

① 柯于璋：《社区主义治理模式之理论与实践——兼论台湾地区社区政策》，《公共行政学报》2005 年第 9 期。

② 翟斌庆、伍美琴：《城市更新理念与中国城市现实》，《城市规划学刊》2009 年第 2 期。

③ 孙立平：《中国进入利益博弈时代》，《经济研究参考》2005 年第 68 期。

顺利实施提供法律依据。总体上，我国尚未出台全局性、统领性的国家级城市更新法律法规或管理办法，与城市更新实践还不相适应，有的甚至还有冲突的地方。深圳市在2009年12月，在全国率先出台了《城市更新管理办法》和《深圳市城市更新办法实施细则》，通过法规形式明确了城市更新治理主体，指出了市区政府、村集体（或代表其利益的经营公司）和开发商均享有申报更新计划的权力，包括参与城市更新项目范围划定、项目启动等议题的讨论与协商等。① 随着城市更新工作进入精耕细作阶段，"搬迁难""钉子户"等问题成为城市更新有序进行的阻碍。2020年12月30日，深圳市通过《深圳经济特区城市更新条例》，成为全国首部城市更新立法。近两年，上海市、北京市也相继出台了城市更新地方性法规，系统性谋划，精准性回应，针对超大城市更新深入推进中遇到的政策困难和问题，要求政府以立法形式，明确各方权责，从规划编制、许可审批、实施落地等各个环节精密部署，提高城市更新和运营的规范化、程序化、标准化、信息化、精细化，整体性推进城市更新，使其高效顺畅。

三　城市更新中保护与更新尺度的平衡需要精细谋划

城市更新的内涵被认为是经济、社会、环境等多目标的综合更新，而不是由房地产开发商主导的单一物质环境更新。② 这种多方主体参与的伙伴关系的城市更新理念适应了城市可持续发展，尤其是城市更新目标的多维度涉及物质自然环境、社会经济环境的改善和提升。目前超大城市更新改造正处于高峰期，更新涉及面广，影响因素多，情况复杂，任务繁重，保护任务艰巨。更新什么？如何更新？保护什么？如何保护？更新与保护如何平衡？住房和城乡建设部印发了《关于在实施城市更新行动中防止大拆大建问题的通知》，要求在城市更新中防止沿用过度房地产化的开发建设方式，出现大拆大建、急功近利等问题。在城市更新中最棘手、最难处理的就是保护问题，保护工作常常与短期效益和经济利益、官员政绩发生矛盾，如何把握好更新与保护的尺度，既满足城市发展的需要，也保护

---

① 张磊：《"新常态"下城市更新治理模式比较与转型路径》，《城市发展研究》2015年第12期。

② 张更立：《走向三方合作的伙伴关系：西方城市更新政策的演变及其对中国的启示》，《城市发展研究》2004年第4期。

城市的文脉和特色，需要精细谋划，精准实施。

（一）城市历史文化保护更新需精微推进

城市更新是城市可持续发展、激发城市活力的重要手段，是结合历史与现代、自然与文化、特色与生态的改造。城市历史遗存是人们的记忆，是增加城市可识别性、丰富性、多样性的标志。过去的城市发展缺少对自然环境、文化环境足够的关注，造成历史遗存越来越脆弱，甚至到难以保护的程度，同时建设行为到运行行为，都有可能对历史遗存产生冲击，使之变得更加脆弱、敏感。正像《北京宪章》所指出的那样，20世纪是一个"大发展"和"大破坏"的时代，人类对自然和文化遗产的破坏已经危及自身的生存，"建设性破坏"始料未及，屡见不鲜。对老城区不分青红皂白一律推倒重建，这是一种最原始、最简单、最不科学、最粗野的城市更新方式，造成一些有保留价值的建筑、设施、古木、风貌等随之灰飞烟灭，永远地消失了。[①] 2018年10月24日，习近平总书记视察广州市永庆坊时指出："城市规划和建设要高度重视历史文化保护，不急功近利，不大拆大建。要突出地方特色，注重人居环境改善，更多采用微改造这种'绣花功夫'，注重文明传承、文化延续，让城市留下记忆，让人们记住乡愁。"[②] 2019年，山东聊城、山西大同、河南洛阳、陕西韩城、黑龙江哈尔滨分别因在古城内大拆大建、拆真建假、大搞房地产开发、破坏古城山水格局、搬空历史文化街区居民长期闲置不管等问题被住房与城乡建设部、国家文物局通报批评。[③] 这些现象暴露了一些地方政府保护意识不强，对历史文化遗存缺乏认知。如何引入城市精细设计的方法，将人与环境的关系、文化与审美的意义融入城市更新，让历史文化遗存延续记忆空间，带动城市活力是历史遗存更新与复兴的重要考量。

近年来，北京、上海、广州、深圳等中国超大城市进入存量时代，存量时代的城市更新要求从过去的"拆改留"转变为"留改拆"——这一转变有助于居住类历史建筑摆脱拆除的命运，但距离历史建筑的保护要求以及居民实际生活需求之间仍存在较大差距。应在"拆除重建"和"任

[①] 杨勇祥：《城市更新与保护》，《现代城市研究》2002年第3期。

[②] 转引自杨奎等《新时代首都发展的战略擘画》，人民出版社2022年版，第106页。

[③] 王珏：《五城市被通报批评评论：名城岂能无历史》，《人民日报》2019年4月8日第5版。

其衰败"之间寻找保护与更新的平衡点，重新认识日常生活、邻里关系、集体记忆等"生活遗产"(living heritage)。[1] 面对城市爆炸式的发展，文化特色渐趋衰微，历史街区、传统风貌的保护继承困难，人们认同感和归属感淡薄，低水平和低层次的简单城市更新将人为割裂城市文脉，丧失城市的历史记忆。因此，城市更新中历史遗存的保护与更新需要精微打造，变"障碍"为"资源"，处理好历史遗存更新、保护、发展、利用的关系，注重延续城市历史文脉，增加城市文化品位和吸引力。

（二）城市风险隐患叠加复杂需精益防范

超大城市作为复杂的运转不息的巨型系统，对环境变化敏感，在规模不断扩大的同时城市越来越脆弱。随着新科技广泛运用、能源消耗节节攀升、温室气体大量排放、气候更加诡异多变、环境污染愈发严重、易燃易爆工厂林立和经济结构局部失衡等现象的出现，超大城市面临的社会风险日益集聚。城市任何系统被破坏或不能适应这些新的变化都可能导致整个城市出现致命危机甚至毁灭。[2] 在城市更新过程中，人口密度、空间结构、各主体利益诉求和规则意识等都是更新的重要影响因素，使城市更新充满不确定性与不可测性。更新是为了降低城市发展风险，让城市变得更美好，但更新本身充满风险隐患，有效规避更新过程中的原生风险以及因更新而产生的次生、衍生风险[3]需要提前精心排查，提前防范化解。

一方面是城市原生安全风险。城市更新的实质是从规模扩张的增量时代转变为存量建设的时代。相较于增量建设以单一的建筑工程为主，存量建设阶段随着城市发展，原先的单一建筑与人员、设施、功能增多产生了人、地、物、事相互结合与迭代，使得城市的复杂性和结构的多样性达到前所未有的阶段。越来越多的城市建筑、老旧小区承载能力不足，成为"灰犀牛"事件的安全风险隐患。这些建筑和小区在更新时，因自身质量早已过了保质期，加之周边环境变化和人们多样需求的交织叠加，可能牵一发而动全身，其中风险隐患随时可能暴发。此外，被视为城市有序运行的"生命线"地下管线往往容易被忽视，地下综合管廊建设、老旧管网

---

[1] 张松：《中国历史建筑保护实践的回顾与分析》，《时代建筑》2013年第3期。

[2] 周利敏：《韧性城市：风险治理及指标构建——兼论国际案例》，《北京行政学院学报》2016年第2期。

[3] 栾晓峰：《城市更新，如何做好风险防范》，《决策探索》2021年第8期。

改造更新、地下管网排洪设施、"马路拉链"的开膛破肚等，如果出现问题，直接威胁城市安全和社会秩序，因此需要全过程、全覆盖和全时段精细化管理。

另一方面是城市管理衍生风险。城市更新的主导权在政府，因牵涉不同部门不同层级，部门经常是专业化思维，缺少系统化思考，导致协调沟通不畅，极易引发衍生性风险。有的地方领导调动，新官不理"旧账"，一张蓝图无法绘到底；有的地方甚至出现"豆腐渣工程"；有的地方过度放任市场主体，导致公共利益受损；有的地方因工作方式方法问题引发干群矛盾。政府内部的行政能力、价值取向、创新思维等存在诸多不可测性，这些问题成为政府在城市更新中需要考虑的风险因素。

（三）流动人口增多城市融入需精心布局

超大城市作为各项资源的集聚地和各类就业机会的需求高地，不断吸引流动人口的集聚。中国人口流动始于20世纪80年代初，到90年代发展成为大规模跨区域人口流动。[①] 改革开放以来，大量农村剩余劳动力进入城市就业生活，农民工及新生代农民工集聚超大城市，从"离土不离乡"到"离土又离乡"，难以回流农村。城市空间承载着各种要素，空间结构发生变化，所承载的人、物、产业等要素也要随之进行重构。重构的过程即城市要素进行快速流动的过程，其中各要素的流动主要以人为转移。旧有的城市空间形成的传统习俗、规则观念、人际关系等社会"小环境"会随着更新而消失、重组或重建。[②] 城市更新是围绕着人的需求的更新。2010年"中央一号文件"首提"新生代农民工"，对推进"80后""90后"新生代农民工的城市化具有重要历史意义，农民工更好地融入城市是城市更新必须要考虑的。英国经济学家凯特·拉沃斯（Kate Raworth）指出："增长是20世纪的概念，而21世纪的人们应该有新的想象，那就是在不过度开发地球资源的前提下，满足每一个人生活的基本需求。"[③] 她建构了"甜甜圈模型"，来表述更公正和普惠的发展模式。城市更新"不光是关于物质的交换的可持续，也关于人的福祉、尊严、权利、

---

① 余璐：《从"出去"到"留下"：新生代农民工融入城市之道》，《中国减灾》2020年第9期。

② 栾晓峰：《城市更新，如何做好风险防范》，《决策探索》2021年第8期。

③ 转引自城市中国《未来社区》，浙江大学出版社2021年版，第7页。

社会公正和社区关系"①。在国家政策上,不论是城里人,还是农村人,不论是本地人,还是外来的人,只要是本国公民,就享受同等的待遇或权利,当然也承担同等的义务。②

以拆旧建新为主的城市更新行动,由于产业结构优化升级和功能疏解带来的就业岗位变化,例如低端制造业、批发业、零售业向外迁移,新兴产业入驻等,使得生活其中的流动人口面临着居住与就业频繁变动的困境,导致其居住与就业的不稳定,降低了他们的生活质量。③ 城市更新一方面要注重经济利益,另一方面还要关注就业、教育、医疗卫生、文化、安全、社会参与等领域对新市民群体的保障,"不仅仅是旧建筑、旧设施的翻新,不仅仅是一种城市建设的技术手段,不仅仅是一种房地产开发为导向的经济行为,它还具有深刻的社会和人文内涵。忽略社区利益、缺乏人文关怀、离散社会脉络的更新并不是真正意义上的城市更新。城市更新是多目标的,而不是单目标的"④。这就需要城市更新让新市民群体不仅在物理方面还要在思想和精神层面转变,正如彼得·霍尔(Peter Hall)在《世界城市》一书中指出的:都市化是一个过程,包括两个方面的变化。一是人口从乡村向城市运动,并在城市中从事非农业工作;二是乡村生活方式向城市生活方式的转变,包括价值观、态度和行为等方面。⑤ 流动人口已经成为超大城市建设的重要力量,《经济社会发展统计图表:第七次全国人口普查超大、特大城市人口基本情况》显示,我国流动人口为 3.76 亿人,我国人口向大城市及城市群集聚的趋势更加明显。超大城市更新需要对流动人口与生产力布局、公共服务资源配置等进行精心布局,尊重人在城市发展中的主体地位,切实提升城市高质量发展,保障全体居民共享城市更新成果。

---

① 转引自城市中国《未来社区》,浙江大学出版社 2021 年版,第 8 页。
② 王春光:《新生代农民工城市融入进程及问题的社会学分析》,《青年探索》2010 年第 3 期。
③ 党云晓、湛东升、谌丽等:《城市更新过程中流动人口居住—就业变动的协同机制研究》,《地理研究》2021 年第 2 期。
④ 张更立:《走向三方合作的伙伴关系:西方城市更新政策的演变及其对中国的启示》,《城市发展研究》2004 年第 4 期。
⑤ 转引自《名家论城市化》,《政策》2003 年第 11 期。

第三章

超大城市治理精细化的价值逻辑

随着全球城镇化进程不断推进，全球城市人口不断增加，1950年只有1/4世界人口居住在城市，2020年增长到几乎一半人口都是城市人口，预计到2070年城市人口将进一步增加到60%。① 中国在全球城镇化的进程中崛起迅猛，中国城市特别是超大城市在推动经济发展等方面取得举世瞩目的成就。1978—2021年城镇常住人口数量由1.72亿人增加到9.14亿人，城镇化率由17.90%提高至64.72%。国内生产总值（GDP）和人均GDP分别从3645亿元、381元跃升至1143670亿元、80976元。

然而，高速城镇化在改善城乡居民经济生活的同时，也产生了无序扩张、人居环境差、宜居性不足等一系列问题。特别是超大城市高密度、高流动、高异构的城市生产空间和城市生活空间内在张力日趋激烈，紧张的人地关系给城市规划、市政服务带来巨大挑战，空间资源分配不均衡、空间权利失衡等问题不断凸显。"城市是为了人民，而不是为了利润。"② 超大城市正站在从追求工业价值到追求人本价值的发展价值转型关口；超大城市正站在从以经济建设需求为中心到以人的发展需求为中心的治理价值转型关口。

党的十九大深刻研判了新时代中国主要矛盾已从"人民日益增长的物质文化需要同落后的社会生产之间的矛盾"向"人民日益增长的美好生活需要和不平衡不充分的发展之间的矛盾"深刻转变，其中从"物质文化需要"到"美好生活需要"的转变，反映的是需求层面人民群众从"数量"到"质量"的升级，宣告了城市以提升生活品质为特征的"后置

---

① United Nations Human Settlements Programme, "World Cities Report 2022: Envisaging the Future of Cities", June 29, 2022, https://unhabitat.org/sites/default/files/2022/06/wcr_2022.pdf.
② Brenner, Neil, Peter Marcuse, and Margit Mayer, "Cities for People, Not for Profit", *City*, Vol. 13, No. 2-3, 2009, pp. 176-184.

业时代"的来临。这一特征在超大城市体现得更加显著，在城市中大规模聚集的各类人才对"美好生活需要"的诉求更加丰富，居民需求体现出群体间关系、水平差异和时效满足等方面的超常复杂性，[1] 对城市治理活动体现出更强的民主参与意识、法律意识、维权意识、纳税人意识、网络监督意识；对城市生活呈现多元化、个性化、高质化的诉求，发生了从"要我思维"到"我要思维"理念上的根本转变，这就要求城市建设更科学美丽，城市运行更高效便捷，城市公共服务更精细人性。因此，习近平强调"城市管理应该像绣花一样精细。城市精细化管理，必须适应城市发展。要持续用力、不断深化，提升社会治理能力，增强社会发展活力"[2]。

因此，如何围绕人民的"美好生活需要"，在发展进程中推进"以人为核心的新型城镇化"，在发展目标上建设"人民城市"是超大城市发展与治理精细化的根本价值依循，是当前发展模式、治理模式的深刻转型。只有"以人为中心"，秉承"精益求精的工匠精神"，才能做精存量，做优增量，合理布局，提高城市发展质量，向步入质量时代深刻转型。

第一节 "以人为核心"的新型城镇化道路

城市作为中国经济高速增长的载体，在短短几十年间全面崛起，高速发展。2011 年，中国城镇化率突破 50% 的关键点，标志着中国从乡村型社会进入城市型社会，城镇化进入高速发展阶段。短短不到十年，根据 2020 年的"七普"数据，城区人口在 1000 万以上的超大城市已达 7 座，包括北京、天津 2 座北方城市和上海、深圳、重庆、广州、成都 5 座南方城市，中国成为全球超大城市数量最多的国家。2021 年，中国常住人口城镇化率达 64.72%，深圳、上海、北京、广州、天津、成都、重庆超大城市的城镇化率分别达到 99.54%、89.3%、87.5%、86.5%、84.9%、79.5%、70.3%。按照诺瑟姆曲线，我国超大城市城镇化进入缓慢增

---

[1] 赵孟营：《超大城市治理：国家治理的新时代转向》，《中国特色社会主义研究》2018 年第 4 期。

[2] 中共中央文献研究室编：《习近平关于社会主义社会建设论述摘编》，中央文献出版社 2017 年版，第 136 页。

长期,城镇化发展阶段已进入成熟阶段,必须由片面追求速度向偏重质量提升的新型城镇化转变,从"规模与速度"向"质量与品质"转变。

一 以人为核心的新型城镇化的背景

(一)改革开放以来中国城市的演变趋势

中国城市特别是超大城市在创造经济增长奇迹的同时,也造就了自身快速崛起的奇迹。改革开放40多年间,地级及以上城市数量增长近3倍;城区人口在1000万以上的超大城市数量在全球排名第一。城市的崛起全方位重塑了中国的人口、社会、经济和文化结构。短短40多年间中国城镇化率快速增长了40多个百分点,从一个以8亿农民为主的农业大国变成以8亿城市人口为主的现代大国。"从现象上看,城市化是农业人口向非农转移,从乡村走向城市;实际上,是产业结构的变化,社会结构的变化,城市空间结构的变化,农业社会、农业文化向先进文化的变革。"[①] 2011年中国城镇化率突破50%的关键点,标志着中国从乡村型社会进入城市型社会,中国社会结构发生历史性变化。中国的城市经济在整个国民经济中的地位发生翻天覆地的变化,1978—2018年,国内生产总值城镇占全国的比例约从30%跃升到80%。根据"七普"数据,全国7个超大城市、14个特大城市的人口占全国的20.7%,国内生产总值占全国三成以上,走在我国现代化建设的前列。

与之相应地,中国城市规模急剧扩张,人口高速流动快速聚集,极大改变了人们的生产空间和文化生活。更重要的是,从发展趋势看,我国城镇化水平还处于加速阶段。短时间内高速发展的超大城市的"扩张效应"以及对资源人口的"虹吸效应"向城市发展和治理转型提出了严峻挑战。一方面,大城市人口聚集效应和虹吸效应进一步凸显,未来"城市病"蔓延风险加大,"外围扩张式"发展模式受到严峻挑战。如图3-1所示,城区人口规模20万—50万与50万—100万的中小城市逐步减少,人口进一步向大城市聚集,100万—200万、200万—400万规模的大城市数量增加显著。另一方面,大多数城市空间扩张已经大于城市真实的需求,即土

[①] 吴良镛:《中国城市发展的科学问题》,《城市发展研究》2004年第1期。

地城镇化速度明显大于人口城镇化速度。① 不少学者认为，中国城市总体上大规模粗放扩展的时代已经终结，经济、环境、社会所累积的矛盾已成为城市持续发展的制约，未来城市建设整体"增长主义"主导的城市扩张正走向终结。② 城市空间演化重点也将由"外围增长"型的数量增长模式转向"内部优化""内涵发展"型的精细化高质增长模式。

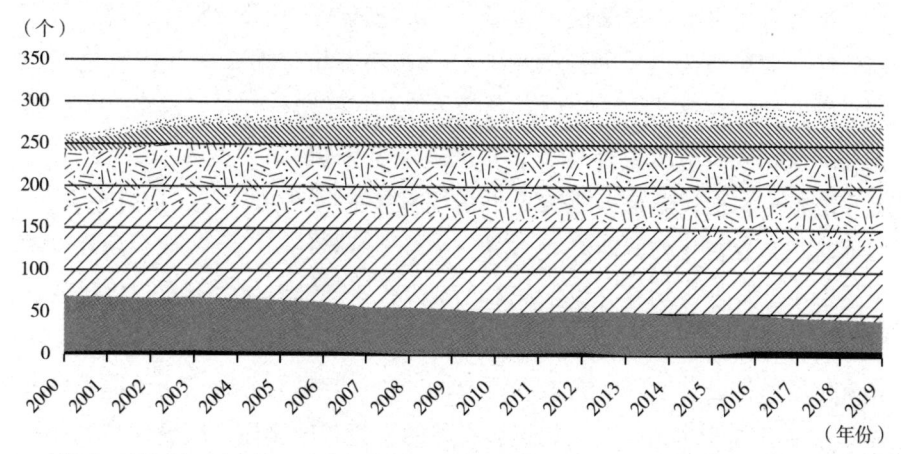

图 3-1　2000—2019 年不同规模市辖区年末总人口城市数量（地级及以上）变化情况
数据来源：根据国家统计局年度数据整理绘制。

（二）国外城镇化进程的启示

纵观各国城镇化进程规律，随着城镇化率超过 50%，在取得各项发展成就的同时，也是环境危机、城市问题和社会矛盾不断累积爆发的关键节点，城市发展需注入新的发展理念，转型升级。

1851 年，英国率先达到 50% 城镇化率、工业革命铸就城市辉煌的同时，伦敦等大城市的肆虐扩张使自然矛盾前所未有激化，成为空气污染严重的"雾都"；美国、日本等国也都在这一关键节点后的高速发展过程中爆发了重大城市环境危机、公共卫生疫情及安全生产事故等。主要原因是

---

① 中国城市规划设计研究院：《城市发展规律——知与行》，中国建筑工业出版社 2016 年版，第 206 页。

② 邹兵：《增量规划向存量规划转型：理论解释与实践应对》，《城市规划学刊》2015 年第 5 期。

在该阶段以往大城市资源要素带来的"规模红利"趋于消失，生产与人口的过度密集引发拥挤效应，产能扩张带来能源大量消耗与污染物过度排放等负外部效应加剧了城市生态问题，不利于城市的持续性发展。[1] 并且大多数城市空间扩张已经大于城市真实的需求，即土地城镇化速度明显大于人口城镇化速度。[2]

这就需要思考，集聚性作为超大城市铸就辉煌的关键特征，超大城市如何在"集聚资源追求便捷效率"与"疏解拥挤寻求宜居舒适"之间找到平衡？如何在逐渐失去规模红利阶段寻求新的增长方式？这都是考验新发展阶段超大城市的重要问题。对此，联合国提出，"紧凑、社会包容、更好地整合和连接城市"是城市可持续发展的当务之急。一是精心设计、因地制宜和致密化的紧凑开发，减少城市无序蔓延，更有效地利用和保护土地资源，降低人均基础设施成本，减少长途通勤以减少温室气体排放和交通运营成本。同时避免过度开发和拥挤。二是提高公园、广场、运动场和文化场所等公共空间的密度和可及性，整合并提升公共空间价值，以增强应对突发事件的韧性。三是提供良好的交通基础设施，以确保在城市和区域间的连通性，增强步行性、邻近性和可达性。这些举措将确保有序的城市增长。[3]

市场化和城镇化过程中出现的结构性矛盾意味着必须有新的发展理念。[4] 前车之鉴下，对我国超大城市的转型发展和治理提出了更为迫切的要求。2015年，中央城市工作会议指出，"政府要创新城市治理方式，特别是要注意加强城市精细化管理"，并进一步提出要"坚持集约发展，框定总量、限定容量、盘活存量、做优增量、提高质量。走出一条中国特色城市发展道路"[5]。这标志着新时代大规模的城市扩张后，必将进入深耕细作的集约发展阶段。特别是北京等超大城市在生态资源紧缺、生态环境

---

[1] 张治栋、秦淑悦：《产业集聚对城市绿色效率的影响——以长江经济带108个城市为例》，《城市问题》2018年第7期。

[2] 中国城市规划设计研究院：《城市发展规律——知与行》，中国建筑工业出版社2016年版，第206页。

[3] United Nations Human Settlements Programme, "World Cities Report 2022: Envisaging the Future of Cities", June 29, 2022, https://unhabitat.org/sites/default/files/2022/06/wcr_2022.pdf.

[4] 何艳玲：《人民城市之路》，人民出版社2022年版，第24页。

[5] 兰红光：《中央城市工作会议在北京举行》，《人民日报》2015年12月23日第1版。

亟待修复、经济发展进入新常态的大背景下，以往粗放的"摊大饼"、不计生态环境成本的城镇化道路必将退出历史舞台，城市空间演化重点也将由"外围增长"型的数量增长模式转向更关注人的发展和需求的"内部优化""内涵发展"型的精细化高质增长模式。以人为中心的城市精细化治理成为超大城市发展的内生性选择，在发展过程中必然要走向以人为核心的新型城镇化道路。

二 以人为核心的新型城镇化的政策演进

传统城镇化进程片面追求经济增长的粗放型高速扩张城镇化发展方式加剧了城乡二元结构矛盾、城市生态破坏与大城市病的蔓延。对此，党中央高度重视城镇化转型问题，党的十八大报告提出，要坚持走中国特色新型工业化、信息化、城镇化、农业现代化道路，促进工业化、信息化、城镇化、农业现代化同步发展。正式提出了"新型城镇化"的概念，并指出其核心是人的城镇化，关键是提高城镇化的质量，目的是造福百姓和富裕农民。2012年召开的中央经济工作会议进一步指出，要围绕提高城镇化质量，因势利导、趋利避害，积极引导城镇化健康发展。对新型城镇化的"新"强调的是城镇化质量而非速度，其中蕴含了城市布局合理化、农业转移人口市民化、绿色低碳城镇化等以人为本的理念。[1]

2013年11月，党的十八届三中全会通过的《中共中央关于全面深化改革若干重大问题的决定》首次明确提出"坚持走中国特色新型城镇化道路，推进以人为核心的城镇化"。2014年《政府工作报告》进一步提出，"推进以人为核心的新型城镇化"，"走以人为本、四化同步、优化布局、生态文明、传承文化的新型城镇化道路"，将"以人为本"作为新型城镇化的首要目标和根本特征。

2014年3月，中共中央、国务院印发了《国家新型城镇化规划（2014—2020年）》，明确了新型城镇化的发展路径、主要目标和战略任务。随后《关于进一步推进户籍制度改革的意见》《关于实施支持农业转移人口市民化若干财政政策的通知》相继出台，国家发展和改革委员会等11个部门联合发布了《关于开展国家新型城镇化综合试点工作的通知》以及《国家新型城镇化综合试点方案》，逐步形成以人为核心的新型

---

[1] 李国平、孙瑀：《以人为核心的新型城镇化建设探究》，《改革》2022年第12期。

城镇化政策体系。重点强调了人的城镇化,特别是解决传统城镇化中市民化滞后、城镇布局不合理、城市管理服务水平不高等突出问题。

2015年中央城市工作会议在北京召开,是"城市工作"再次上升到中央层面的会议,会议提出"让人民群众在城市生活得更方便""城市工作要把创造优良人居环境作为中心目标"等要求。[①] 2019年《政府工作报告》明确提出,新型城镇化要"处处体现以人为核心"。

《中华人民共和国国民经济和社会发展第十四个五年规划和二〇三五年远景目标纲要》强调,"深入推进以人为核心的新型城镇化……使更多人民群众享有更高品质的城市生活"[②]。国家发展和改革委员会发布《2021年新型城镇化和城乡融合发展重点任务》,特别强调要"转变超大特大城市发展方式","顺应城市发展新理念新趋势,建设宜居、创新、智慧、绿色、人文、韧性城市","使城市成为人民高品质生活的空间"。随后,国务院批复《国家新型城镇化规划(2021—2035年)》开启了我国新一轮新型城镇化规划,对城镇化建设前景进行了前瞻性、全局性、系统性的顶层设计,推动以人为核心的新型城镇化建设换挡提质。

2022年,党的二十大报告明确提出,要深入实施新型城镇化战略,"推进以人为核心的新型城镇化,加快农业转移人口市民化。以城市群、都市圈为依托构建大中小城市协调发展格局,推进以县城为重要载体的城镇化建设。坚持人民城市人民建、人民城市为人民,提高城市规划、建设、治理水平,加快转变超大特大城市发展方式,实施城市更新行动,加强城市基础设施建设,打造宜居、韧性、智慧城市"。

可见,面向全面建设社会主义现代化国家、向第二个百年目标进军的新阶段、超大城市进入存量更新精细化治理阶段,城镇化发展需要统筹产业发展、城市发展和人口发展的关系,资源利用和环境承载能力的关系,以及新型农村社区发展、城市空间布局与城乡一体化发展的关系。[③] 以人为核心是我国新型城镇化的内在要求,体现了从传统城镇化以经济建设为中心到新型城镇化以人为核心的价值转向。重点关注了建设用地粗放低效、土地城镇化快于人口城镇化、城市人居环境等问题;把人作为城镇化

---

① 兰红光:《中央城市工作会议在北京举行》,《人民日报》2015年12月23日第1版。
② 《中华人民共和国国民经济和社会发展第十四个五年规划和二〇三五年远景目标纲要》,人民出版社2021年版,第89页。
③ 吕世辰等:《农民工农地流转与城镇化》,社会科学文献出版社2018年版,第104页。

的核心，把人们对美好生活的追求作为城镇化演进的重要动力；强调聚焦人的需求、关注人的均等权益、迈向共同富裕。囊括了物理空间转换、生产方式转换以及生活方式转换三个层次，分别对应人"进城""留城""融城"的生活追求。① 因此，新型城镇化是要求实现人的城镇化：一是流动人口的市民化实现社会融合；二是人的城镇化的根本目的是人民的福利和幸福，而不是片面追求 GDP 的提高；三是人的发展和参与是构成城镇化的真正动力。②

第二节　以人民群众需求为导向的"人民城市"建设

亚里士多德说："城市，因人类寻求美好生活而诞生。"③ 从人的角度看，城市意味着宜居和文明，是城市的经济功能和生活功能的体现。城市发展的最终目标是让人民生活更美好，也就是生活功能至上。改革开放以来，我国城市建设发展迅猛，经济保持中高速增长。2010 年，中国超过日本成为世界第二大经济体。中国特色社会主义进入新时代，城市建设发展将何去何从？2015 年 12 月中央城市工作会议提出：要顺应城市工作新形势、改革发展新要求、人民群众新期待，坚持以人民为中心的发展思想，坚持人民城市为人民。2019 年 11 月习近平总书记考察上海时，首次提出"人民城市人民建，人民城市为人民"重要理念，深刻回答了城市建设依靠谁、城市发展为了谁的根本问题，深刻回答了建设什么样的城市、怎样建设城市的重大命题。2022 年这一重要理念被写进党的二十大报告——"坚持人民城市人民建、人民城市为人民，提高城市规划、建设、治理水平"。如何处理人民日益增长的对城市美好生活的需要和不平衡不充分的城市发展之间的矛盾，需要坚持从人民群众需求出发，破解人民最关心、最直接、最现实的利益问题，提升人民群众的获得感、幸福

---

① 袁方成、王丹：《全过程联动：迈向共同富裕的新型城镇化》，《苏州大学学报》（哲学社会科学版）2022 年第 4 期。

② 任远：《人的城镇化：新型城镇化的本质研究》，《复旦学报》（社会科学版）2014 年第 4 期。

③ 转引自新华社社评《超越百年梦想　续写文明传奇》，2010 年 10 月 29 日，https：//www.gov.cn/jrzg/2010-10/29/content_1733269.htm，2023 年 8 月 22 日。

感、安全感。

一 人民城市的理念价值

(一) 人民城市的人本价值

民，乃城之本。"人民性"是人民城市的根本属性。人民城市回答了城市的本质属性问题，强调城市归属人民，城市发展治理依靠人民，为了人民，成果由人民共享。城市是人民的城市，处处围绕人，时时为了人，是人民城市的核心要素和内在逻辑。中国传统民本思想发端于原始公社民主制。最早载于《尚书》："民可近，不可下；民为邦本，本固邦宁。"民本思想的落实要求统治者施德政、顺民意、恤民苦、惜民力才能保国安民。《尚书·洪范》云"汝者有大疑，谋及乃心，谋及卿士，谋及庶人，谋及卜筮"，说明古代君王在做决策时，老百姓在其中所占的重要地位。荀子以"舟""水"关系来比喻"君""民"关系："君者，舟也；庶人者，水也。水则载舟，水则覆舟。"人民城市重要理念继承了中华历史文化中的民本思想，突出强调人民的主体地位和作用。"我们的出发点是从事实际活动的人……但不是处在某种虚幻的离群索居和固定不变状态中的人，而是处在现实的、可以通过经验观察到的、在一定条件下进行的发展过程中的人。"[1] 正如马克思所言，人民是历史的创造者，整个世界是人的实践活动造就的。真正地以人为本、以人为核心对城市发展进行综观，在追求人的自由而全面发展的同时，力求达到人与自然、社会发展的"中和"。[2]

马克思在批判资本主义大机器生产深层次矛盾的基础上，把城市和人民紧密联系起来。他认为："在资本主义体系内部，一切提高社会劳动生产力的方法都是靠牺牲工人个人来实现的；一切发展生产的手段都变成统治和剥削生产者的手段，都使工人畸形发展，成为局部的人，把工人贬低为机器的附属品，使工人受劳动的折磨，从而使劳动失去内容，并且随着科学作为独立的力量被并入劳动过程而使劳动过程的智力与工人相异化；这些手段使工人的劳动条件变得恶劣，使工人在劳动过程中屈服于最卑鄙

---

[1] 《马克思恩格斯选集》第1卷，人民出版社1995年版，第73页。

[2] ［美］刘易斯·芒福德：《城市发展史——起源、演变和前景》，宋俊岭等译，中国建筑工业出版社2005年版，第345页。

的可恶的专制，把工人的生活时间变成劳动时间，并且把工人的妻子儿女都抛到资本的札格纳特车轮下。但是，一切生产剩余价值的方法同时就是积累的方法，而积累的每一次扩大又反过来成为发展这些方法的手段。由此可见，不管工人的报酬高低如何，工人的状况必然随着资本的积累而日趋恶化。最后，使相对过剩人口或产业后备军同积累的规模和能力始终保持平衡的规律把工人钉在资本上，比赫斐斯塔司的楔子把普罗米修斯钉在岩石上钉得还要牢。这一规律制约着同资本积累相适应的贫困积累。因此，在一极是财富的积累，同时在另一极，即在把自己的产品作为资本来生产的阶级方面，是贫困、劳动折磨、受奴役、无知、粗野和道德堕落的积累。"① 马克思揭示了资本主义生产关系不适应生产力的发展，其人本思想诠释了对人的价值和尊严的尊重，与中国共产党"为了实现人民的统治，为了使人民得到经济的幸福"②的职能和"完全是为着解放人民的，是彻底地为人民的利益工作的"③ 使命相一致，成为人民城市理念最重要的理论来源。人民城市理念也赋予了马克思主义新时代的内涵，把人民作为城市的全部和城市建设发展的最终目的和目标，满足人民生活的需求，提高生活水平，实现共建共治共享，即人民群众不仅是城市享有者、受益者，也是城市建设者、治理参与者，人民城市将人民的主体性提到了治理体系的高度，肯定了作为城市建设和发展全过程中人民的不可或缺的角色。

（二）人民城市的人民立场

坚持什么样的立场是一个政党生存发展的根本性问题。马克思、恩格斯在《共产党宣言》中指出："过去的一切运动都是少数人的，或者为少数人谋利益的运动。无产阶级的运动是绝大多数人的，为绝大多数人谋利益的独立的运动"，充分体现了人民立场是无产阶级的历史使命。"人民立场是中国共产党的根本政治立场，是马克思主义政党区别于其他政党的显著标志。"④ 本质上，中国共产党的利益和人民的利益是一致的，二者

---

① 《马克思恩格斯全集》第23卷，人民出版社1972年版，第552—553页。

② 毛泽东：《政治周报》，转引自人民日报社评论部《人民日报评论年编2017（人民论坛、人民时评、评论员观察）》，人民日报出版社2018年版，第298页。

③ 毛泽东：《为人民服务》，转引自王蒙、王绍光《中国精神读本》，浙江文艺出版社2019年版，第1057页。

④ 习近平：《在庆祝中国共产党成立95周年大会上的讲话》，《求是》2021年第8期。

的立场也是完全统一的。毛泽东早在 1948 年就明确了城市的人民属性，"城市已经属于人民，一切应该以城市由人民自己负责管理的精神为出发点"①。在社会主义建设初期，指出"一切赞成、拥护和参加社会主义建设事业的阶级、阶层和社会集团，都属于人民的范围"②。在新中国改造资本主义中，以城市为中心，解决了"城市属于谁"这个根本性的问题。1992 年邓小平视察深圳时说，改革开放迈不开步子，不敢闯，判断的标准，应该主要看是否有利于发展社会主义社会的生产力，是否有利于增强社会主义国家的综合国力，是否有利于提高人民的生活水平。他强调，把人民拥不拥护、赞不赞成、高不高兴、答不答应作为衡量改革和一切事业的根本标准。由此开始，"以人为本"成为我国城市建设的基本原则。③

党的十八大以来，城市治理理念始终坚持马克思主义的基本立场，人民立场是中国城市治理的根本遵循和价值取向。党的十九大报告指出：中国共产党人的初心和使命，就是为中国人民谋幸福，为中华民族谋复兴。当今世界是城市世界，新时代的中国是城市中国，城市已经成为人民群众生产生活和对美好生活期待的重要空间，新时代党的初心和使命在城市建设发展中集中表现为"城市使生活更美好"。"城市的核心是人，关键是十二个字：衣食住行、生老病死、安居乐业。城市工作做得好不好，老百姓满意不满意，生活方便不方便，城市管理和服务状况是重要评判标准。"④ 习近平总书记在中央城市工作会议上指出："无论是城市规划还是城市建设，无论是新城区建设还是老城区改造，都要坚持以人民为中心，聚焦人民群众的需求，合理安排生产、生活、生态空间，走内涵式、集约型、绿色化的高质量发展路子，努力创造宜业、宜居、宜乐、宜游的良好环境，让人民有更多获得感，为人民创造更加幸福的美好生活。"⑤ 城市为谁服务成为最大的民生，"坚持以人民为中心的发展思想，着力推进社会治理创新，使超大城市精细化管理水平得到提升"。"城市管理应该像

---

① 《毛泽东选集》第 4 卷，人民出版社 1996 年版，第 493—494 页。
② 《毛泽东文集》第 7 卷，人民出版社 1999 年版，第 204 页。
③ 刘士林：《人民城市：理论渊源和当代发展》，《南京社会科学》2020 年第 8 期。
④ 本书编写组：《习近平关于社会主义社会建设论述摘编》，中央文献出版社 2017 年版，第 131 页。
⑤ 上海市习近平新时代中国特色社会主义思想研究中心：《以人民为中心推进城市建设》，《人民日报》2020 年 6 月 16 日第 9 版。

绣花一样精细",精细化管理是提升城市管理效能和城市品质的必然要求,能够更好为群众提供精准有效满意的服务和管理,让人民群众在城市工作和生活中有强烈的获得感、幸福感与安全感。

总体上说,中国共产党成立以来,无论是新民主主义革命时期、社会主义改造和建设时期、改革开放时期、社会主义现代化建设新时代,始终坚持人民立场,始终把人民作为革命、建设和改革的主体,充分发挥调动人民的积极性和创造性,紧紧把党、国家和人民的事业联系在一起。新时代提出的人民城市重要理念是中国特色城市发展道路的重大创举,体现出三方面的特点:一是对西方城市科学理论的超越,把西方理论中城市的主体更加具体明确为"人民群众的切身利益";二是区别于苏联城市的发展模式,探索出适合解放、促进、发展生产力的社会主义市场经济体制;三是始终坚持中国共产党城市建设的初心使命,不断加强人民在城市建设发展中的主体地位。

二 人民城市人民建

建设人民城市,最根本的立场是人民立场,出发点和落脚点都是让人民群众在城市里生活得更美好、更幸福。马克思指出,人的本质特征超越了单个人的抽象物,表现在现实性上,人是一切社会关系的总和,因为"社会生活在本质上是实践的"①。人民城市在城市发展建设与治理实践过程中实现一切为了人民和紧紧依靠人民的有机统一,需要每一个个体的参与,更加尊重人民主体地位、发挥基层首创精神,政府、社会、市民三大主体同心同力,充分激发"人民城市人民建"的真切动力,共建共治共享美好生活,达到城市让人民生活更美好、人民也让城市变得更美好的良性互动,全面彰显人民城市的鲜明本色。

党的十九届四中全会通过的《中共中央关于坚持和完善中国特色社会主义制度、推进国家治理体系和治理能力现代化若干重大问题的决定》提出"建设人人有责、人人尽责、人人享有的社会治理共同体",从制度构建的高度,将现代化城市发展的共同理想和中国特色社会主义城市发展道路相结合,为"人民城市人民建"指明了方向和目标。2020年6月8—10日,习近平总书记在宁夏考察时强调,"社会主义是干出来的,幸

---

① 《马克思恩格斯选集》第1卷,人民出版社1995年版,第56页。

福是奋斗出来的"①。同样在宁夏考察，他指出，"社会主义是干出来的，我向为社会主义大厦添砖加瓦的所有建设者、劳动者表示敬意。民族复兴事业前途光明，全面建成小康社会胜利在望，我们要埋头苦干、真抓实干，不断取得一个个丰硕成果"②。人民是建设城市和发展城市的主体，城市在"人民建"的实践中不断改善拓展公共空间、回应人民生活关切，落实到城市建设的每个方面和细节。

（一）城市权利表达的要求

人民作为城市的主人，在城市的规划、建设、管理等全过程都是不可或缺的，国家以制度保障人民参与其中的资格。根据《中华人民共和国宪法》第一章第二条的规定，人民依照法律规定，通过各种途径和形式，管理国家事务，管理经济和文化事业，管理社会事务。人民参与城市规划、管理等政策的制定、实施和监督受到法律的保障。新公共管理理论认为，治理是一个上下互动的管理过程。它主要通过合作、协商、伙伴关系确立认同和共同的目标等方式实施对公共事务的管理。随着民主意识、参与意识、民主能力的增强，对政府提出了新的要求，希望能有更多的渠道方式、互动平台全过程参与到人民城市的建设和治理中，从参与主体的广泛性实现人的自由发展与城市的和谐宜居。

在城市建设和管理中始终存在"形式主义""官僚主义"，在城市公共资源配置中未想群众之所想，急群众之所急，解群众之所难，往往提供的是群众不需要的。城市早期的自身功能定位正如建筑大师柯布西耶所言是"居住的机器"，是向人们提供生产和生活的空间，由此可见，城市规划和管理主要聚焦城市物理空间的设计与布局。随着城市的发展，人们意识到城市除了提供物质居所，还是个体情感归属的精神空间和"情感容器"，这就给城市功能提出了新的要求。为了满足群众对城市物质和精神的需求，以人民为中心的城市发展观需要拓宽人民群众参与城市发展决策的渠道，保证其知情权、参与权和监督权，积极进行民主协商，开展有事好商量、众人的事情由众人商量的制度化实践，将政府有形之手、市场无形之手、人民勤劳之手形成合力，在城市建设和治理中更好地体现人民意

---

① 转引自刘玉瑛、王文军《领导干部如何提高政治判断力领悟力执行力》，人民出版社2021年版，第171页。

② 转引自曹立、郭兆辉《讲述生态文明的中国故事》，人民出版社2021年版，第235页。

志、保障人民权益、激发人民创造。

（二）城市生活品质的要求

党的十九大报告指出，社会的主要矛盾是人民日益增长的美好生活需要和不平衡不充分的发展之间的矛盾。这意味着城市治理需要围绕"人民的美好生活"转型升级，人民对城市品质提出了新的要求。原有粗放式的城市规划、建设和管理无法适应人民对高质量生活的追求。人民城市是人们安居乐业的物质居所和情感空间，以人民对美好生活的向往为城市发展的核心逻辑。然而，一些城市治理的手段和方法并没有回到人民的生活本身进行规划设计管理，人民群众的获得感、安全感和满足感不强。例如，一些地方耗资数亿元建设一些"工程性""展示性"项目，虽然气势恢宏但是门可罗雀。这是因为这些更多来自政府或以城市更新为名或是群众之需为由的立项规划建设，而不是人民群众生活所需，缺乏与人们生活的紧密联结。地方政府往往以管理逻辑为主导，追求管理安稳高效、政绩期望，甚至为了管理部门的利益，缺乏对不同利益主体的诉求和情感，压制了生活的逻辑，使得管理单一的目标无法满足生活的多元与复杂，在一定程度上背离了人民城市的内在要求。雅各布斯认为，如果总是想要打造一个"像模像样"的城市或街区，那似乎是只按照严格的法则而将它变成了艺术品，那么最终它就既不是艺术也不是生活，而只是一种标本而已。[1] 可见，在城市快速发展追求物质繁荣时忽视人们多样化的生活的需求就容易陷入治理困境。

人民城市的品质要求有安全、和谐、有序，也需要城市便利和活力，同时需要公平公正、自由民主。"从根本上改变人之生活的异化图景，改变社会发展中的畸形面貌，呈现出人与人友好共存、人与社会关系紧密、人与自然和谐共生的发展景观"，每一个人在这一生活样式中都能够拥有相对发达的物质生活条件。[2] 高品质生活城市更加突出以"人"为核心，对标人民美好生活向往的不同领域、不同层次、多样化、精细化等要求，在解决好"有没有"的基础上，重点开展"好不好""优不优"的建设。美好生活是以人为中心的，其中包括人的各种需求的全面满足，这里的

---

[1] ［美］简·雅各布斯：《美国大城市的死与生》，金衡山译，译林出版社 2006 年版，第 417 页。

[2] 项久雨：《新时代美好生活的样态变革及价值引领》，《中国社会科学》2019 年第 11 期。

"人民"是拥有权力的、真实的、有着对美好生活追求的人民,而不是作为集体政治化的虚构的人民,是有血有肉的、活生生的、扎根于现实生活的人民,包括现实生活中的各种社会阶层。[①] 可见,人民的需求是各异的、多元的,这也体现出人民城市的活力,需要尊重"多样性""精细化"的治理。

(三) 城市归属认同的要求

古人云,"城,所以盛民也"。人民对于城市的归属感与认同感是一个城市最大的吸引力。马克思主义关于"人的自由而全面发展"的学说,表明人在人民城市人民建的过程中实践不仅是生存手段和自我价值实现的需要,还会产生与"他物"之间的关系,搭建人与人、人与城市的互动关系网络,体现出"共同体"的理念。迈克尔·P. 托达罗(Michael P. Todaro)指出,新的发展观就是指"发展必须既包括经济加速增长、缩小不平等状况和消灭绝对贫困,也包括社会结构、民众态度和国家制度的重要变化的多方面的过程。从本质上说,发展必须体现变化的全部内容。通过这种变化,整个社会制度顺应制度内个人和社会集团的多种多样的基本需要和愿望,从广泛被认为不满意的生活条件转变为在物质和精神两方面都被认为更好一些的生活条件和状况"[②]。城市的发展不断塑造人的生存生活方式和精神风貌,"城市的每一部分都在市民身上活化了"[③],人民城市人民建的成果要看是否具有普惠性,让人们有一种幸福感、获得感、归属感。2020 年,中国共产党上海市第十一届委员会第九次全体会议审议通过《中共上海市委关于深入贯彻落实"人民城市人民建,人民城市为人民"重要理念,谱写新时代人民城市新篇章的意见》,提出未来上海发展的五大目标:人人都有人生出彩机会、人人都能有序参与城市治理、人人都能享有品质生活、人人都能切实感受城

---

① 王名、李朔严:《十九大报告关于社会治理现代化的系统观点与美好生活价值观》,《中国行政管理》2018 年第 3 期。

② Michael P. Todaro, "A Model of Labor Migration and Urban Unemployment in Less Developed Countries", *The American Economic Review*, Vol. 59, No. 1, 1969, pp. 138-148.

③ 转引自 [美] 刘易斯·芒福德《城市发展史——起源、演变和前景》,宋俊岭等译,中国建筑工业出版社 2005 年版,第 345 页。

市温度、人人都能拥有归属认同。① 近年来,在城市化快速推进的同时,逆城市化也悄然登场。"逃离"大城市的背后反映出了人们对城市融入和认同的缺失,城市发展利益结构的失序,带来了"回不去的故乡,待不住的城市"困境。

三 人民城市为人民

2015年12月中央城市工作会议提出:要顺应城市工作新形势、改革发展新要求、人民群众新期待,坚持以人民为中心的发展思想,坚持人民城市为人民。② 这是人民城市概念首次在中央文件中提出。习近平总书记强调:"做好城市工作,要顺应城市工作新形势、改革发展新要求、人民群众新期待,坚持以人民为中心的发展思想,坚持人民城市为人民。这是我们做好城市工作的出发点和落脚点。"③ "城市本身表明人口、生产工具、资本、享乐和需求的集中。"④ 功能主义的城市从工具理性的角度出发导致城市发展成果无法达到普惠化,人民城市为人民既关注功能也从价值方面的观照,使得城市功能的完善和提升所带来的成果能够惠及全体人民,满足人民对美好生活的向往落实到更好的住房保障、更好的医疗教育、更优美舒适的生活环境和更丰富多彩的精神文化生活等。人民城市为人民体现为城市安全是为人民的基本条件,城市便利是为人民的根本保障,城市正义是为人民的核心要义。

(一) 城市安全

我国城市发展已经进入新的发展时期,改革开放以来,我国经历了世界历史上规模最大、速度最快的城镇化进程。现代性塑造了一种"有组织的不负责任"⑤ 的风险社会,超大城市呈现"城市风险化"和"风险城市化"的趋势。城市风险更具复杂性、系统性、人为性和危害性,常常是空间安全、生态安全、生物安全、科技安全等多重安全风险交叠共

---

① 顾一琼:《站稳人民立场,将制度优势转为人民城市建设发展竞争优势》,《文汇报》2020年6月24日第2版。
② 兰红光:《中央城市工作会议在北京举行》,《人民日报》2015年12月23日第1版。
③ 中共中央文献研究室编:《习近平关于全面建成小康社会论述摘编》,中央文献出版社2016年版,第55页。
④ 《马克思恩格斯选集》第1卷,人民出版社1972年版。
⑤ [德] 乌尔里希·贝克:《风险社会》,何博闻译,译林出版社2004年版,第7页。

生。城市风险不断累积而得不到有效释放就有可能引发部门系统紊乱、产业链断裂、利益矛盾尖锐化，甚至引起社会动荡，最终威胁到人民的生命安全。① 习近平总书记指出，要更好推进以人为核心的城镇化，使城市更健康、更安全、更宜居，成为人民群众高品质生活的空间。②

城市在规模扩大和效率提升的同时，城市社会系统越发复杂，不稳定和不确定因素不断增加，极易发生系统性风险，超大城市日益成为各种风险包括自然灾害、病毒传播、事故灾难、社会骚乱等集中暴发的首选之地。城市规模越大，劳动分工水平越高，城市经济效率也越高，同时城市社会经济系统的复杂性和多样性程度也就越高，城市发生系统性风险的概率也会增加，防控风险的任务也就越艰巨。③《中共中央关于制定国民经济和社会发展第十四个五年规划和二〇三五年远景目标的建议》中明确提出，要"提高城市治理水平，加强特大城市治理中的风险防控"。随着大数据、人工智能等新的信息技术运用到城市风险的识别预警，城市安全从过去的传统事后处置转变为注重事前预防。作为城市的建设者、家园的守护者，人民的利益是城市发展的出发点和落脚点。人民至上首先是对人生命安全的保障，人民城市为人民的本质要求坚持生命至上的原则，树立底线思维和风险意识，把统筹发展和安全作为城市高质量发展的内在要求和提高城市精细化治理的重要体现。

（二）城市便利

城市发展要"努力创造宜业、宜居、宜乐、宜游的良好环境，让人民有更多获得感，为人民创造更加幸福的美好生活"④。《中华人民共和国国民经济和社会发展第十四个五年规划和二〇三五年远景目标纲要》提出，要以提升便利度和改善服务体验为导向，推动生活性服务业向高品质和多样化升级。习近平总书记在中央城市工作会议上指出："抓城市工作，一定要抓住城市管理和服务这个重点，不断完善城市管理和服务，彻

---

① 李文刚：《人民城市理念：出场语境、意蕴表征与伦理建构》，《城市学刊》2021年第6期。

② 习近平：《国家中长期经济社会发展战略若干重大问题》，《新长征》2021年第1期。

③ 成德宁：《大城市安全风险的性质、特征及治理思路》，《国家治理》2021年第5期。

④ 谢环驰：《习近平在上海考察时强调深入学习贯彻党的十九届四中全会精神提高社会主义现代化国际大都市治理能力和水平》，《人民日报》2019年11月4日第1版。

底改变粗放型管理方式,让人民群众在城市生活得更方便、更舒心、更美好。"① 城市便利体现在人民群众日常生产生活中,与群众获得的物质和精神需要紧密相连。长期以来,住房、医疗、生活、教育、就业、养老等现实问题成为困扰城市善治的难题,直接影响人民群众的幸福指数。2019年,习近平在甘肃考察时强调,"城市是人民的,让人民群众生活更幸福。金杯银杯不如群众口碑,群众说好才是真的好"②。

超大城市人口规模庞大,人民的需求多层次、多样化,客观上要求人民城市的功能不仅能满足作为人的自然属性的需要,使其能够享受幼有所育、病有所医、老有所养、住有所居、弱有所扶等基本公共服务;也要满足人的经济和文化属性的需求,使其能享受学有所教、劳有所得的权利;同时还要满足人的政治属性的需要,使其能够有渠道和平台参与城市治理过程,融入城市话语。

(三) 城市正义

"正义是社会制度的首要德性"③,社会公正具有两个基本价值取向:"第一是全体社会成员共享现代化建设的成果,即社会全体成员的基本生活水准和基本尊严应当随着社会经济的不断发展而得到相应的提高;第二是要为每一个社会成员的自由发展提供充分的空间。"④ 拥有正义的城市制度就不会沦为权力和资本的工具,会打破阶层固化和缩小贫富差距。城市是人生活的空间,人对空间的需要,成为城市空间生产的原初动力,其间既有源自人类意志对空间自由的群体诉求,也有基于个体意愿占有空间和经营空间的渴望。在人地矛盾日益突出的当下,公共空间与私人空间、生存型空间与享受型空间、同一性空间与多样性空间呈现巨大的分化,"权力微观化"成为城市利益演进的总体趋势,"共享"日益成为正义的重要特点。⑤

---

① 《习近平著作选读》第 1 卷,人民出版社 2023 年版,第 429 页。
② 谢环驰、鞠鹏:《习近平在甘肃考察时强调坚定信心开拓创新真抓实干团结一心开创富民兴陇新局面》,《人民日报》2019 年 8 月 23 日第 1 版。
③ [美] 约翰·罗尔斯:《正义论》修订版,何怀宏等译,中国社会科学出版社 2009 年版,第 3 页。
④ 吴忠民:《社会公正与中国现代化》,《社会学研究》2019 年第 5 期。
⑤ 陈忠:《城市社会的哲学自觉:人文城市学》第 2 卷,复旦大学出版社 2020 年版,第 99 页。

城市发展是以全体人民的最大利益为出发点，城市空间正义是将有限的城市空间资源进行优化配置，使每个人都拥有自由发展的空间权利，这样才能充分体现人民城市的人本价值。然而，随着城市化的快速推进使城市空间不断拓展，带来了个体空间和资源配置的竞争。城市之间、城乡之间、城市中不同阶层之间的不平衡越来越明显。尤其是农村剩余劳动力进入城市务工，实现了职业的转换，但是碍于户籍制度的限制，没有实现身份的转变，无法真正融入城市社会，享受平等的教育医疗住房等公共服务和社会保障。近年来，从中央到地方，采取了一系列措施高效配置公共资源供给，着力推进基本公共服务均等化。但是，消融因户籍、职业等差别而形成的触不可及或伸手可见的空间区隔和身份歧视，让更多的城市发展成果惠及越来越多的民众仍然任重道远。在城市治理精英化逻辑背景下，维护人民城市的多元空间正义要实现思维范式的三个转换，即从工具性思维到人本性思维的转换，从竞争性思维到共生性思维的转换，从同一性思维到差异性思维的转换。第一个转换是核心，重在重新审视城市空间的共享资源属性，解决空间异化和权利固化的问题；第二个转换是关键，重在回归城市生态秩序的本然状态，解决"零和博弈"、城市"利维坦"的问题；第三个转换是基础，重在尊重实践的多样性，解决文化对立和文明隔阂的问题。[①]

[①] 李文刚：《人民城市理念：出场语境、意蕴表征与伦理建构》，《城市学刊》2021年第6期。

第四章

超大城市治理精细化的功能内涵

超大城市治理精细化的首要要义在于"精",即精细化的前提是对城市功能的精简优化与精准定位。超大城市治理精细化的这一功能内涵的前提条件,在传统超大城市发展与治理过程中往往被忽视,造成了以往超大城市"摊大饼"式的粗放扩张和无序蔓延。对此,北京市作为全国首个明确提出"减量发展"的超大城市,通过功能集约、精准定位,围绕"四个中心"功能目标,实施了疏解非首都功能、"疏整促"行动等重大举措,全新诠释了超大城市治理精细化的功能内涵。

第一节 超大城市的功能精简与精准定位

城市功能是某个城市在该国家或区域中所起的作用或承担的分工,是确定城市发展规模及规划城市布局的重要基础,直接反映城市的定位和发展目标。[1] 伦敦、纽约、东京作为超大城市,其在兼具"国际金融中心、决策控制中心、国际活动聚集地、信息发布中心、高端人才聚集中心"等普遍性的基本特征之外又各具特色,分别将自身定位于创意之城、金融之城、动漫之城,形成了差异化的世界城市功能定位。[2] 北京通过疏解非首都功能,精简确立建设全国政治中心、文化中心、国际交往中心、科技创新中心四大中心战略定位;上海则提出"迈向卓越的全球城市",着力建设国际经济、金融、贸易、航运、科技创新中心。可见,超大城市精细

---

[1] 黄莹、甘霖:《继承、发展与创新——对北京城市功能定位和发展目标的深化认识》,《北京规划建设》2012年第1期。

[2] 徐颖:《历史演进与功能定位:北京建设世界城市的战略思考》,《中国行政管理》2011年第7期。

化的基础前提是功能定位的精简优化。

一 功能集约与精准定位是超大城市治理精细化的前提

精炼优化城市功能，做精存量、做优增量，改变过去长期以来城市发展与治理以工业大发展需求为主导的粗放型城市化和外延扩张型城市建设与管理是城市精细化的重要前提。精细的本质含义，首要要义是"精"，实践中经常对精细化治理内涵存在误读，狭隘地将"精细化"等同于"细微化"，实际上，精细化治理应是一门精简与细致的科学，是严格与灵活的艺术。

城市要由过去量的规模扩张走向质的内涵提升，用足城市存量空间，减少盲目扩张，加强对现有空间的重建开发，建设相对集中节约、空间紧凑、混合用地功能的城市等实现经济、环境和社会的协调，不断创新，避免求大求全，千城一面。北京、上海等城市聚焦城市发展目标和功能，在城市功能定位上更加精准，努力实现超大城市向精细化的转型和升级。

北京作为首都具有双重属性，既具有首都属性的首都功能，又具有一般城市普遍特点（发展经济、保障就业、提供文明生活方式）的城市功能。经过长时间的发展，城市空间结构、产业结构、人口结构在城市属性的影响下复杂演变，引发了环境污染、交通拥堵、人口膨胀等"城市病"问题。北京作为超大城市的精细化治理的前提就是明确了首都城市战略定位，根据首都城市"四个中心"定位确定经济、社会、文化、政治、环境等各领域发展的重点、方向和相互匹配的城市空间容量和资源环境承载力，坚持和强化首都核心功能，疏解非首都功能。北京将四类非首都功能疏解：一是不符合首都城市定位的产业，主要包括高消耗、高污染、附加值较低的一般性制造业，以及附加值较高但北京不具优势的制造业等；二是区域性物流基地、区域性专业市场、数据中心、呼叫中心等部分第三产业；三是部分教育、医疗、培训机构等社会公共服务功能；四是部分行政性、事业性服务机构，尤其是二环以内的行政辅助服务功能。[①] 北京做好有序疏解非首都功能的"减法"，换取经济结构和空间结构优化的"加法"；用严控产业增量、划定发展边界的"除法"，换取创新活力持续释

---

① 赵弘、刘宪杰：《疏解北京非首都功能的战略思考》，《前线》2015年第6期。

放、资源环境不断改善、人民群众获得感显著提升的"乘法"。①

上海在探索超大城市治理现代化的道路中,以"精细化"为抓手形成了诸多经验。上海城市发展定位的过程也是城市目标不断追求精益、精准的过程。从最早作为全国重要的工商业城市和最大的经济中心城市,到建设"四个中心"以及"具有全球影响力的科技创新中心"即"五个中心"的目标;从城市中长期规划中的"全球城市"到社会主义国际化大都市等,上海城市发展定位随着发展阶段的变化而不断变化,城市形态和功能也不断提升。② 习近平总书记考察上海时指出,上海要立足"四个放在",加快建设具有世界影响力的社会主义现代化国际大都市,这为上海城市发展提出了明确的定位和目标。上海围绕增强城市核心功能,在存量更新的发展阶段改变了过去手术式大规模求速度的城市更新,探索更精细、高品质和"以人民为中心"的城市发展模式。聚焦提升城市活力和品质,突出中央活动区核心功能,提升城市副中心和主城片区的综合服务与特色功能,不断增强集聚配置和服务辐射国内外高端资源要素的能力。加快形成"中心辐射、两翼齐飞、新城发力、南北转型"的空间新格局,促进市域发展格局重塑、整体优化。③

二 北京城市功能定位的历史演进

北京作为首都拥有得天独厚的政治优势,强大的"虹吸效应"使得资本、产业、人才等向北京有限的空间集聚,追求城市功能的大而全在城市快速发展时期起到巨大推动作用,但与此同时也带来了大城市病。2014年2月习近平总书记视察北京,明确了北京全国政治中心、文化中心、国际交往中心和科技创新中心的四个中心功能定位,建设国际一流和谐宜居之都的总目标。"四个中心"的首都功能定位,明确了北京作为国家首都在经济社会发展整体格局中的地位、方向和重点。

作为首都的超大城市,自始至终其发展的核心问题就是必须回答处理好"都"与"城"的关系。即在目标上如何精准,在目标定位精准基础

---

① 陈弘仁:《四大非首都功能将疏解出北京城》,《中国经贸导刊》2015年第8期。
② 权衡:《明确目标定位,当好新的"排头兵"》,《解放日报》2022年7月4日第1版。
③ 上海市人民政府:《上海市国民经济和社会发展第十四个五年规划和二○三五年远景目标纲要》,2021年1月30日,https://www.shanghai.gov.cn/nw12344/20210129/ced9958c16294feab926754394d9db91.html,2023年6月4日。

上如何做好"精"的减法,精简城市功能,通过疏解非首都功能,"瘦身健体"高质量发展,使之与首都功能定位相适应。

城市总体规划指引着一座城市的功能定位、发展方向和空间布局。北京由于其特殊的地理位置,在我国的历史上曾为六朝都城,自1953年北京第一份城市规划《改建与扩建北京市规划草案》提出,历经80年城市发展,北京城市总规共进行过7次系统修编。结合不同时期北京城市经济、政治、文化发展的不同需求,北京城市功能定位经过了多次调整。随着北京城市总体规划的变化发展,北京城市发展战略意图、城市功能定位与城市规划体系都在逐步明确和完善,为北京城市现代化建设指引了方向。基于对北京7版城市总体规划的梳理,可以将北京城市功能的历史演进主要分为4个阶段。

1. 生产型城市发展策略(1953—1982年)

在学习借鉴苏联城市建设经验的基础上,结合我国过渡时期总路线,编制完成第一版城市总规《改建与扩建北京市规划草案的要点》。此次总体规划明确指出,北京作为我国的首都,不仅仅是政治、经济和文化的中心,更要在进行城市规划时,充分考虑是否具备发展工业的客观条件,把北京建设成为实力雄厚的工业基地和技术科学中心,强调城市的经济生产功能,其城市行政区划变化都和工农业生产发展的需求有关。

在编制规划过程中,对于行政中心位置的选择以及平衡现代化城市建设与历史古建保护在当时存在争议,最终结果确定行政中心放在北京老城,工业区安置在老城外围,并充分利用旧有城市设施进行建设,对于历史遗留的建筑,其原则为必须改造或是拆除阻碍城市发展的部分,从而适应城市建设的需要。

在我国第一个五年计划期间,北京城市建设就在此总体规划方案的思路指导下进行,基本形成北京老城区棋盘式的道路格局和平缓开阔的空间骨架。但中央基于首都建设长远规划考虑,此方案未获中央批准。

因此,在第一版城市总体规划的基础上,伴随着我国第一个五年计划超标完成,经过两年左右时间的努力,1958年"大跃进"开始后,进一步延续和丰富了第一版城市规划思路,深化形成了《北京市总体规划说明》,强调城市建设要为工业生产服务,按照"工农结合"的原则,将"一张图"模式进行分散规划,构建"集团式"的首都城市布局,城区需要保留农田和绿地,并第一次提出在郊区进一步加速发展工业的理念,因地制宜建设各有特色的生产区域。此时不仅仅意图把北京建成全国的政治中心、文化教育中心，还要建成现代化的工业城市和我国的科学技术中心。①

沿着第二版城市总体规划进行建设，相关规划部门在 1962 年对前期实践进行总结，归纳出市区规模过大、工业布局不合理的现象，而且在 1968—1971 年，北京城市建设处于无序状态，并没有按照第二版城市总体规划实施，导致工业企业过分集中在市区，带来了城市空间拥堵紧张、生态环境破坏污染等问题。

直到 1973 年，第三版《北京市建设总体规划方案》修编完成，开始淡化中心城区的工业化，城市建设目标转为把北京建成"一个具有现代工业、现代农业、现代科学文化和现代城市设施的清洁的社会主义首都"，限制再建工程，对于必须要建在北京的，则尽量安排到远郊区进行，从某种意义上说，是疏解城市功能的开始。

2. 经济型城市发展策略（1983—2004 年）

北京城市总体规划发生较大变化是从 1983 年第四版《北京城市建设总体规划方案》开始的。基于北京已具备较为强大的工业基础，故转而发展技术密集型产业，从而促使北京的城市性质发生了相对应的改变，并调整北京作为我国首都的城市定位，提出"北京是全国的政治中心和文化中心"，需要遵照"严格控制城市发展规模"的规划原则，实行远郊卫星城镇的开发策略，逐步改建升级老城、调整配套近郊、积极发展远郊，打造首都北京建设和发展的新格局。

此时，总体规划中城市性质就只提政治中心和文化中心，不再提经济中心，显示出北京作为全国首都，其首都功能受到重视，逐步淡化其经济生产功能，转而更加强调延续首都文化特色，提出要保护历史文物古迹，更加注重城市人口规模与城市空间发展之间的关系，有计划地疏散市区人口，开始发展适合首都特点的经济。至此，"疏"也成了历次北京总体规划中的关键词。

而对北京城市定位影响最大的总体规划是 1993 年第五版《北京城市总体规划（1991—2010 年）》。亚运会的成功举办推动北京开始朝着建成经济发达且高度文明的国际大都市努力，彼时总体规划把首都北京定位成

---

① 叶祖兴：《未来的北京什么样？》，《北京日报》1957 年 5 月 8 日第 1 版。

全国的政治中心和文化中心,世界著名的古都和现代国际城市。

在第五版城市总体规划中,提出首都经济要以第三产业为主体,以高新技术为先导,继续延续着控制中心城区、发展远郊区的规划思路,严把人口和用地规模,持续疏散中心城区过密的人口和产业,发展战略逐步从外延扩展向老城改造转移,发展重点逐步从市区向远郊卫星城镇转移。由此可以看出来,北京意图从"疏"中谋求城市发展。

在这一阶段,还着重北京这座历史文化名城的保护与发展,强调老城整体性保护,充分发掘和利用自身的文化优势发展适合首都经济的现代化产业。但是,到 2002 年,北京经济社会发展的高速度使得城市建设用地提前 8 年就突破了已规划的 900 平方千米指标,经济功能与首都功能逐渐失衡,对城市化发展的追求,让城市功能远远高于首都功能发挥。

3. 综合型城市发展策略(2005—2016 年)

随着我国经济的飞速发展和城市化进程的推进,北京城市建设已经暴露出了资源紧张、人口过多、交通拥挤等实际问题。面对这些阻碍城市发展的情况,2004 年,北京着手对总体规划开始新一轮修编,并在 2005 年发布《北京城市总体规划(2004—2020 年)》,力求在首都功能和城市功能之间寻求更为平衡的定位。在第六版总规中补充了北京四个城市发展的目标:国家首都、国际城市、文化名城和宜居城市,彰显出建设中国特色世界城市的战略目标。

为更快实现这一目标,北京调整了城市空间发展战略,对城市空间布局进行了重大调整,更大限度地发挥市场对资源配置的基础性作用,更多地赋予北京"中心"的职能,着重突出通州、顺义和亦庄三个地区,推动有序承接中心城区人口和功能的疏解与调整。

可见,自第四版城市总规起,北京城市发展策略就在强调城市建设重点要由中心城区转为远郊区建设,而直到第六版城市总规才演变成"两轴—两带—多中心"的城市空间结构,摒弃掉原有的"一中心"发展思路,在中心城区加快发展现代服务业,推进建设宜居城市,从而达到有机疏散北京中心城区的目的。

4. 减量型城市发展策略(2017 年至今)

第六版城市总体规划推动北京城市经济社会发展取得显著成效,从基础条件上看,北京作为我国的首都,早已具备在更高层面参与全球城市竞争与合作的能力。但在快速城市化进程中,庞大人口数量与资源承载能力、产业升级发展与城市功能定位、生态环境保护与宜居城市建设之间的矛盾日益凸显，首都北京仍旧肩负着多重的发展困局风险及叠加的众多城市功能。

为克服早已拥挤不堪的"大城市病"，一方面，北京城市战略定位发生转变。2014年2月，习近平总书记考察北京时对首都的核心功能明确了全国政治中心、文化中心、国际交往中心、科技创新中心的"四个中心"定位，重塑全新首都城市格局，成为推动北京转变发展方式的关键因素。另一方面，北京作为超大城市，综合承载力已处于危机状态，甚至影响到城市基本功能的完善和发挥。针对此问题，习近平总书记指明方向，解决"城市超载"，疏解势在必行，疏解北京"非首都功能"成为超大城市转变发展方式的助推力。

随着2015年京津冀协同发展上升为国家战略，从区域发展看，北京作为京津冀区域的核心城市，北京城市总体规划需要站在更广泛的角度谋划北京城市发展与城市建设，推动世界级城市群体系建设。步入新时代，北京首先要做好的就是把握好"都"和"城"的关系，顺利实现由单一城市发展向京津冀协同发展转变，由集聚资源发展向疏解非首都功能发展转变，由城市管理向超大城市治理转变。[①] 所以在2017年，围绕"建设一个什么样的首都，怎样建设首都"这一重大问题，习近平总书记再次考察北京时又强调，必须牢牢抓住北京非首都功能疏解这一北京城市规划建设的"牛鼻子"，着力治理北京功能过度集聚问题。

在第七版《北京城市总体规划（2016—2035年）》中，首次提出"减量发展"理念，明确提出了城市空间减量增长的目标和建设"一核一主一副、两轴多点一区"的城市空间结构，大力提升首都核心功能，做到服务保障中央能力与城市发展战略定位相匹配，强调资源环境硬约束条件下的减量发展，有效疏解非首都功能，严格落实"双控四降"，即指控制人口规模、控制建设规模，降低人口密度、降低建筑密度、降低商业密度、降低旅游密度。同时加强对疏解腾退空间的再利用，注重腾笼换鸟，积极构建高精尖经济结构，以产业结构优化提升城市发展质量，实现由扩

[①] 蔡奇：《在习近平新时代中国特色社会主义思想指引下奋力谱写全面建设社会主义现代化国家的北京篇章》，《北京日报》2022年7月4日第1版。

张性规划转向优化空间结构的规划。

北京城市功能定位屡经调整，城市定位更加科学具体明确，城市功能定位的"舍得"精神体现了"精细化"精确精简的本质要义，既是一种政策取向和价值判断的转变，也是对未来超大城市发展模式和发展布局的积极调整，具有高度导向性、代表性和示范性作用。[①] 北京发展到今天这样一个超大城市的规模和体量以后，核心的问题是精细化治理引领未来北京实现更高质量发展。

第二节　超大城市的"减量发展"战略与区域功能协同布局

随着城市的快速发展和城市规模不断扩张，扩张到一定程度带来人口与资源、环境的深刻矛盾，制约了城市的健康发展。按照现代产业发展的社会分工发展规律，城市规模开始转向缩减，产业结构不断优化升级，开始由增量发展到减量发展，增强周边辐射带动作用，消除阻碍城市可持续发展的不利因素，实现城市的减量发展。日本东京在第二次世界大战后经历了从"一极单核"到"多中心"的空间格局演变，实现了城市功能的有序疏解和减量发展，有效地改变了"单核外溢"的城市空间结构，促进了首都圈的均衡有序发展。圈内的联系大大增强，生产要素的配置更加高效、有序，多个经济增长点竞相出现，从而使首都成为世界城市并形成了以其为核心的世界级城市群。[②] 城市在进入后工业发展阶段后，城市空间结构、产业结构、人口结构等需要作出相应的调整和优化，减量集约与区域协同发展成为必然要求。

一　"减量发展"是超大城市精细化治理的全新理念

"减量"，核心是"问题调控"，以减重减负为路径切实转变粗放扩张式增长，遏制生态环境危机；"发展"，核心是"结构调优"，以资源要素

---

① 李子祥:《京津冀一体化下的北京城市功能定位研究》,《中国经贸导刊》2014年第23期。

② 唐鑫:《从北京发展的阶段特征看减量发展》,《前线》2018年第11期。

科学重构来支撑高质量发展。①减量发展符合城市发展规律，是城市发展到一定阶段的必然要求，是破解超大城市"城市病"和推动城市瘦身健体的重要举措，将从"规模与速度"发展向"质量与品质"提升转变，是城市失去规模红利后控增量减存量阶段在精细化治理中寻求全新的增长方式。

（一）减量发展的确立过程

改革开放之后，随着我国经济的飞速发展和城市化进程的推进，我国城市的发展基本上依靠增量发展、功能聚集。正因此，在经历40多年的快速扩张后，我国经济发展步入了平稳发展阶段，城市发展由增量扩张、投资驱动、数量指标转向存量提质、创新引领、要素生态的新阶段。城市管理者在对城市中心城区进行规划建设、投资改造等行动时，开始意识到要规划设计的不仅仅是对老旧建筑、空间增容、市政基础设施等硬件方面的改造，而是同步要将中心城区无法承载的产业、人口和功能向外进行转移，以此来解决城市空间规划与经济社会发展需求不适配的问题，推动城市高质量发展。

而城市作为有机生命体，其城市竞争已由区域走向全球。北京作为我国的首都，亦是长期遵循人口集聚和资源集中的规律高速发展，迅速成长为中国超大城市、国际化大都市。但由于城市是有边界的，无限的扩张是不现实的，北京巨大的城市规模使得北京处于超负荷运转状态，从而带来了人居环境恶劣、资源环境压力与日俱增、建设用地紧张、空间发展受限且功能结构逐渐失衡等多重问题。对于北京而言，如何更替城市发展模式为城市结构和布局留出更多空间，有效应对与化解生态环境风险、从集聚资源求增长转变到疏解非首都功能谋发展，成为当前首都北京正在面临的一场城市"大考"。

面对这些问题，我国实际上一直在思考与实践超大城市的总体规划是否应朝着存量甚至减量发展。早在2014年，习近平总书记在视察北京讲话时特别强调，要疏解北京"非首都功能"。随后在2015年出台的北京市"十三五"规划建议中明确表示，主动限制激增的城市规模，提出2300万人口的"天花板"。2017年的《北京城市总体规划（2016—2035

---

① 仇保兴、邓羽：《"减量发展"：首都开启高质量发展的新航标》，《北京日报》2018年5月28日第14版。

年）》中，首次提出"减量发展"理念，明确要有序疏解非首都功能，严格控制城市规模，把资源环境承载能力当作硬性指标，科学配置资源要素，充分保护北京历史文化整体价值，着力治理"大城市病"，在服务保障民生的基础上切实实现减重、减负、减量发展，标志着北京开启"减量发展"的进程。再到 2018 年印发的《北京市关于全面深化改革、扩大对外开放重要举措的行动计划》，更是把"减量发展"摆在首位，北京成为了第一个实施全面减量发展的城市。5 年时间，北京围绕"建设国际一流的和谐宜居之都"的发展理念，在减量发展、治理"大城市病"方面进行了积极探索。在 2022 年北京市第十三次党代会上公布出的"成绩单"，更是标志着北京成为中国第一个减量发展的超大型城市。

（二）减量发展的内涵

减量发展的目的是实现城市更好的发展，本质上是一种可持续发展模式，其核心是坚持以资源环境承载力为刚性约束条件，强化城市发展的总量约束和边界约束。早在 2002 年，经合组织（OECD）在其《由经济增长带来环境压力的脱钩指标》的研究报告中，首次用"脱钩指标"来描述经济增长与环境承载力两者的关系，即在一定时期内，资源消耗的速度与经济增长速度呈密切关联，随着经济增长而增长，但在经济发展到某个特定阶段后，则与经济增长相互关系减弱，最终趋于不再存有联系。[1] 映射在我国具体政策上，是在"十一五"时期提出的"节能减排"和"主体功能区规划"，旨在进行资源消耗随着经济增长而减少的发展，资源不仅指自然能量物质，同时还包括城市劳动力、空间环境使用。

减量发展谋求的实际上是"减"与"增"的动态均衡。其要对现有存量资源进行控制性降低，并以此为基础，增加、培育促进经济社会发展的新动能和新空间，提高存量资源的利用效率。按照资源要素的不同，主要分为相对减量发展和绝对减量发展两种方式。相对减量发展是指资源消耗增长百分比低于经济增长百分比，但资源消耗和经济水平两者均保持正增长。以控制人口总量来说，北京常住人口增量与增速在不同年份呈现不同的上升或下降趋势，但在 2300 万人口容纳极限的数值内且长期稳定在这一水平，北京城市总体发展质量仍是持续提升状态，因此人口减量发展大多数强调的是相对减量发展。绝对减量发展阶段指的是资源消耗负增长

---

[1] 李冉：《国际政治经济学中的"脱钩"》，《金融博览》2015 年第 1 期。

且资源消耗总量下降，依靠管理技术的进步以及节能减排政策的施行，经济仍保持正增长。拿北京城乡建设用地规模来说，城市边界圈定下的土地资源是存量资源，不会再进行增加，计划全部实行"先减后增"，通过优化资源配置实现土地的高效利用，因此，土地的减量发展总体上强调的是绝对减量发展。

减量发展作为一种新的超大城市发展理念，所提倡的使用较少的资源消耗以支撑城市经济社会可持续发展，保持合理的 GDP 增速，是一种主动减量提质型城市发展方式。从生态、宜居的角度看，减量发展对特大城市、超大城市具有正向的牵引功能，能够为减缓或解决"大城市病"探索新的路径。

二 以"减量发展"促进区域精细化协同与城市高质量发展

减量发展是破解超大城市"城市病"难题的创新探索。城市发展到一定阶段会出现产业、人口过于膨胀，空间结构不均衡，功能体系老化等，需要从"摊大饼"式向"减量发展"转变，不断瘦身健体，提质增效。党的十八届三中全会作出《中共中央关于全面深化改革若干重大问题的决定》的重要部署，提出"加快建立生态文明制度，健全国土空间开发、资源节约利用、生态环境保护的体制机制，推动形成人与自然和谐发展现代化建设新格局"。推动京津冀协同发展与北京疏解非首都功能战略相继实施。北京通过精简城市规模，依托辐射带动能力，向周边城市疏解与迁移产业与人口，以一小时通勤圈为基本范围打造都市圈，增加核心城市与外围地区的联系，组团式发展，实现产业、人口、生态、就业的有机重组，形成区域功能的精细化协同效应和城市高质量发展。

作为全国第一个减量发展的超大城市，北京市为了解决"城市病"和京津冀地区发展失衡的问题，先后进行了疏解非首都功能、"疏解整治促提升"（"疏整促"）专项行动、制定禁止和限制目录明确新增产业和功能的底线等城市"瘦身健体"举措，推动实现首都高质量发展，促进京津冀地区协同发展。

自第七版城市总体规划实施后，北京立足现代化国际大都市的更高站位，始终在探索和实践超大城市的减量发展路径，一直在思考和处理好"都"与"城"、"舍"与"得"、疏解与提升的辩证统一关系。2017 年 2 月，北京在全市范围内启动第一轮"疏解整治促提升"专项行动，有序组织开展疏解区域性专业市场和部分公共服务功能、整治占道经营和无证无照经营、整治"开墙打洞"和背街小巷、拆除违法建设、消除地下空间和群租房安全隐患等工作。值得关注的是,北京对于疏解腾退的空间资源管理,尤为注重公共优先和市场化原则,力求与首都功能定位相协调,防止人口和非首都功能再聚集。

2021年,北京开始新一轮为期5年的"疏解整治促提升"专项行动,深入推动城市功能重组和疏解整治双向发力,取得了显著的成效。

第一轮疏整促行动(2017—2020年)持续时间约为4年,以稳中求进为总基调,在"稳、准、减、提、治"上下功夫,坚定有序推进疏功能、控人口、治环境、惠民生、提品质、增宜居等各项工作的开展,更加突出统筹推进,更加突出政策创新,更加突出成片连线,不断推进"四个中心"功能建设,不断提高"四个服务"水平,不断提升群众的获得感、幸福感和安全感。

一是坚持规划引领。围绕《北京城市总体规划(2016—2035年)》、"十三五"规划纲要和相关专项规划,紧密结合优化提升首都核心功能和提高和谐宜居水平的目标,稳步开展空间腾退、留白增绿、短板补齐、功能提升等工作,促进资源优化配置和城市品质提升,坚持以城六区为重点、以核心区为重中之重,实现区域内部整治效果集中连片,打造亮相一批批精品街区、胡同等和谐宜居示范区。

二是坚持统筹推进。始终以疏解非首都功能为工作导向,加强疏解整治促提升专项行动与落实总规和街区更新工作的协同与统筹,注重实施好街区更新的系统推进,重点是以区片为单元,进行任务梳理分析,做好任务汇总,把握好功能业态的优化调整、空间风貌形态协调和街区日常管理运行规范"三个根本","重减慎加",体现家园设计,追求自然和谐,恢复老城特有风貌、状态和活力。

三是坚持配套跟进。进一步加大疏解整治后提升工作力度,实现空间腾退、拆后还绿、改善环境、消除隐患、补齐短板、提升功能,持续提高疏解腾退空间资源管理和使用效率,落实完善便民商业设施若干问题的指导意见,使推进疏解整治与跟进配套相结合,优化便民网点布局与精准把握群众需求相结合,做好各项服务设施尤其是便民菜市场建设。

四是坚持风险防控。疏解整治工作触及的社会层面的各种利益更加广泛,所激发的矛盾和冲突亦是更加尖锐,在专项行动中强化社会风险评估，尤其是在重点时期、重要节点、重点工作、重大工程项目上做好事前风险评估、事中防护监测、事后应急响应，及时对诸如违建拆除、房屋腾退等重点工作提出对策性建议，加大源头化解力度，努力预防和减少非正常事件的发生。

五是做好舆情监控。围绕专项行动，特别是城市品质提升，加强与各级媒体的沟通合作，做好宣传引导和舆论监督，既要关注重点区域、重点事项、重点人，准确研判舆情发展趋势，及时进行妥善引导，遏制负面舆情滋生，又要针对群众投诉举报、反映强烈的问题，积极回应关切，快速处置反映的问题，做好正面引导和舆情处置。

2017年以来，北京累计疏解退出一般制造业企业1819家、治理散乱污企业7179家、疏解提升区域性市场和物流中心632个，全市一般制造业企业、区域性市场集中疏解退出任务基本完成；天坛医院实现整体搬迁、同仁医院亦庄院区扩建工程完工投用，有效辐射带动城南地区医疗服务能力提升；友谊医院等7个市属医院在核心区外建设新院区；北京城市学院整体搬迁、一址办学，北京电影学院、北京信息科技大学等5所市属高校新校区加快建设，中国矿业大学等高校的3万名学生入住新校区；城市副中心建设扎实推进，第一批市级机关35个部门入驻办公，二期工程加快建设，带动适宜功能和产业向副中心转移；拆除违法建设累计腾退土地1.69万公顷，利用拆违腾退土地实施"留白增绿"6921.6公顷，建成投用口袋公园、微型绿地约460处，温榆河公园等大尺度绿地成为城市新地标；综合整治"开墙打洞"、占道经营、群租房、无证无照经营、直管公房转租转借等行为，累计治理问题点位19万个，完成核心区2336条背街小巷环境整治；建设提升基本便民网点5133个，完成棚户区改造11.1万户，以需定项实施中心城区老旧小区综合改造82个；实施雍和宫大街、磁器口大街周边慢行空间改造提升等30余个公共空间改造提升试点；围绕"两轴"、"三金海"、广渠路、亮马河等地区开展45个重点区域综合治理提升；实现什刹海西海湿地6000米邻水步道全面贯通，崇雍大街重现"京韵、大市"的古都风貌，前门三里河、亮马河国际风情水岸等一批网红打卡地亮相。

第二轮疏整促行动（2021—2025年）预计持续5年时间，坚持以人民为中心的发展思想，坚持以新时代首都发展为统领，保持"思想不松、机制不变、力度不减、标准不降"，坚定不移疏解非首都功能，与城市精细化治理、人口均衡发展、"接诉即办"紧密结合，努力推动专项行动取得新的更大成效，为建设国际一流的和谐宜居之都提供有力支撑。

一是突出以人民为中心。坚持以群众需求为导向，与接诉即办紧密结合，问需于民，着力解决群众急难愁盼问题，提升"七有""五性"保障水平，强弱项、补短板、惠民生，推动公共服务更加均衡可及。坚持党建引领与协同治理有机融合。坚持"支部建在项目上、党员冲锋在一线"的工作原则，破除组织壁垒，凝聚整治合力，筑牢攻坚克难的战斗堡垒。同时，积极搭建协商议事平台，充分发挥"吹哨报到"工作机制，推动履职力量下沉，发动党员带头示范，动员和组织居民全程深度参与，争当化解困难和矛盾的主攻手，让服务"在一线"升级。

二是突出首都职能履行。坚持以新时代首都发展为统领，立足深入推进京津冀协同发展战略实施，推进城市总规、分区规划和疏整促"十四五"实施意见落实，紧紧抓住疏解非首都功能这个"牛鼻子"，将疏整促、背街小巷整治与推进街区更新更加紧密地结合起来，持续强化以提升为目标，促进疏与治相结合、一体谋划、统筹推进，严格执行新版禁限目录，将非首都功能疏解、城市治理、人口规模调控和布局调整联动推进，强化专项行动对"双控"支撑，与文明城区创建等专项任务协调联动，形成合力，并为构建高精尖经济结构、提升人民获得感提供支撑。

三是突出重点难点攻克。以重点区域和治理类街乡镇为突破，聚焦治理重点难点、高频易发问题，做实做深集中连片整治提升，开展利用腾退空间优化提升首都功能试点，探索通过项目化方式抓实优化提升工作，推动难点事项取得新突破，着力破解城市发展和治理难题，将解决当前问题与建立长效机制相结合，强化巩固提质，深化治理与防反弹控新生并重，制定方案、采取措施、强化考核，加强日常巡查检查和联合执法综合治理，通过典型案例、示范引领带动、定期回头看，防反弹、控新生，确保疏解整治成效得到巩固，积极探索超大城市治理体系，推进城市治理体系和治理能力现代化。

四是突出社会协同治理。用好《向前一步》等媒体平台，广泛宣传减量发展和疏整促专项行动成果，并以"12345"市民举报、媒体监督、社会曝光及"七有""五性"指标体系为抓手，围绕首都城市建设发展，特别是城市品质提升和生态环境改善，积极争取人大代表、政协委员、民主党派、中央单位、驻区部队等社会各界及社区居民的参与和支持，推动基层一线力量优化整合，实现决策共谋，发展共建，建设共管，成果共享，有序引导区域内各界对城市治理的积极性、主动性，切实解决好群众身边事，加强精细化治理，持续增强人民群众获得感、幸福感、安全感。

五是突出区域精细管理。通过精致规划、精细管理，加强城市修补和生态修复，着力健全规划、产权、监管等各方面制度，推动各类疏解腾退资源依法依规、公开透明配置，同时兼顾产权方意愿和市场业态需求的匹配，积极探索有利于疏解及疏解腾退资源高效利用的管理创新机制，优先用于保障中央政务功能、改善居民生活条件、补足城市服务功能短板、提升辖区公共服务设施，也可用于传统文化传承展示、体验及特色服务，鼓励发展金融科技、数字经济和文化创意等产业，推动有限资源合法合规、集约高效利用，促进生产、生活、生态空间结构的优化调整，全面实现区域发展转型以及管理转型。

作为第一个总规提出减量发展的城市，随着进一步深入推进"疏解整治促提升"专项行动，如今北京人均 GDP 达 18.4 万元，北京经济发展方式已经从资源与投资驱动转向创新与科技驱动，首都的政治功能、国际交往功能、文化功能、科技创新功能四个功能得到显著提升，城市内部功能、人口、产业等在空间上完成优化调整，人居环境、城市品质、区域发展水平走向更优，资源使用量在客观水平上趋于减少，社会生产、市民生活、生态空间更加协调有序，疏解非首都功能与减量发展正逐渐成为推动北京绿色可持续发展的新路径。

自 2017 年开始"瘦身健体"，北京通过疏解整治的"减法"，实现"腾笼换鸟"、功能提升的加法，推动社会资源更优配置、街区环境更加宜居宜业，绿水蓝天成为首都亮丽底色，百年首钢实现蝶变新生，北京城市副中心建设等高质量发展内容，非首都功能疏解取得显著效果，更加擦亮了北京这座历史文化名城的金名片。2022 年北京市第十三次党代会报告中明确指出，近年来，北京持续打好疏解整治促提升"组合拳"，拆除违法建设超 2 亿平方米，城乡建设用地减量 110 平方千米，一大批一般制造业企业、区域性专业市场和物流中心有序退出，北京成为全国第一个减量发展的超大城市。可见，北京以疏解功能谋发展的重大转变已经走出一条存量提质、内涵集约、宜居生活发展的新路子。

围绕"建设国际一流的和谐宜居之都"的发展理念，北京在减量发展、深化非首都功能疏解、治理"大城市病"方面进行了积极探索，特别是北京通过"疏整促"专项行动，无论是组织实施传统商圈改造升级、老旧厂房腾笼换鸟，还是核心区平房院落申请式退租，都有力推动了首都功能集聚转向疏解提升，为北京城市建设提供了大量发展空间和资源支持，推动构建了新时代超大型城市建设发展的典范，并在城市管理理念与方法上，实现了从城市管理走向超大城市治理的转型。

2021年国家发展和改革委员会发布了《2021年新型城镇化和城乡融合发展重点任务》，其中指出了要促进超大特大城市优化发展。推动开发建设方式从规模扩张向内涵提升转变。有序疏解中心城区一般性制造业、区域性物流基地、专业市场等功能和设施，以及过度集中的医疗和高等教育等公共服务资源，合理降低开发强度和人口密度。提升市政交通、生态环保和社区等治理能力，有效破解"大城市病"。在中心城区周边科学发展郊区卫星城，促进多中心、组团式发展，实现产城融合和职住平衡。

减量发展作为超大城市的一种新发展模式，是实现减量集约，优化城市功能，提升城市品质的全新路径。北京坚持和强化首都核心功能，倒逼数量驱动向质量驱动转变，积极稳妥有序疏解北京非首都功能，推动京津冀协同发展，从集聚资源求增长，到疏解功能谋发展，真正实现减量发展。在人口与建设规模严控的前提下，为了保证经济增长速度，北京形成了空间合理有序发展的结构，加大高精尖科技创新发展，提高全社会劳动生产率和全要素生产率。同时，把构建现代化首都都市圈重点任务纳入"十四五"规划建设，加强对"通勤圈""功能圈""产业圈"任务统筹实施，确保区域产业协同、创新协同、体制改革协同、基础设施建设协同等，形成有效衔接，错位发展。

第五章

超大城市治理精细化的体制机制内涵

超大城市治理要实现精细化，需要在治理体制上保障纵向治理层级的贯穿性及在治理需求末端权责资源的整合性，同时在治理机制上，需要调动多元治理的协同参与。面对长期"碎片化""条块分割"的城市政府科层体系，跨属地环境治理挑战，以及区域功能发展整体性协同需求，超大城市治理精细化需寻求建立"条块融通"的精细化治理体制，区域化的城际协作机制，以及公共部门与私营部门协同合作的治理机制。

第一节 超大城市党建引领条块融通的精细化治理体制

在中国"政党—政府—社会"的超大城市精细化三元治理架构体系下，政党作为重要的治理主体，充当了超大城市传统"条块分割"管理体制的"黏合剂"，形成了党建引领"条块融通"的超大城市精细化治理体制。近年来，北京市党建引领"街乡吹哨部门报到"改革、上海等城市党建引领基层治理改革、成都党建引领社区治理等模式为破解传统城市科层体制的这一"条块分割""九龙治水"的碎片化治理难题提供了创新路径，促进了超大城市纵向治理神经的延伸、横向力量的统筹协同。

一 "条块分割"的传统城市管理体制的挑战

城市管理体制植根于政府组织的"条块结构"中。"条条"指的是纵向上，从中央到地方基于不同业务领域分工进行专业管理的各级职能部门系统；"块块"指的是横向上，由不同职能部门组合而成的各级属地政府。在具体运行过程中，"条"与"块"又形成了复杂的"双重从属"的权力关系，即一方面，地方各个职能部门在专业系统内从属于上级职能部门，以保障自上而下的"条"上的专业化管理；另一方面，地方的各职能部门也从属于本级属地政府，以保障各职能部门能够全面管理本辖区相应业务，形成整体合力。然而在城市复杂的实际运行中，这一"双重从属"属性却容易产生"条块分割"、"九龙治水"、碎片治理的矛盾。特别是面对超大城市高频、综合、复杂、量大的治理诉求，难以进行简约高效的回应与处理。其根本原因在于双重从属的条块管理体制下的"条块"权责关系不对等。

一方面，作为"块块"的街乡是城市治理的枢纽，在属地治理事务泛化、治理权力分解、治理能力弱化、治理责任边界又不断扩大[1]的背景下，街乡属地作为超大城市各类诉求难题的第一接收者，需要街乡属地直接面对和快速响应解决，但解决许多问题的权力却不在"块块"属地，而在各个"条条"职能部门。街乡权力有限，但又肩负属地管理责任，面临着"有限权力，无限责任""权小、责大、事多"的困境，遇到拆除违建、整治违法经营和环境污染等综合性治理难题往往束手无策，"块块"既没有执法权，也没有调度上级执法部门的权力或协调同级执法部门的能力。面对自上而下层层目标考核，压力传导汇集到城市基层街乡，"条块"之间相互推诿，城市治理问题得不到快速响应和解决，直接影响城市治理的效率和效能。

另一方面，作为专业职能部门的"条条"，虽有执法权，但受限于基层力量薄弱及其对属地整体实际情况了解不足，对城市的诸多问题主要通过开展例行检查或不定期抽查来了解，难以及时发现问题进行精准监管和精细化服务，造成了诸多城市治理问题"看得见的管不着""管得着的看不见"的权责体制问题，不能满足城市运行需求，进一步造成城市基层治理"最后一公里"的"堵点"问题。特别在面对突发事件应急处置时，"条块分割"运行体制信息沟通和协同低效的问题更为凸显。"条条"横向职能的分割性虽能保证突发事件决策指挥专业性，但在决策协作方面往往会存在沟通或协调障碍。例如，在芦山地震中，高速收费站在灾后三小时才取消收费，反应迟钝，造成救灾生命线的拥堵，大量专业救灾车辆、设备和物资难以及时抵达灾区，贻误救援时机。

越是超大城市，"条块矛盾"越为突出，"条块分割"体制难以适应

---

[1] 吕健俊、陈柏峰：《基层权责失衡的制度成因与组织调适》，《求实》2021年第4期。

超大城市运行的快节奏、复杂多变治理信息及时流通的需求，增加了城市治理的协调成本，降低了城市运行效率，分散了城市治理资源，容易诱发城市治理体制的内耗，影响城市治理效能和治理的精细化。

二 "条块分割"城市管理体制的原因分析

"条块分割"下"条块"之间出现纵向传导的梗阻与横向协作的壁垒的深层原因是"条"与"块"行为逻辑的差异所造成的"条块"权责失衡。作为"条"的职能部门运行的专业化取向与作为"块"的属地治理整体性取向之间不协调，以及职能部门运行的单目标取向与层级治理的多目标取向之间不协调。[①]

"条条"职能部门的运行强调专业官僚的法定职责，其行为驱动力来自专业系统内制度规范的规定，强调严格的等级观、秩序观和专业观，因此，依规办事是其典型行为模式。在以综合性事务越来越多的属地主责管理的背景下，各条线职能部门职责边界模糊，在"有为"与"不为"之间产生了较大自由裁量空间，形成了权大责小、推诿消极、协作困难等问题。

而作为"块"的街乡属地，在自上而下的行政压力发包机制下，受地区治理问题驱动，以解决问题达成治理绩效为首要目标。在属地权小责大的背景下，呈现强烈的结果导向的行为特点，为达成目的，通常不墨守成规，而是灵活变通，最大可能地寻求规则的自由裁量空间（如表5-1所示）。

表5-1　　　　　　"条"与"块"的行为逻辑

	作为"条"的职能部门	作为"块"的街乡属地
行为驱动	规则驱动	问题驱动
行为模式	规则导向、依规办事	结果导向、灵活变通
行为特点	权大责小，履责积极性低	权小责大，主动性弱
行为目标	规范性、职责边界	解决问题、治理绩效

"条块"权责失衡及其行为逻辑差异的背后体现了"条条"职能部门

---

① 王丛虎、乔卫星：《基层治理中"条块分割"的弥补与完善——以北京城市"一体两翼"机制为例》，《中国行政管理》2021年第10期。

"基于专业性的分权导向"与"块块"属地"基于整体性的集权导向"之间的内在张力。这一张力形成了"条块分割"的现象和条块合作困难、资源整合困难、权力碎片化、行政效率损耗等问题表征。

虽然在城市治理具体过程中,"条块"之间会形成"条块结合,以条为主"或"条块结合,以块为主"的合作形式,但仍难以平衡好"条块"之间专业性与整体性的这一内在张力。对此,巴达赫曾指出,"专业化与整合之间最佳平衡可能需要通过一些要素的综合来实现,包括下属单位之间合理的职能分工,科层制中正式的协调机制,非正式的工作关系等"[①]。然而,合理的职能分工、正式的协调机制与非正式的工作关系由谁推动?如何促成?这些问题均指向元治理的主体问题。

三 作为"黏合剂"的党建引领机制

在中国情境下,党政体制为弥合城市治理中的"条块分割"提供了新路径。党的十八大以来,政党成为处理城市治理"条块"关系的整合性主体。从北京市党建引领"街乡吹哨部门报到"到"接诉即办"、再到主动治理的改革路径为典型代表,政党发挥了黏合"条块"关系的重要作用。

(一)"条块联动":"吹哨报到"机制

2017年上半年,北京市平谷区金海湖镇为遏制辖区金矿盗采屡禁不止现象,需要作为"块"的乡镇属地第一时间发现盗采信息后与作为"条"的执法部门及时联动,第一时间赶到现场综合执法。为加强"条块联动",平谷区将执法主导权下放到乡镇,成立临时党支部,镇党委书记任支部书记,具有总指挥权。镇党委发现情况第一时间向执法部门"吹哨",区相关执法部门须在30分钟内到达现场"报到",会诊执法,并反馈"吹哨人"执法结果。随后,临时党支部被常态化保留,在更多城市治理领域探索条块结合、联合执法的机制。

在此基础上,北京市总结提炼,将党建引领"街乡吹哨、部门报到"机制作为2018年度"1号改革课题",在全市16个区的331个街乡中,选取169个街乡试点推广。北京市委、市政府印发了《关于党建引领街

[①] [美]尤金·巴达赫:《跨部门合作:管理"巧匠"的理论与实践》,周志忍、张弦译,北京大学出版社2011年版,第8页。

乡管理体制机制创新,实现"街乡吹哨、部门报到"的实施方案》,明确了党组织对街乡工作的领导权和14项工作推进措施,重点在赋权、下沉、增效上下功夫,以"吹哨"反映群众诉求、发出集结令,以"报到"引领各部门响应、解决群众问题,形成了"吹哨报到"改革的综合方略。一是明责赋权优化职能,增强街乡"吹哨"能力。全面取消街道招商引资等职能,确立党群工作、城市管理等6类111项职责清单;赋予街道综合性事项的协调权和督办权、对职能部门派出机构负责人任免调整奖惩的建议权;以机构改革为契机将街道原来"向上对口"设立的20多个"条对条""线对线"科室精简合并为"向下对口"的"六办一委一队四中心"建立基层简约高效的响应体系。二是建立综合执法平台,推动执法部门到街乡"报到"。以街乡城管执法队为主体,建立执法中心党组织,公安、消防、交通、食药等部门分别派驻1—2人由街乡负责日常管理,派驻人员中的党员将组织关系转入执法中心,房管、规自等部门明确专人随叫随到,使"条"与"块"人员、责任、办公场地相对固定,便于协同行动,增强凝聚力。[①]三是建立街巷长制和社区专员制,构建"吹哨报到"快速响应机制。街长一般由街道处级干部兼任,巷长一般由街道科级干部和站所负责人兼任,深入一线,第一时间体察民情民意,全面负责街巷环境整治提升、文明创建等工作,快速响应和解决群众家门口的事。四是拓展报到范围,构建共治体系。建立区、街乡、社区三级党建协调委员会,建立资源、需求、项目"三个清单",推动社区减负,推动在职党员回社区"报到",聚焦为群众服务。

通过将治理主导权下沉至街乡镇,面对出现群众反映突出但街乡层级解决不了的问题以及综合执法、应急处置等工作情况,街乡向各相关部门发出"吹哨"集结令,推动各级专业人才、各类优质资源在街乡综合下沉、力量聚合,共商共治共管区域各类事务,按照"明确权责下放、整合资源下沉、专业人员下行"原则,强化"区街社"三级联动体系,进一步厘清"哪些事吹哨""由谁来吹哨""吹哨的重点",形成"发现问题—综合研判—吹哨解决—跟踪反馈"的基层精准治理模式,将疏解整治与辖区安全隐患清理整治、背街小巷环境提升结合推进,与民生工程、

[①]《北京市党建引领"街乡吹哨、部门报到"改革情况的调查》,《党建研究》2019年第2期。

政策保障有效衔接，解决街乡因属地管理需要承担，却无权限解决的现实问题，并以此推动辖区同类事务一次性解决，显著缩减城市管理层级，促进了"条块联动"，持续提升城市治理效率和水平，打造高效且精细的基层治理体制机制，推动破解了超大城市"最后一公里"的治理难题，产生了良好社会效益。2018年11月，中央全面深化改革委员会第五次会议审议并通过了《"街乡吹哨、部门报到"——北京市推进党建引领基层治理体制机制创新的探索》，[①] 成为全国推进"条块联动"的基层治理创新典范。

（二）"条块协同"："接诉即办"机制

"吹哨报到"机制有效推动解决了城市运行过程中非常态问题的"条块联动"难题，而对于常态问题，如何更好捋顺"条块"关系，实现"条块协同"？对此，北京市进一步深化"吹哨报到"改革，开启了"接诉即办"改革，通过进一步拓展"吹哨"主体，延伸超大城市治理神经末端，推动"哨源"由街乡拓展到广大人民群众，以"12345非紧急市民服务热线"为"哨声源"建立接诉即办机制，从"吹哨报到"向"接诉即办"深化，即群众的诉求就是哨声，相关"条块"直面基层，现场报到。

相较于"吹哨报到"机制，接诉即办机制的显著特征在于充分聚合多方治理力量下沉，把基层服务精细化和解决群众实际需求作为超大城市治理的着力点，以群众发出的诉求驱动超大城市"条块"协同治理，保证群众身边事始终"有人办、马上办、能办好"。通过建立群众"三率"评分机制、"一把手月度点评会"督办反馈机制、"条块内部竞争"的激励机制等举措，[②] 使群众的"哨声"一响，属地街乡、社区、相关职能部门闻风而动，充分调动了"条"与"块"的积极性，主动回应群众的关切，打造深层次联动、"条块"高效协同的基层治理格局。

2021年党中央、国务院出台的《关于加强基层治理体系和治理能力现代化建设的意见》以及国务院办公厅印发的《关于进一步优化地方政务服务便民热线的指导意见》肯定了"接诉即办"对超大城市基层精细化治理的价值和经验。

[①] 洪向华主编：《领导干部治理能力十讲》，人民出版社2020年版，第122页。
[②] 详见本书第六章第五节。

(三)"条块融通":"每月一题"主动治理机制

如何进一步激发"条块"积极性和主动性,从对城市治理问题的被动响应向主动治理转变,是对深入理顺"条块"关系,形成"条块融通"的城市精细化治理体制的更高层次要求。

对此,随着改革的深入,北京市通过对接诉即办城市治理诉求数据的聚类分析,2021年2月,北京市"接诉即办"改革专项小组印发《2021年"接诉即办""每月一题"推动解决重点民生诉求工作计划》,建立了"每月一题"机制。"每月一题"机制强化跨部门、跨行业、跨地域集中研究解决发展中出现的新业态、新情况、新问题,配合"矛盾预见制、矛盾化解制、矛盾处置制"三大机制,全面落实合理诉求"高效解决"、不合理诉求"妥善解释"的工作机制,主动深入群众,主动上门问需、主动登门解决,将问题解决在小、解决在早,从"接一办一"到"举一反三",把案例研究和协调解决作为工作的重要抓手,提炼出主动治理事项任务,不断从源头上解决群众诉求,建立"接诉即办"全链条闭环管理,做到"事事有回音、件件有落实、效果有反馈",着重推动治理关口前移,向"条块融通""未诉先办"主动治理转变。

可以看出,通过党建引领"吹哨报到""接诉即办"以及"每月一题"主动治理机制,是在"党建引领"下打破"条块分割"体制的自我变革,也是由体制内启动、体制内解决的一项机制创新。[1] 通过充分发挥党建引领的"黏合剂"效用,在党政系统"向内整合"资源,针对城市基层产生的具体问题进行精准的资源匹配与统筹协调,形成了党全面领导统筹"条块关系"增强治理效能的模式,不断完善超大城市综合执法实体化、常态化机制,有效破解了掣肘超大城市治理精细化的"条块分割"难题,实现从"条块联动"到"条块协同"再到"条块融通"的转变。不断解决超大城市基层执法力量分散、难以"握指成拳",超大城市治理资源、力量难以精细化下沉服务等难题。

---

[1] 王丛虎、乔卫星:《基层治理中"条块分割"的弥补与完善——以北京城市"一体两翼"机制为例》,《中国行政管理》2021年第10期。

第二节　超大城市内外协同的精细化治理机制

精细化的功能内涵体现了精简功能与精准定位是超大城市治理精细化的前提条件。如何保障超大城市功能"瘦身"后更高效运转和持续健康发展，则需要建立超大城市的城际协作机制，合理进行功能分工协作，协同解决区域性的空气污染、河水保护等共同问题。

此外，超大城市治理精细化需要多元治理主体的参与才能够实现，这需要建立超大城市公私部门的协同机制，吸引鼓励社会资本的参与，才能让超大城市发展更具创新活力，让超大城市治理更加精细。

一　超大城市群的城际协作机制

（一）超大城市群发展趋势及城际协作需求

我国目前有7座超大城市，分布在京津冀城市群、长三角城市群、珠三角城市群和成渝城市群四大城市群。其中，珠三角、成渝和京津冀三大城市群各有两座，长三角一座。从近十年的人口迁徙来看，总体向着四大城市群迁徙集聚。从超大城市分布的四大城市群来看，长三角城市群虽然只有上海一座超大城市，但从功能分布、辐射带动、协同治理等方面看，是发展协同程度最高的。长三角城市群横跨多省，呈相对分散、发展相对均衡的多中心特点，与美国东北大西洋沿岸城市群、北美五大湖城市群、日本东海道城市群、欧洲西北部城市群和英国中南部城市群并称为世界六大城市群。珠三角城市群主要集中在广东本省辖区，以广州、深圳两个超大城市为中心，呈相对集中的多中心发展特点。京津冀城市群和成渝城市群呈双中心发展格局，较长三角和珠三角城市群而言，由于政治、历史、地理等因素，发展相对不均衡。

从未来发展潜力看，14座城区人口500万以上1000万以下的特大城市（武汉、东莞、西安、杭州、佛山、南京、沈阳、青岛、济南、长沙、哈尔滨、郑州、昆明、大连）分布在长三角城市群、珠三角城市群、长江中游城市群、山东半岛城市群、中原城市群、关中平原城市群、滇中城市群和东北城市群八大城市群。长三角城市群发展潜力大，预计杭州、南京有望成为长三角城市群的新兴超大城市；珠三角城市群中，东莞、佛山的人口增长与产业转型升级迅速,未来有望成为超大城市;京津冀城市群、成渝城市群因城市差距悬殊,在特大城市出现断层,难以产生新的超大城市;长江中游城市群中,武汉2020年以995万人的城区人口规模,跃居全国14座特大城市之首,目前或已成为超大城市。专家预测2035年,青岛、济南、长沙、郑州大概率也会入围超大城市行列。[①]

在不断扩张的超大城市群区域,城市面临的挑战是不受城市管辖权边界限定的。应对这些挑战通常需要跨界汇集资源进行治理。在相互影响的自由贸易下,流动人口、供水质量、空气质量和粮食安全需要跨越城市界限的治理机制。[②]2021年国家发展和改革委员会发布的《2021年新型城镇化和城乡融合发展重点任务》,指出要促进超大特大城市优化发展。一方面提出要先"精简",有序疏解超大特大城市中心城区的一般性制造业等产业、区域性物流功能、专业性市场、过度集中的教育医疗等公共服务资源;同时强调"精准",提升市政交通、生态环保和社区等治理能力,破解"大城市病"。另一方面要通过促进中心城区周边多中心、组团发展"协作"来推动超大城市开发建设方式"从规模扩张向内涵提升转变"。[③]

在此背景下,近年来超大城市群城际间的协作发展和协作治理不断加强。特别为应对当前超大城市发展阶段下的空气污染等"城市病"问题,跨界"城际协作"成为必然举措。

(二) 超大城市群区域协同治理机制

环境污染问题具有扩散性和不确定性,建立有效的协同网络是超大城市群环境治理的关键。[④]近年来,京津冀超大城市群重点围绕空气污染治理,长三角和珠三角超大城市群重点围绕水污染、大气污染等"大城市病"环境问题,结合本区域特点,探索出了多种区域协同治理机制,对

---

① 王红茹:《七大城市群预判:下一个10年,哪些城市有望晋升超大城市?》,《中国经济周刊》2021年第19期。

② United Nations Human Settlements Programme, "World Cities Report 2022: Envisaging the Future of Cities", June 29, 2022, https://unhabitat.org/sites/default/files/2022/06/wcr_2022.pdf.

③ 国家发展和改革委员会:《国家发展改革委关于印发〈2021年新型城镇化和城乡融合发展重点任务〉的通知》,2021年4月8日,https://www.ndrc.gov.cn/xxgk/zcfb/tz/202104/t20210413_1272200.html,2023年6月4日。

④ 吴月、冯静芹:《超大城市群环境治理合作网络:结构、特征与演进——以粤港澳大湾区为例》,《经济体制改革》2021年第4期。

促进超大城市群协作、解决超大城市环境问题、推动区域协调发展发挥了重要作用。

2017年广东省黑臭水体数量为243个，主要集中在珠三角地区的黑臭水体有205个，占比近84.4%。在实施监测的74个入海排污口中，有27个入海排污口超标排放，超标率约36.5%。珠三角地区海岸带生态环境压力日益加剧。面对水环境的不断恶化，珠三角地方政府间通过横向加强对话协商，制定区域性协同规划，明确水污染防治统一标准作为合作引领；多方政府签署行政协议并实施环保工程以推动合作；建立了"联席会议+专责小组+河长制"的模式作为组织保障。① 结合珠三角超大城市群省内协调优势，在广东省政府牵头下，省委领导作为召集人建立了珠江综合整治工作联席会议制度。珠三角地区的广佛肇、深莞惠、珠中江等经济圈也分别建立了区域内联席会议制度，通过定期召开相关会议，各区域就水环境治理问题开展磋商协调，并达成共识。在上级部门的呼吁下，广州、佛山、东莞、汕头等珠三角地区强化科技支撑，共同开发了河长信息管理系统，探索建立"河长领治、上下同治、部门联治、全民群治、水陆共治"的工作格局。②

2019年2月18日，中共中央、国务院印发《粤港澳大湾区发展规划纲要》，确立了以香港、澳门、广州、深圳四大中心城市作为区域发展的核心引擎，将粤港澳大湾区建设上升到国家战略高度，进行了五方面的战略定位：一是充满活力的世界级城市群；二是具有全球影响力的国际科技创新中心；三是"一带一路"建设的重要支撑；四是内地与港澳深度合作示范区；五是宜居宜业宜游的优质生活圈。③ 随着区域发展战略地位的提升，粤港澳大湾区11个城市环境治理合作不断提质升级，粤港澳大湾区环境治理合作网络从省内"中心协调式"逐步演化到"扁平化"网络特征，形成了"中心—次中心—边缘城市"的合作态势。④

---

① 王玉明：《粤港澳大湾区环境治理合作的回顾与展望》，《哈尔滨工业大学学报》（社会科学版）2018年第1期。

② 吴月：《技术嵌入下的超大城市群水环境协同治理：实践、困境与展望》，《理论月刊》2020年第6期。

③ 《粤港澳大湾区发展规划纲要》，人民出版社2019年版，第8—9页。

④ 吴月、冯静芹：《超大城市群环境治理合作网络：结构、特征与演进——以粤港澳大湾区为例》，《经济体制改革》2021年第4期。

京津冀超大城市群的"跨省市双中心"特点使京津冀区域化协作更有其独特性。京津冀超大城市群是中国北方经济总量最大的区域，也是我国大气污染较为严重的区域之一。在前期的区域发展和治理中，由于北京首都的特殊地位和天津直辖市的优势，京津双中心更多是在政治外因驱动下形成的超大城市，而非经济自然发展形成的超大城市，河北其他城市与京津二城差距悬殊，长期以来形成了二元极化的特点。前期区域协作存在横向政府协调缺乏约束力、纵向政府介入不足、社会组织力量薄弱、利益分配困难、生态补偿缺乏、存在机会主义风险等问题，使得区域合作交易成本高，困境多。

2014年2月26日，习近平总书记在北京主持召开座谈会并发表重要讲话，指出"北京、天津、河北人口加起来有1亿多，土地面积有21.6万平方千米，京津冀地缘相接、人缘相亲、地域一体、文化一脉，历史渊源深厚、交往半径相宜，完全能够相互融合、协同发展"[1]。并首次将京津冀协同发展提升到重大国家战略的高度，开启了三地功能互补、错位发展、相辅相成的新征程，掀开了京津冀超大城市群发展新的历史篇章。2015年北京市出台《京津冀协同发展规划纲要》，聚焦推进交通一体化发展、加强生态环境保护、推动产业升级转移三大重点领域，力争率先取得突破。2019年1月18日，在京津冀协同发展座谈会上，习近平总书记进一步提出京津冀三地的关系"如同一朵花上的花瓣，瓣瓣不同，却瓣瓣同心"[2]。在中央亲自谋划、亲自部署、亲自推动下，近年来，京津冀区域协同发展和治理取得了突出成绩。2022年，北京、天津、河北经济总量突破10万亿元，按现价计算，是2013年的1.8倍，区域整体实力迈上新台阶；产业协同是京津冀协同发展战略四个率先突破的重点领域之一，在疏解北京非首都功能、减量发展战略下，北京越来越多的企业将核心产业链延伸到天津、邢台、张家口等地，优化了供应链布局。形成京津研发、河北制造、转化的产业链深度融合与互补。2022年河北承接京津转入单位4395个，2014年以来，累计转入4.39万个，其中近八成为北京转入。与此同时，"轨道上的京津冀"主框架形成，北京城市副中心和雄

---

[1] 中共中央文献研究室编：《习近平关于社会主义经济建设论述摘编》，中央文献出版社2017年版，第247页。

[2] 本书编写组：《习近平的小康情怀》，人民出版社2022年版，第157页。

安新区"两翼齐飞",① 区域化交通、生态、产业、公共服务发展提速。

在中央的纵向整体推进、深度嵌入下,在北京"疏解非首都功能"的积极战略转型下,京津冀超大城市群区域发展协作取得了综合性的跨越式进展。特别是生态环境保护作为京津冀三大率先突破的重点领域之一,近年来,三地生态环境部门逐步建立完善协同机制,联合立法、统一规划、统一标准、协同治污,推动区域生态环境质量持续改善。三地生态环境部门联合成立了京津冀生态环境联建联防联治工作协调小组,签署了新一轮合作框架协议,共同推动京津冀生态环境联建联防联治向纵深发展。十年来,三地分类整治"散乱污"企业16.3万余家、三地农村及城镇地区散煤清洁能源改造近1580万户,北京市实现平原地区基本无煤化,天津市燃煤锅炉和工业窑炉基本完成清洁能源替代,河北省基本淘汰35蒸吨以下燃煤锅炉。在生态环境部的指导下,三地连续第六年开展秋冬季大气污染综合治理攻坚行动,共同提升重污染应急精准性、科学性和有效性。密集出台了《京津冀及周边地区、汾渭平原2020—2021年秋冬季大气污染综合治理攻坚行动方案》(环大气〔2020〕号)、《北京市打赢蓝天保卫战三年行动计划》(京政发〔2018〕22号)、《北京市污染防治攻坚战2020年行动计划》(京政办发〔2020〕8号)、《北京市VOCs治理专项行动方案》(京生态气〔2020〕2号)等文件,2021年三地细颗粒物(PM2.5)年均浓度首次全部步入"30+"阶段;2022年以来,三地PM2.5平均浓度继续同比下降,与2013年相比降幅均达到60%以上;重污染天数均大幅消减、优良天数大幅增加。水环境质量方面,2022年,三地坚持水资源、水环境、水生态"三水统筹",健全流域生态补偿机制,三地国家地表水考核断面水质优良(Ⅰ—Ⅲ类)比例均动态达到"十四五"国家目标要求,且全面消除劣Ⅴ类断面。三地围绕能源、产业、交通、建筑等领域积极推动绿色低碳发展,"十三五"期间,三地单位GDP二氧化碳排放累计下降比例分别达到26%、23%、25%,均超额完成国家任务目标。生态质量方面,生态系统质量和稳定性持续提高,北京密云水库入选全国首批美丽河湖优秀案例、天津海河河北区段入选全国首批美丽河湖提名案例、河北秦皇岛湾北戴河段入选全国首批美丽海湾优

---

① 郭宇靖、吉宁:《京津冀经济总量突破10万亿元》,2023年2月22日,http://www.news.cn/politics/2023-02/22/c_1129388186.htm,2023年6月4日。

秀案例。

可以看出，构建超大城市群城际协作机制是推进区域整体健康发展、有序发展和可持续发展的关键举措，需要实现由"属地管理"到"区域协同治理"的转变，由"运动式"协同治理到"常态化"协同治理的转变；[①] 需要通过上级政府的政治动员、法律和行政命令、战略规划、制度激励、项目评估、省部际联席会议等纵向嵌入的方式和地方政府横向协调相结合；[②] 通过建立常态化的利益补偿机制和联动执法长效机制等形式推动区域形成制度性集体行动框架；构建多元主体参与的网络治理机制，优化区域合作网络结构。

二 城市公私部门协同的精细化治理机制

（一）城市更新阶段吸引社会资本参与公私合作的背景

在超大城市基本完成城镇化，从增量发展时代进入存量更新时代后，城市更新精细运营成为超大城市治理精细化的重点任务。2020—2022年，深圳、广州、上海、北京四大超大城市先后密集出台了城市更新条例的地方性法规，标志着超大城市更新进入系统推进阶段。

国家"十四五"规划提出，要加快推进城市更新，改造提升老旧小区、老旧厂区、老旧街区和城中村等存量片区功能，推进老旧楼宇改造，积极扩建新建停车场、充电桩。完成2000年年底前建成的21.9万个城镇老旧小区改造，基本完成大城市老旧厂区改造，改造一批大型老旧街区，因地制宜改造一批城中村。[③]

随着超大城市全面步入城市更新阶段，意味着城市增长的驱动逻辑从城市增长引擎范式转向城市更新引擎范式。而城市更新引擎模型（UREM）旨在引入"城市更新运营商"，与市政府共同形成再生双引擎，城市更新的逻辑从土地资本驱动的空间生产转变为社会资本驱动的社区建

[①] 赵新峰、袁宗威：《京津冀区域大气污染协同治理的困境及路径选择》，《城市发展研究》2019年第5期。

[②] 邢华：《我国区域合作治理困境与纵向嵌入式治理机制选择》，《政治学研究》2014年第5期。

[③] 《中华人民共和国国民经济和社会发展第十四个五年规划和2035年远景目标纲要》，人民出版社2021年版，第83、97页。

设，从而实现参与式、综合性、可持续性的城市更新。①

与此同时，老旧小区改造、老旧厂区改造、老旧街区改造等庞大的城市更新体量也要求超大城市政府通过吸引和撬动社会资本的参与，平衡城市更新的财政负担，形成可持续的更新运营模式。近年来，老旧小区改造是北京等超大城市更新的重要抓手，如何引入社会资本是激发市场活力、减少财政压力，提升老旧小区造血功能、长效治理和可持续发展能力的关键手段。党中央、国务院高度重视，提出要加强政府引导，运用市场化方式，吸引社会力量参与，推动小区长效管理机制的建立。

自2012年启动旧改以来，在引入社会资本政策方面经历了"十二五"时期的理念形成、"十三五"时期的模式探索、再到"十四五"时期的系统深化三个阶段。"十二五"期间，北京市较早提出了坚持政府主导、社会参与、业主自治，着眼长远、标本兼治，市级统筹、属地负责，突出重点、分步实施的原则，对1990年之前建设且建设标准、设施设备、功能配套明显低于现行标准的老旧小区，实施了以抗震节能为主、环境治理为辅的综合整治。要求各区县政府要积极探索吸引社会资金参与综合整治的途径，探索利用增层、增建商业设施、增建保障性住房等途径融资的政策措施拓展资金筹措渠道。"十三五"时期对社会资本如何参与老旧小区综合整治的领域及方式进行了密集的专项引导和合作模式的探索。试点了"基层组织、居民申请、社会参与、政府支持"等实施方式，2018年北京市依托区政府搭建融资平台，吸引社会资本参与自选类改造，赋权各区出台具体吸引措施，建立受益者付费机制。2019年、2020年连续出台系列文件探索社会资本具体合作模式。《国务院办公厅关于全面推进城镇老旧小区改造工作的指导意见》明确可通过政府采购、新增设施有偿使用、落实资产权益等方式，吸引各类专业机构等社会力量投资参与各类需改造设施的设计、改造、运营。支持以"平台+创业单元"方式发展养老、托育、家政等社区服务新业态。在此背景下，北京在《2020年老旧小区综合整治工作方案》中将"社会资本参与"纳入工作目标，专门提出"试点社会资本参与机制"，推广劲松模式，探索社会资本参与老旧小

---

① 中国区域科学协会：《沈体雁：决胜城市化下半场：从城市增长引擎（UGEM）范式转向城市更新引擎（UREM）范式》，2021年4月29号，http://rsac.pku.edu.cn/tp_content.jsp?urltype=news.NewsContentUrl&wbtreeid=1071&wbnewsid=1110，2023年6月3日。

区综合整治的定位、参与方式和投资回报方式。鼓励具备相应资质的民营企业和市属国有企业作为投资、实施和运营主体。"十四五"时期，2021年国家发改委、住建部发布《关于加强城镇老旧小区改造配套设施建设的通知》推动多渠道筹措资金，推动发挥开发性、政策性金融的长期低成本资金作用，支持小区整体改造和水电气热等专项改造项目。对养老托育、停车等有一定盈利的改造内容，鼓励社会资本专业承包单项或多项。按照谁受益、谁出资原则，积极引导居民出资参与改造。《北京市"十四五"时期城市更新规划》积极创新探索，社会资本参与老旧小区综合整治功能和力度全面提升。强调要结合城市更新行动推进实施，充分调动小区关联单位和社会力量参与；要加大核心区老旧小区改造力度，与"疏整促"等工作相结合；探索老旧小区改造与租赁置换相统筹的模式，实现居住空间更新与职住空间优化调整相结合。鼓励社会资本作为实施主体参与投资改造运营，以"平台+专业公司"模式推进改造实施，在微利可持续盈利模式下以物业、养老、托育、家政、便民等多种方式，参与老旧小区"改造+运营+物业"的全过程。同时，深化落实老旧小区改造税费减免指引，明确对社会资本参与养老、托育、家政等服务的机构所得服务收入，免征增值税；企业所得税减按90%计入等税收优惠政策。鼓励金融机构在政策范围内给予长期低息贷款支持。支持社会资本开展类REITs、ABS等企业资产证券化业务。

可以看出，北京等超大城市引入社会资本参与老旧小区改造等城市更新工作，经历了从小区局部物态换新到社区生态系统再造再到城市深层更新的发展关键期。如何在城市更新中加强公共部门与私营部门的合作，完善社会资本参与的政策引导系统、支持系统和创新系统，破解社会资本主体盈利空间的难点、运营管护中的体制机制困境及其社会化协同可持续发展是推动超大城市更新精细运营的重要机制。

（二）城市更新老旧小区改造中公私合作面临的问题

目前，社会资本参与老旧小区改造主要有两种形式，即任务导向的"国企资本注入模式"和街道引导的"民营资本参与模式"，北京市分别打造了"首开经验""劲松模式"等首都老旧小区改造新名片，产生了良好社会效益。然而，两种模式虽各具优势，但在推进、推广社会资本参与旧改的过程中还存在诸多制约因素。

首先，老旧小区客观资源不平衡对社会资本吸引力低。老旧小区对社会资本的吸引力主要来源于对小区闲置空间和资源的改造盘活与运营。但是，老旧小区往往具有项目分散、情况各异、资源不平衡的特点，许多建成年代较早的老旧小区内部资源匮乏、产权复杂难协调、实现小区内自平衡困难，对社会资本吸引有限，使得现阶段自由市场中的民企资本的参与只限于极少数自身资源较好的小区，多为点状突破，难以形成以点带面、高效推广的态势。而大多数国企，习惯了"挺身抬头挣大钱"建设大项目，不习惯、不善于"低头弯腰捡小钱"琢磨微利新模式，因此老旧小区资源本身对其吸引力也不高，国企资本的参与主要是被动接受自上而下的任务分派，主动意愿不强但求资金平衡完成任务，难以精打细算精益求精，不易形成持久参与的内生动力和长效运营效果。

其次，国企与民企未形成资本合力，参与方式低效。国企资本在融资渠道、融资成本以及后期运营的法律身份保障方面占据先天优势，但在参与动机与长效运营管理方面相对较弱；而民企资本在挖掘盘活资源、调动居民参与性、激活老旧小区自我造血功能、创造微利可持续运营模式方面具备理念、人才、方法优势，但融资成本高、缺乏对国有资产长期运营的法律身份保障。国企与民企的"资本整合""优势互补"是在短期内大力突破社会资本参与老旧小区改造"政策瓶颈"、快速拓展社会资本总体参与广度、深度和效度的不二选择。

然而，国企与民企资本合力的形成还面临多重障碍。一是理念障碍。民企资本参与旧改尚属新鲜事物，政府部门和国企观望情绪仍较浓烈，创新意识不足，"向前一步"主动寻求合作的少。二是方法障碍。目前北京国企资本与民企资本合作仍停留在理念探讨层面、具体事项分包层面，缺乏真正意义上的资本有效整合方式方法。三是平台障碍。国企资本与民企资本的合作需要政府高位搭建合作平台，提供合作机会，但目前仍缺乏资本合作的高位统筹人、开放合作平台的搭建人和资本合作模式的发起人。

最后，吸引社会资本的组织体系和政策体系尚不完备。组织体系方面，一是组织落实积极性不足，有的地方虽明确符合条件的企业可投资老旧小区改造，但出于廉政风险、资金安全等考量，执行时都基本限定国企参与，限制了民企资本参与的可能性。二是组织领导力度不够，目前老旧小区改造多为各区分管领导主推、住建部门主抓、街道落实的组织形式，但老旧小区改造过程涉及面广、参与主体多、系统性强、产权构成复杂、突破现有政策和管理边界的事情多，社会资本作为新兴投资和参与主体，协调难度更大、推进更困难，需要更强有力的组织领导和更专业的指导监管。三是组织领导的系统性设计不强，目前对于老旧小区设计、建设、运营主要采取分标段招标方式，"铁路警察各管一段"各自为战，难以取得改造效果的最大化、持久化。

政策体系方面，主管部门虽已在多项老旧小区改造政策文件中鼓励社会资本参与，但在社会资本，特别是民企资本的进入形式、改造过程中的政策障碍、后期运营身份的法律保障等方面缺乏系统细致设计。一是融资政策支持不够，北京尚缺乏专项政策性贷款项目，民企资本项目在缺少抵押、资金担保的情况下，金融机构对项目融资持慎重态度，融资门槛高、贷款利率高，极大限制了民企资本热情。二是资金统筹精准对接不足，目前对老旧小区资源类型和改造模式未形成高效对接模式，财政资金与社会资本的使用精准性不足、效益有待提高。三是规划调整审批难，老旧小区空间狭小，改造要匹配停车等便民设施、加装电梯、划出消防通道必然不可能满足新建小区规划设计所要求的楼间距、容积率、绿化率等指标；而对于可利用的自行车棚、地下人防空间、废弃锅炉房、堆煤场等资源，由于受限于原有社区配套的规划用途，提出规划调整以及许可审批的程序较为复杂，难以合法高效利用。四是社会资本后期运营权身份欠缺法律保障，街道与企业签订委托经营框架战略协议缺乏明确的法律及政策依据，对于社会力量投资回报、长期运营权益等依法保障力度明显不足。

（三）城市更新老旧小区改造中公私合作的发展方向

在多数老旧小区基础差、内部资源不足、难以实现单项改造成本自平衡的客观条件下，在一些政府部门理念难以快速转变、政策难以短期突破的现实情境下，要增强老旧小区对社会资本的吸引力，必须打破以部门和街道为主的"一事一议"碎片化项目更新改造的传统做法，由市、区高位统筹，从打包资源、整合资本、创新模式、优化政策环境方面综合发力。

第一，区级资源整合打包，推进"片区统筹"模式，增强对民企资本吸引力。针对单个老旧小区自平衡难、对社会资本吸引力低的问题，破题关键在于区政府要摸清底账、算好大账、"肥瘦搭配"、片区统筹、打捆吸引社会资本。对此，大兴区通过党建引领、区一把手亲抓、区委社会工委区民政局牵头、建立专班每周督办机制、现场协调解决机制的方法，打破小区之间物理界限，统筹全域资源，拓展社区公共服务辐射范围，实现资源互补、统筹平衡组团联动，探索了"区级统筹、部门协同、企业参与、社区协调、居民议事"的"片区统筹"老旧小区有机更新模式。例如，将拥有闲置底商、锅炉房、堆煤场等较大开发价值的兴丰街道三合里社区和小区内部资源较少的清源街道枣园社区"整体打包"，街道通过向产权单位租赁锅炉房、协调划拨政府闲置资产授权企业运营的方式，吸引民企资本投入6885万元的改造资金以及每年614万元的服务运营资金。企业通过街道授权，利用街区内闲置低效空间进行新建及改造提升，引入居民所需的便民服务业态，以及通过后续物业服务的使用者付费、停车管理收费，预计每年回收1376万元，10年可收回项目全部投资，项目回报率9.6%（考虑资金成本下的回报率为3%—4%）。

以区域内强势资源带动自平衡及"附属型"弱资源社区，形成资源互补的组团联动的"片区统筹"改造模式，是吸引社会资本、推动跨街区、跨产业融合发展、完善功能配套、促进居民思想转变、培养新生活理念、创新生产方式、重塑邻里关系、提升服务的有效抓手。

第二，成立混合所有制公司，构建"国企+民企双赢合作模式"，形成资本合力。针对国企、民企资本优势虽能互补，但缺乏合作机会、平台和方式的难题，近期，山东济宁探索出全国首例"区级统筹社会资本合作运营模式"。具体做法为：第一步资源组团打包吸引国企、民企合作。区政府将全区老旧小区按资源情况划分为14个组团下的"大片区统筹平衡项目""跨片区统筹项目"和"小区自平衡项目"三种改造类型，做大盘子吸引国企与民企资本。第二步整体打包至区属国企申请政策性贷款，破解民企融资难题。将全区老旧小区改造项目授权区属国企，将各级财政资金以项目资本金的形式，将区政府、区属平台闲置、低效资产注入创展置业有限公司，迅速壮大其资信实力，发挥国企融资优势，向国开行申请了5亿元的全国首个老旧小区专项政策性贷款（贷款期限20年）、1亿元的老旧小区专项债券、1.5亿元的抗疫特别国债、统筹各级财政补贴资金，充分撬动市场金融工具，解决财政资金不足（财政资金仅占改造总资金的6.6%）的同时，为民企介入扫清融资障碍。第三步区属国企公开招标，委托民企设计施工。引入实力和经验丰富的愿景集团负责对改造项目进行整体规划、设计、施工。第四步共同成立混合所有制企业，民营企业参股运营。区属企业搭建综合运营平台，与愿景公司共同成立混合所有制企业，股份比例分别为区属国企的40%、民企的60%，打消民企长期运营缺乏法律保障的风险顾虑，最大限度激发投资运营动力，充分发挥其长效运营优势。收益优先还本付息，再按股比分成，既让产权与运营权分离，避免了国有资产流失风险，充分利用了金融工具；又让民企能够提供设计、施工、运营一体化服务，最大限度调动了民企资本积极性和参与性、形成"国企+民企"资本合作双赢的长期可持续模式。

第三，加大市级统筹与组织力度，优化社会资本参与的政策环境，增强动力。吸引社会资本参与老旧小区改造是艰难的理念破冰过程、长期的能力提升过程，也是政策的不断完善过程。只有市级层面提供全面的"政策包"、区级层面提供清晰的"资源包"、金融机构提供充足的"资金包"，社会企业才能提供丰富的"服务包"。对此，一是强化各区组织领导力和资源统筹力。不论是"片区统筹模式"，还是"国企+民企合作共赢模式"，都离不开区一把手的高位推进、强力领导。应建立区一把手挂帅的统筹、协调、督办机制，推进相关政府部门理念转变，摸清辖区老旧小区资源类型和需求类型、算清资源统筹大账、精准匹配改造形式，按资源类型定改造形式、定资金类型。二是探索试点多种政企合作形式。参照政府特许经营、PPP、ROT、BOT等合作模式，为社会资本进入老旧小区改造提供合法身份保障，灵活采取政府委托、招投标、竞争性谈判等方式，建立社会资本进入老旧小区改造项目的科学方式和长效机制。三是加快出台专项金融支持政策。参照外省市经验尽快对接、推出国开行老旧小区专项政策性贷款项目、进一步简化审批手续，加大各大银行针对老旧小区改造的金融产品投放力度，尽快落实财政税收政策减免，提升社会资本参与此类民生事业的内生动力。四是完善老旧小区规划配套政策。加快出台老旧小区专项规划配套指标体系，为调整闲置场地规划用途和新建配套提供依据。

第六章

国外大城市治理精细化的实践特征

从当前城市发展的阶段规律来看，城市治理精细化成为超大城市存量发展阶段的内生性选择。纽约、东京、伦敦和巴黎均为全球知名的超大、特大城市，在城市治理精细化方面有着丰富的实践经验。

总体而言，这四个城市治理精细化的共同特点在于：一是提倡参与式治理。这四个城市积极倡导公民参与城市规划、管理决策，搭建沟通平台，提高民主参与度，将"自上而下"的精英治理与"自下而上"的大众参与相结合。二是鼓励包容性治理。这四个城市都具有浓厚的多元文化氛围，为充分尊重和包容不同民族、不同文化、不同性别和不同年龄段居民的需求，发展开放包容的城市治理。三是利用数字科技，提升治理效率。这些城市积极引进并应用先进的数字技术，如手机App、智慧城市管理平台、智能交通系统、灾害预警系统等，提高城市治理水平和居民生活质量。四是大力发展绿色治理。上述四市具有较强的环保理念和绿色生态发展意识，积极推广垃圾分类、可再生能源利用、城市绿化建设、湖泊水系治理、低碳减排等，致力于打造宜居城市。五是城市空间精细治理。为限制城市的无序扩张，这些城市都制定了严格的土地规划和使用管理制度或法律。例如，纽约制定了城市用地管理规定，对土地开发和建筑物高度、密度、占地面积等进行了限制；东京采取了"特定目的地区"规划，对土地使用做出严格规定；伦敦为了防止土地过度开发和滥用，制定了详细的土地用途规划；巴黎市采取了建筑许可证制度，确保新建筑符合城市土地使用规划和环保要求。

当然，这四个城市的精细化治理模式也各具特色：纽约市侧重于"促进增长模式"，即城市治理的主要参与者是商业精英和城市官员，通过利用有利于推动城市积极发展的手段促进经济增长，这与纽约的世界商业和金融中心定位相吻合。在东京的城市治理进程中体现出了"社团模式",也就是将城市治理的主体划分为若干利益集团,如出现了代表妇女、儿童、老年人、环保、商业的社团。伦敦特色的治理模式可归纳为"城市伙伴制治理模式",此模式的特点是城市治理的责任、政策管理、决策权力和充分的资源下放给最接近市民和最具代表性的地方当局,同时借助各类国际国内合作伙伴的力量共同治理。巴黎体现了较为显著的"开放自治模式"。巴黎将市民、社区居民参与理念贯穿城市治理全过程,加强了政府、市民和社区之间的密切互动关系。

第一节 纽约城市治理架构与精细化治理的重点方向

纽约市是世界上人口最多的大都市之一,也是美国人口最多、密度最大的城市。截至 2021 年,纽约市总人口约 882 万人,分布在 789 平方千米的土地上,吸引了超过 5800 万人居住在距市中心 400 千米的范围内。纽约市是美国科技、交通、金融服务、时尚、医疗保健和教育等行业的中心。纽约市由布鲁克林、布朗克斯、曼哈顿、皇后区和斯坦顿岛五个区组成。每年有超过 5200 万人访问纽约市,体验这座城市独特的文化,并在 24000 多家餐厅用餐。纽约也是重要的国际交往中心之一,联合国总部坐落于此。纽约市政府在州一级(纽约州)确立的立法框架内运作。美国联邦政府无权直接介入或为市一级政府制定法律,州政府不仅作为立法者,而且拥有预算监督权。州政府负责运营主要的交通系统,是城市机场及一些基础设施的共同所有者。

一 权责清晰化:市—区—社区三层管理架构

纽约市由五个行政区组成——布鲁克林、布朗克斯、曼哈顿、皇后区和斯坦顿岛,5 个行政区共有 51 个市议会选区,59 个社区委员会。纽约市市政府由市长和 51 个市议会选区议员领导,雇用了 30 多万名公务员,包括警察、消防队员、教育工作者、医生、护士、艺术家和工程师,致力于促进公共安全、公共卫生。纽约人选举市长、区长、市议会成员、公众代言人和审计长。这些官员集体负责监督市政府,或直接或通过他们的任命。《城市宪章》规定了每个官员或机构的权力,包括社区委员会，以及它们之间的关系。① 美国市一级仍遵循三权分立架构，纽约市政府为行政机关，纽约市议会为地方立法机构，纽约市级法院为地方司法机构。

（一）市长（The Mayor）

纽约市市长是美国最重要的政治家之一。市长是纽约市的首席行政官，制定纽约市发展政策和财政政策，并任命副市长和市政机构负责人来执行政策。并有权任命和罢免所有未经选举产生的官员。纽约市政府负责公共教育、公共议员、社会关怀、环境、当地交通和规划。

（二）公众代言人（The Public Advocate）

公众代言人代表的是纽约城市服务的消费者，为独立选举产生的官员，负责审查和调查有关市政服务的投诉，评估机构是否响应公众，并为改善市政机构项目和投诉处理程序提供建议；担任监察专员或中间人的角色，为那些难以从城市机构获得服务、帮助或答案的个人提供帮助；负责监督纽约市公共信息和教育工作的成效。

（三）审计长（The Comptroller）

审计长是独立选举产生的官员，是纽约市的首席财务官，向市长、市议会和公众提供有关该市财政状况的建议，并就城市计划和运营、财政政策和金融交易提出建议。审计长还审计和审查与城市财政有关的所有事项。

（四）市议会（The City Council）

市议会是纽约市的立法机构。选出的议员共有51名，每个市议会选区各一名。除了立法，市议会还批准城市预算，并对城市机构的活动拥有监督权。议会监督城市机构的运作和绩效，制定土地使用决策，并全权负责批准城市预算。它还就其他广泛的主题制定立法。在管理纽约市方面，市议会与市长是平等的伙伴。

（五）区长（The Borough President）

行政区主席是每个行政区的行政官员。《城市宪章》赋予其以下权力：与市长合作，准备提交给市议会的年度行政预算，并直接向市议会提

---

① The official Website of the City of New York, "About New York City Government", https://www.nyc.gov/nyc-resources/about-the-city-of-new-york.page.

出区预算优先事项；审查评议主要的土地使用决定，并提出各自行政区内的城市设施选址；监督和修正其辖区内的城市服务提供情况；并参与各自选区的战略规划。

（六）社区委员会（Community Boards）

社区委员会是地方代表机构。全市共有59个社区委员会，每个社区委员会由最多50名无薪成员组成，其中一半由所在地区的市议会议员提名。社区委员会委员由区长从每个社区的活跃人士中挑选和任命，他们必须在社区居住、工作或有其他重大利益。社区委员会的主要职责：一是支持当地社区的需求和关注事项。社区委员会为居民提供论坛，让他们就影响社区的问题发表意见，比如开发项目、交通安全和公共服务。社区委员会作为社区选民的代表，与民选官员和政府机构进行沟通。二是规划土地使用。社区委员会经常参与审查其所在地区拟发展项目并提供意见。他们还可能负责制定和实施公共空间的使用计划，如公园、街道和其他公共设施。三是预算和资源分配。社区委员会就其所在地区的政府资源分配提供建议。总的来说，社区委员会的职能可能因地方法规而异，不过他们的主要目的是代表和服务于他们所代表的社区利益。美国社区委员会更像一个居于居民和政府之间的协调者。

二 发展自下而上的治理的模式：扩大公民参与

今天在纽约市生活的人口当中有近40%的人为外来移民，68%的居民为有色人种，说着200多种语言。[①] 纽约市政府表示支持所有人寻求发展和建立新生活的机会。然而，由于联邦政府的难民限制、移民法案等，增加了新移民的担忧，一定程度上抑制了他们对公共生活的参与。许多纽约人，尤其是年轻人和低收入群体参与投票的热情较低。只有1/5的人在非总统选举中投票，超过70万纽约人没有登记投票。

为了扩大公民参与，2018年纽约市设立公民参与委员会，其工作重心主要放在三个领域[②]：一是在全市范围内实施参与式预算，让纽约人对

[①] Mayor's Office of Immigrant Affairs, "State of Our Immigrant City", March 2018, https://www.nyc.gov/assets/immigrants/downloads/pdf/moia_annual_report_2018_final.pdf.

[②] The New York City Charter Chapter 76: Civic Engagement Commission, https://www.nyc.gov/assets/civicengagement/downloads/pdf/charter_chapter_76_cec.pdf.

如何使用城市资金具有发言权。居民投票决定他们所在社区的改善项目，之后由城市资金资助。二是在投票地点提供语言翻译。从 2017 年开始，纽约市开展了一个试点项目，在投票站安排口译员，提出除《投票权法案》涵盖的语言（西班牙语、普通话、粤语、韩语和孟加拉语）以外的语言服务，包括俄语、海地语、波兰语、意大利语和阿拉伯语。三是制定全市范围内的社区参与战略，鼓励更多市民参与。委员会评估当前公民活动状况，确定最佳做法和资源缺口。

2019 年纽约市政府进行了一系列的改革，增强公民参与的预算，使社区委员会对居民更加富有责任感。纽约市设立了首席民主官一职，负责邀请各地居民参与地方和全国的民主进程。并且发起全民公民计划，对学生进行公民生活基础教育。

纽约市探索两种方式以促进与公民的联系：一是全市范围内的观点调查，衡量纽约人对城市生活各方面的满意度，并为建设一个更美好的城市征求意见。二是旨在动员所有纽约人参与公民活动。每年大约有超过 25 万人搬到纽约生活，为了尽快帮助这些人融入纽约市，纽约市通过举办一系列活动，例如"迎新"活动增进与新市民的联系。[①]

三 注重包容性经济增长

纽约市是一个多元的移民城市，尽管总体人口素质较高，但超过 200 万纽约人缺乏获得中产阶级工作所需的基本教育和技能，因为他们要么没有高中文凭或高中同等学力，要么有文凭但缺乏获得大多数高薪工作所需的英语熟练程度。此外，种族歧视以及就业机会和教育不平等导致了种族贫富差距的长期存在。为了确保公平就业，缩小女性和有色人种的工资差距，纽约市成为美国第一个执行法律以禁止所有雇主在招聘过程中询问求职者薪资历史的城市。自 2019 年开始，纽约市要求每小时最低工资为 15 美元，[②] 每年约有

[①] New York City Government, "One NYC 2050 Building a Strong and Fair City, A Vibrant Democracy", 2019, https://onenyc.cityofnewyork.us/wp-content/uploads/2019/05/OneNYC-2050-A-Vibrant-Democracy.pdf.

[②] NYC Business, "Minimum Wage About Labor Department of State", https://nyc-business.nyc.gov/nycbusiness/description/wage-regulations-in-new-york-state#:~:text=The%20minimum%20wage%20in%20New%20York%20City%20is, must%20be%20paid%20at%20least%20%2415.00%20per%20hour.

超过150万人从中获益。此外，得益于纽约投资战略，纽约市已成为领先的创新中心，吸引了谷歌、脸书等全球知名企业入驻。为了进一步促进纽约经济发展，纽约市发布了一项名为《纽约工作：十年计划》的报告，旨在为战略增长型企业创造10万个高薪工作岗位。[1]

四 促进繁荣的社区发展

由于美国房地产企业的投机行为以及美国联邦政府削减了对最弱势家庭住房项目的援助基金，尽管纽约市高楼林立，但一些纽约人面临住房问题。在纽约超过一半的租房者都背负房租借贷，其中的1/3负担尤其严重。持续的房租危机导致了无家可归者显著上升，大约有6万人在避难所过夜。为改变现状，自2014年《纽约住房》政策出台以来，纽约市为不同收入的家庭提供了超过12.2万套经济适用房。2017年进一步加快了政策推进步伐，计划到2026年将建造30万套经济适用房，其中近40%是为极低收入者或低收入家庭准备的。[2] 纽约市还通过了美国最为激进的强制性包容性住房政策，要求房地产商重新规划，将一部分新住房开发为可负担得起的住房。改革后的政策要求在租赁业务中提供经济适用房，并取消了豪华公寓的税收优惠。

纽约市通过提供公园、广场、艺术场所等，扩展公众的共享空间。纽约市政府认为公园和开放空间事关每一个纽约人的健康和幸福。这些公共空间提供了娱乐和体育活动的场所，有利于减少污染，同时也为动植物提供了栖息地。另外，公园对于公民参与、邻里互动和经济发展发挥着重要作用。纽约市正通过"社区公园倡议"（Community Parks Initiative, CPI）在五个区投资建设公园和开放空间，如社区花园、广场等。"社区公园倡议"也努力确保纽约人能享受无障碍的开放空间。

五 智能化改革：提升数字化精细治理水平

纽约市政府已意识到加强数字化建设的重要性和紧迫性。2018年，

---

[1] New York City Government, "One NYC 2050 Building a Strong and Fair City, An Inclusive Economy", 2019, https：//onenyc.cityofnewyork.us/wp-content/uploads/2019/05/OneNYC-2050-Inclusive-Economy.pdf.

[2] New York City Government, "One NYC 2050 Building a Strong and Fair City, Thriving Neighborhoods", https：//onenyc.cityofnewyork.us/strategies/thriving-neighborhoods/.

超过一半的311①服务请求是通过数字方式提交的,而2020年人口普查也首次鼓励通过在线表格提交。"纽约市开放数据"(NYC Open Data)是美国最大的免费市政数据服务系统,是纽约人了解政府工作的重要数字途径。纽约市将进一步加强以下建设:一是提高纽约市开放数据的可用性。通过"面向所有人的元数据"改善资源,在通用和可访问性方面继续提升,并开放新的产品功能以实现数据的可发现性和可用性;二是培训来自纽约城市大学的学生以识别、收集、整理和发布来自24个不同学校的数据到纽约市开放数据系统;三是开发开放源教育库,包括使用开放数据教授数据科学、计算机科学、统计学等课程;四是授权当地活动家和研究人员将社区收集来的数据发布到纽约市开放数据系统上,为解决当地问题提供数据驱动方案;五是在下辖的五个区的图书馆和相关中心提供使用纽约市开放数据培训;六是孵化第一个纽约市开放数据咨询委员会,该委员会由学术界、非营利组织、公民技术组织和市政机构的领导人组成,为城市开放数据计划提供信息。

六 推进高效交通的建设

纽约市人口十分稠密,拥有庞大的交通体系。与美国其他城市不同,纽约市有超过一半的人使用公共交通工具上下班。然而,纽约地铁的延误率在过去几年里有所增加,地铁和公共交通系统的可靠性正在下降,这对依赖于公共交通的纽约市造成了严重的影响。② 此外,尽管基于应用程序的租赁车辆提供了新的交通选择,但也增加了交通拥堵,尤其是在繁华的曼哈顿地区。为了改变现状,纽约市政府优先推进高效和可持续的通勤方式:自行车、步行和公共交通。纽约市继续推进自行车绿色网建设并扩大自行车共享网络。

纽约市政府进一步优化公交站点建设,当前64%的纽约居民居住在

---

① "纽约311"是由纽约前市长迈克尔·布隆伯格(Michael Bloomberg)提议建立的24小时全年无休人工呼叫中心发展的,于2003年推出,提供3600多种非紧急政府服务的信息咨询和访问。

② New York City Comptroller Brad Lander, "The Crisis Below: An Investigation of the Reliability and Transparency of the MTA's Subway Performance Reporting", February 8, 2019, https://comptroller.nyc.gov/reports/the-crisis-below-an-investigation-of-the-reliability-and-transparency-of-the-mtas-subway-performance-reporting/.

距离地铁或精选公交站不到 0.25 英里的地方，97% 的居民居住在距公交站不到 0.25 英里的地区。通过公平票价计划，为新来纽约的低收入者提供折扣地铁。并且，加快地铁的无障碍设施建设。

为了确保纽约街道的安全和通行便捷性，保障行人安全，2015 年纽约市推出了"零愿景行动计划"，该计划的主要目标是预防事故，扩大自行车道和人行道优先区域。到 2023 年，城市自行车道覆盖范围近 70 万平方英里，投放 3.7 万辆自行车。

纽约市的可步行性是该城市的标志之一。随着对步行空间需求的增加，纽约市正在扩大无车街道、步行广场、共享街道、走廊等的建设。增加街道和人行道的通达性，并引入行人导航技术。政府部门还与残疾人社区合作，在纽约市五个区安装了无障碍行人信号，并开发和试点新的无障碍行人导航技术。

七 关注气候变化、创建宜居城市

纽约市政府表示要引领实现碳中和的公正过渡，使城市适应气候变化的影响。由于纽约庞大的公共交通系统，使得纽约市的人均碳足迹已经比美国其他大城市要低得多。2017 年，纽约市发布了《1.5 摄氏度：纽约市与巴黎气候协定一致性行动》的宣言，力求将全球气温上升限制在 1.5 摄氏度以内。纽约市通过"改造加速器"和"纽约市社区改造"项目帮助 5000 多栋私人建筑完成了能源改造。纽约市还扩大电动车投放，拥有全美最大的电动市政车队。纽约市正在加强清洁能源建设。当前纽约市的电力来自天然气、核能、水能和风能发电，并且一半左右的电力来自城市内部。纽约市承诺到 2040 年实现 100% 的清洁电力。[①]

第二节 东京城市治理架构与精细化治理的重点方向

东京都位于日本关东地区，为日本首都，包括了东京都区部（特别区）、多摩地区与岛屿地区，是由 23 特别区和 26 市 5 町 8 村构成的广域

---

① New York City Government, "One NYC 2050 Building a Strong and Fair City, A Livable Climate", 2019, https://onenyc.cityofnewyork.us/wp-content/uploads/2019/11/OneNYC-2050-A-Livable-Climate-11.7.pdf.

自治体，面积约 2194 平方千米，人口约 1403 万人，是日本的政治、经济、文化中心。其中东京都区部总面积约 628 平方千米，人口近 1000 万，人口密度高达 15462 人/平方千米。如果将东京都区部视作一个城市，则为日本第一大人口城市。大量的政府机关、企业和商业机构都集中在此，也是日本重要的枢纽。每天约有数百万人从东京首都圈外围地区至东京上班，增加了东京的人口密度。东京为亚洲重要的世界级城市，全球城市指数排名位列前茅，为世界宜居城市。东京城市管理日益形成了"社会化，管理有序；人性化，管理有度；科学化，管理有效；法制化，管理有力；广域化，管理有场"的工作格局。①

一 政府机构精细化：独特的行政管理架构

总体而言，日本的地方政府体系由都、道、府、县和市、町、村两级组成。② 两者是对等的地方行政机构，相互分担、相互合作，办理地方行政事务。都道府县是包括市町村的广域地方行政机构，负责广域行政事务；市町村是与居民直接相关的基础地方行政机构，负责与居民生活密切相关的事务。③ 东京都区部设置的 23 个特别区是全日本仅有的独特存在，与典型的都道府县和市町村管理体系不同。特别区制度经过多次改革才有了今天的地位。以前，这些特别区被定义为东京都厅内的特殊独立地方公共实体，为了增强其独立性和自主权，从 2000 年开始，特别区被重新定位成基本地方公共实体。特别区制度平衡了统一管理以及就近处理事务的需要。东京都 23 个特别区，适用有关"市"的各项规定，确保人口高度密集的大都市行政一体化和统一性。而都区议会（Metropolitan－ward Council）作为东京都政府和东京都特别区之间的协商机构存在。在此制度体系内，东京都厅（Tokyo Metropolitan Government）对各特区的财政进行调整。在特别区内，东京都厅和特别区共同承担事务管理和行政管理的责任，因此共同分担产生费用所需的税收。

东京都政府的架构主要由东京都议会和行政机构组成。东京都议会由

---

① 陆军：《中国城市精细化管理研究》，科学出版社 2021 年版，第 278 页。
② 在日本行政区划中，都、道、府、县是一级行政区划，又称为广域型地方公共团体，市、町、村为二级行政区划，是"基础型地方公共团体"。
③ 东京都：《日本地方自治制度》，https：//www.metro.tokyo.lg.jp/CHINESE/ABOUT/STRUCTURE/structure01.htm。

127 名议员组成，议员为东京市民直接选举产生，任期四年。东京都议会为东京都立法机构，主要负责制定和修改东京都法律、批准预算等。由于东京都行政机构及功能较为多样，为了确保充分讨论和有效的程序，议会设立了专门研究和讨论的委员会。东京都厅是东京最高行政机关，承担了对东京都区的一些行政管理责任，以提供统一和高效的服务，如负责东京都区的给排水服务、消防等。另外，特别区具有一些独立权，如独立处理与居民生活密切相关的福利、教育、住房等事务。东京都知事为东京都最高行政官员，由市民选举产生，任期四年，对东京都事务拥有全面的掌控权和责任。为了协助知事，东京都设有副知事和其他工作人员。截至 2021 年 8 月 1 日，已批准的这类辅助行政机构工作人员岗位共计 17.0193 万个。①

二　精细治理提早布局：着眼长期发展战略

2021 年 3 月东京都厅发布了《未来东京：东京长期战略》，为东京都发展制定了长远规划。考虑到 2020 年东京奥运会和 2019 年新冠疫情所带来的变化，2022 年东京都厅推出了更新版的《未来东京：东京长期战略》，确定了四大基本战略：一是预测未来；二是通过与私企公司等各种组织合作，推动政策实施；三是通过数字化转型实现智慧东京；四是应时代环境的变化做出灵活的反应。②

三　以可持续发展应对危机

东京都厅将新冠疫情和气候变化作为需要应对的全人类共同面临的威胁，将人口萎缩与社会老龄化、经济衰减、地震和火山爆发列为东京需要解决的危机。为此，东京都厅将"可持续发展"作为一个重要原则并确立了三大目标：一是在未来的 50—100 年里，创造一个富裕和可持续的城市；二是通过快速数字化，赢得全球竞争力；三是追求安全可靠的新生活方式。此外，明确了可持续发展的三个维度，即经济、社会和环境。为

---

① Tokyo Metropolitan Government, "Tokyo City Profile and Government", 2021, https: // www. seisakukikaku. metro. tokyo. lg. jp/en/diplomacy/2022/05/images/689fbb50f96190f085d6d9aa5286c08b. pdf.

② Tokyo Metropolitan Government, "Future Tokyo: Tokyo's Long-Term Strategy", March 2021, https: // www. seisakukikaku. metro. tokyo. lg. jp/basic-plan/2023/02/images/versionup2023_v2. pdf.

此，东京都政府制定了三步走发展战略：第一步，充分发挥东京湾的潜力，实施 5G 基础设施建设、产业公司聚集等优先项目；实施绿色科技计划，向零排放过渡。推出与能源相关的测试项目，如风能发电、太阳能发电、甲烷气体使用、废物处理等项目测试；发展高端技术。第二步，将东京打造为亚洲领先的创新中心。在交通运输、物流、能源等领域做到世界领先水平；成为世界性创业公司的聚居地。第三步，将东京打造成为一个持续创造新价值的世界模范城市。

四 技术与经济领域精细治理的优先事项

（一）建设智慧东京，推出东京数字高速公路

东京都政府将智慧城市描绘为"智慧城市是充满活力的城市，它保持不断发展及对世界的开放，是引领世界环境政策和世界金融与经济发展的中心及重要载体"。东京智慧城市建设与日本的国家智慧城市发展政策相契合，主要包括为应对全球气候变暖，在城市中研发与运用能源技术，打造环境友好型城市；主要借助信息和通信技术，保证市民和企业享受城市发展福利，促进城市进一步宜居化、环保化。[1]

东京都厅致力于充分利用数字技术，建设可持续发展的智慧城市，实现网上办理行政手续。新冠疫情的流行暴露了东京数字化转型的延迟，为进一步改善这种状况，东京都政府提出大力推进"互联东京"计划，让每个人都可以随时连接，创建一个数据共享的系统，并实现政府的数字化。随着社会发展和 5G 通信网络的发展，远程工作得到进一步发展。东京数字公路是东京 21 世纪的关键公共基础设施，东京都政府正通过与私营部门的合作推进"联通东京"建设。建立跨部门协同服务系统，利用尖端技术发展城镇；促进自动驾驶技术发展，支持先进技术开发创业公司和电子竞技研发公司运营；实施 5G 远程医疗和中小学数字化示范项目等。

（二）推进富有潜力和创新的城市建设

东京都厅致力于将东京都发展为世界上最开放、最强大的金融中心。东京都正在推进营商环境建设，把东京打造成世界上最友好的商业城市。为此，东京都政府提出了"全球金融城市：东京"项目：聚集全球金融

---

[1] 陆军：《中国城市精细化管理研究》，科学出版社 2021 年版，第 298 页。

公司和人才，支持外国金融公司和人才来东京，推出"团队投资东京"项目以吸引投资，通过特区制度，培育金融科技产业。以绿色金融范式引领世界，创建一个领先的绿色东京金融市场，实施可持续能源基金，吸引国外资本投入绿色金融产业。与海外金融中心建立友好城市关系，如与伦敦签订合作备忘录。在大学培养金融专业人才，特别注重数据分析、金融分析和海外交流。设立定量金融研究中心，为研究人员提供交流场所，与海外研究人员开展联合研究。[①]

五 社会领域精细治理的优先事项

（一）关爱儿童

为了缓解东京老龄化危机，东京都政府正通过深入社区工作，让家庭在生育和育儿方面的责任得到全社会的支持，并力图改变社会观念，以让人们体会到养育孩子所带来的快乐。东京都政府正力图鼓励提高男性休产假的比例，增加男性对育儿过程的参与。为了创造一个儿童优先的社会，东京都厅、私营部门、大学、非营利组织和其他机构联合开展"儿童微笑运动"：倾听儿童的声音；举办儿童座谈会，让孩子畅所欲言；注重消除贫困，支持养育孩子，支持教育活动；在住房和交通方面，提供考虑到儿童实际需求的产品和服务；改革工作方式，支持休产假，实现家庭和工作平衡。

（二）增强女性权益

东京都政府力图为各个年龄阶段的女性提供具体的支持，努力改变社会意识和行为，使得男性和女性都能在事业和家庭之间取得平衡，而不必在两者之间做出选择，推进妇女参政议政，建设宜居城市。2019年，东京都政府计划将女性的就业率由2019年的57%提升至2030年的65%。为进一步向女性赋权，提高妇女地位，东京都政府组建由女性知事、市长以及商业领袖构成的合作网络。扩大妇女参与决策过程，融入不同的价值观和想法，推动社会意识改变。为女性提供职业心理和职业发展培训。

（三）创建长寿社会

推动社区发展和建设，让人们能够过上健康和充实的生活，创造一个

---

① Tokyo Metropolitan Government, "Global Financial City Tokyo" Vision, November 2017, https://www.seisakukikaku.metro.tokyo.lg.jp/en/pgs/2021/03/images/02-2_vision-en.pdf.

每个人都能按照自己意愿参与社区和社会活动的环境。此外，通过预防和治疗老年痴呆症，推动东京长寿社会的实现。2018年东京男性的平均寿命为82.82岁，女性为85.92岁，预计到2030年，人均寿命将实现进一步延长。扩大老年人对社会活动（工作、学习、社区活动）的参与。据统计，2015年东京老年人对社会活动的参与率为61.7%，预计到2030年将达到75%。东京都政府与各个实体合作并利用社区资源，通过广泛使用数据工具解决数字鸿沟并提高生活质量。研发App，将社区居民、社区综合中心、公园、护理场所、日间照料机构等联系起来。通过使用先进技术，建立一个允许非接触式互动环境，以进行代际交流等。利用人工智能等技术，照顾独立老年人。为老年人举办智能手机使用课程。加强社区体育健身设施建设，营造体育锻炼氛围。为了鼓励老年人参与到城市精细化治理中，在一些社区中，老年人代表可以通过参加社区会议和市政府委员会参与城市精细化治理。这些老年人代表替老年群体发声，帮助政府制定政策和规划。一些社区还鼓励老年人参加社会志愿者活动，例如社区清洁、绿化和维护公共设施等。

（四）重视住宅和社区建设

随着社会老龄化和单身家庭的增加，为了人们保持联系和相互支持，东京都政府实施了新的住房发展战略，大力发展建造让人们有归属感的场所，通过现实和虚拟混合形式，加强安全网，振兴社区。同时派遣工作人员提供社区服务，帮助居民解决困难。东京都政府大力支持各地努力创建"我们的地方"工程，让不同背景的人，包括儿童、年轻人、独自抚养孩子的人、外国人、老年人和独居者等可以聚集在一起，通过线下和线上会议的各种形式，相互交流，分享他们的快乐和烦恼。利用多样的社区资源，打造"我们的地方"工程，例如以学校为中心，创建多功能合作场所，让孩子和成年人可以一起学习交流，建立联系；利用当地绿色空间，如路边的绿色带，创造一个可以让人们放松和享受自然的场所；创造虚拟和现实混合空间等。

（五）建设平安城市

为了应对随时可能发生的大地震、台风、暴雨等灾害，东京都正通过使用人工智能的数字技术，保护东京人民的生命和财产，并加强警察和消防队伍建设。在东京的一些小学，每年都会举行防灾教育，让学生们学习在灾害来临如何保护生命。学校还会模拟大规模地震发生时的情形。在东京,有一句每个孩子都知道的防灾名言"不要推、不要跑、不要吵、不要回家(因地震时公共交通会停止,学生无法自行回家)"。为了提高居民的防灾意识,东京都政府还向每家每户发放防灾减灾宣传手册。在办公楼、学校、商城、车站等公共场所,东京也设置了较多的应急场所、避险场所等,一些公共场所标指出了详细的逃生路线。都政府还建立了东京都地区的地面调查数据库,这些数据来自政府和其他组织的共享数据。这些数据是都政府应对地震灾害的决策基础,并坚持数据透明化原则,通过互联网及政府手册向大众进行公开。

(六) 城市功能提升

为不断促进公共空间使用,更新城市建设,东京增加了开放绿地和水区域,引入最新技术,延长城市技术设施的使用寿命。从以人为本的角度,确保道路空间安全。在改造道路空间和车站周围区域时,将重点从交通工具转移到人的身上,推进能够让人们在城市中轻松漫步的措施。在大型地铁站周围,对道路建设进行重新布局,扩大行人空间,同时使车站和商业办公场所相联结。此外还推广无电线杆人行走廊建设,制定了《东京都无电线杆化推进条例》。

六　环境领域精细治理的优先事项

(一) 使东京成为一个充满水和绿色的城市

绿化生态、美化环境是每个东京人的共识,不断增加各种类型的绿地,如公园和绿地,丰富滨水区等。东京都的园林绿化主要由都市公园管理,截至2019年,东京都共有82个东京都立公园(面积大于4公顷)和7948个市区町村公园(面积小于4公顷),根据这两类公园的属性,它们分别由都政府和区市町村政府实行管理。[①] 在城市规划时,注重绿地预留;栽种花粉较少的树木;私人开发项目时,确保建有绿色空间;确保生物多样性;发展海洋公园;鼓励在建筑立面和屋顶进行绿化。推动建设与滨水区相互融合的城市,设计乘船游览路线;鼓励居民参与河道整治。为了推进绿色东京建设,东京还积极发展循环经济,鼓励废弃物回收和再利用。政府与企业合作,开发了一系列回收和再利用计划。在垃圾分类处理方面,东京也走在世界前列。市民被要求将垃圾进行分类投放,并且需要

---

① 陆军:《中国城市精细化管理研究》,科学出版社2021年版,第287页。

定点将垃圾放在规定地点，违规投放将面临严重罚款。根据规定，东京市的垃圾袋分为可燃垃圾袋、不可燃垃圾袋、资源回收垃圾袋和大型垃圾袋。

（二）制定东京零排放战略

在全球面临气候变化的严峻形势下，东京作为能源消耗大都市，有责任在2050年实现东京零排放，为全球净零碳排放做出贡献。东京都政府正通过各种可能的方式推进倡议，包括利用可再生能源和氢气。根据《气候紧急宣言：行动的时刻》，将采取一切可能的手段推进具体举措，以在2050年前实现东京零排放。为此，东京都政府宣布将逐步停止销售新的汽油机动车，为此东京都政府研究提供发展促进补贴，与日本政府合作提供额外补贴；加强对充电设施的补贴，为电动摩托车电池共享系统的引入提供支持。东京都政府正在努力实现氢化社会，促进东京都厅与促进与氢有关的公司之间的合作；在城市发展中使用氢燃料产品；扩大燃料电池的使用。此外，要求东京都政府自身转型，实现城市可持续发展。为此，一是行政服务数字化，对169个关键程序数字化（其中98%为审批和授权程序），实现无纸化办公；二是开放政府合作，通过使用开放数据与私营企业等提供新的服务，在初创企业、民间科技企业与东京都政府间建立一种强有力的合作；三是提高政府工作效率，创新工作方式，建立新的办公环境，实施云计算服务，建立数字化办公体系。与此同时，还推出重点项目：一是使用先进技术，在东京使用5G数字教育和远程医疗，实现数字灾害控制，如建设人工智能水位检测，加强洪水、风暴大灾难信息交换；二是增强政务公开信息的易懂性，加强东京都厅网站建设，方便市民获取政府预算和结算信息；三是提高内部行政工作的效率，推进招聘程序数字化、虐待儿童风险评估数字化等。

七 加强与其他地方政府的伙伴关系

东京都政府认为，为了提高日本在世界舞台上的地位，东京和日本所有其他地区都必须共同进步。1994年日本形成广域联合管理模式，制订跨行政区事务计划，加强运作协调，形成联合处理公共事务的合法程序，解决地方事权过重财权不足的问题，实现治理范围及效率的最大化。[1] 东

---

[1] 陆军：《中国城市精细化管理研究》，科学出版社2021年版，第292页。

京都政府通过尖端技术、交通网络建设等手段，进一步加强东京与其他地区的合作，相互借鉴各自的优势和特点，形成东京与其他地区真正共存、共同繁荣。[1] 东京都通过多种方式与日本其他城市在城市治理方面进行交流合作。例如，东京都与日本其他城市召开定期市长会议，建立城市联盟，分享并讨论城市管理经验，共同制定解决问题的方案。在民间团体层面，东京都还与日本其他城市进行交流，通过组织研讨会等，邀请其他城市代表前来参会。随着互联网的发展，东京都还通过互联网等，与其他城市分享关于城市规划、环境保护、经济发展等方面的信息和数据，共同提高城市治理效率和水平。

第三节　伦敦城市治理架构与精细化治理的重点方向

通常人们认为大伦敦（Great London）或伦敦（London）是一个"城市"，但根据英国行政制度划分，大伦敦是英国的一级行政区，由伦敦金融城简称"伦敦城"（City of London）以及32个伦敦自治市（London Boroughs）组成。伦敦占地约1580万平方千米，人口超过850万人，由大伦敦政府（Great London Authority）管理，大伦敦政府总部设于市政厅内，伦敦市长（Mayor of London）以及伦敦议会（London Assembly）对其负责。大伦敦政府为英国首都制定发展战略，其政策覆盖所辖的32个自治市和伦敦城。

伦敦城是伦敦的重要组成部分，是大伦敦各部分中唯一拥有"城市"地位的两个地区之一，另一个是威斯敏斯特城。伦敦城的面积为2.9平方千米，因此伦敦城又被称为"平方英里"。伦敦城是英国重要的交易、金融服务和商业中心。全球500强的企业有375家都在伦敦城设了分公司或办事处，这里分布着481家外国银行和全球20家顶尖保险公司。伦敦城面积不大，但是在这里居住、工作和旅游的人数众多。伦敦金融城的常住居民约为8000人，每日通勤人数却达到51.3万人，并且每年接待1000

---

[1] Tokyo Metropolitan Government, Tokyo Sustainability Action, July 2021, https://www.seisakukikaku.metro.tokyo.lg.jp/en/basic-plan/Tokyo%20Sustainability%20Action.pdf.

万名左右的游客。①

一 精细的自治架构与法团管理

伦敦具有独特的政治地位，与英国其他地方政府不同。伦敦城由自治性组织伦敦法团（City of London Corporation）管理。根据《大宪章》规定，"伦敦市民具有及享有其古已有之的自治权"，由此设定伦敦城具有法团资格，享有特殊待遇和权利。伦敦法团具有三大宗旨：一是推广伦敦城作为世界领先的国际金融和商务中心的地位；二是作为地方政府为市民提供服务；三是为伦敦、所有伦敦市民和国家提供一系列其他服务。其目标是：为繁荣社会做贡献；支持繁荣的经济；营造优良环境。伦敦法团包括伦敦城市长（Lord Mayor of London）（与伦敦市长不同）、参事会（Court of Aldermen）、政务议事厅（Court of Common Council）和伦敦市自由公民和同业公会（Livery Company）。参事会由各坊（伦敦城由25个坊）选举出议员参事构成。同业公会是一个古老的组织架构，其目的在于代表和保护各个行业。伦敦法团对伦敦城治理的精细化突出表现在通过与社会各方力量的共治实现"精治"。

二 与公共、私营和志愿部门合作，增进经济、社会和环境福祉

（一）与中央政府合作，实施中央拨款计划

在增进社会福祉方面，主要通过"更强大的社区"主题计划，将拨款授予正在为社区提供服务的项目。通过享受绿色空间和自然环境计划，将资金授予对伦敦城绿地和花园产生影响的项目。该项目特别鼓励当地社团和志愿团体申请，以创建社区绿色空间、保护城市绿地、对绿色空间中栖息的物种进行小规模研究，提高对生物多样性的认知、鼓励通过使用绿地空间改善心理健康，提高生活质量。②通过激励文化发展计划，确保伦敦城作为世界领先文化创意中心城市的地位，保护历史文化遗产。通过教育和就业支持计划，为正在就读中等、继续教育、高等教育的人士提

---

① City of London, "Our role in London", May 2023, https：//www.cityoflondon.gov.uk/about-us/about-the-city-of-london-corporation/our-role-in-london.

② City of London Corporation, "Enjoying Green Spaces and the Natural Environment", May 2023, https：//www.cityoflondon.gov.uk/about-us/working-with-community/central-grants-programme/enjoying-green-spaces-and-the-natural-environment.

供进一步教育机会，协助教师培养；提供城市教育信托基金，推进科技、商业管理等方面的教育，促进生物、生态学、文化艺术等方面的研究、教学。

(二) 将休闲设施管理外包，促进健康城市建设

伦敦法团在支持伦敦城进行体育活动方面有着悠久的历史，从举办重大体育赛事到提供较小的体育项目倡议等，伦敦法团都发挥着积极的作用。为了让伦敦城拥有一流的体育设施和积极的健身氛围，伦敦法团与"融合生活方式"机构（Fusion Lifestyle）合作，由该组织提供休闲设施的管理和服务。"融合生活方式"是一家注册慈善机构，拥有丰富的管理体育项目和休闲设施的经验，致力于与地方当局、学校、医院和其他公共部门组织合作，为当地社区提供休闲运动、健身活动。伦敦法团还推出了"商业健康"（Business Healthy）的倡议，旨在联合企业满足城市员工的健康和福祉需求，任何希望改善健康的企业员工都可以加入该计划，"商业健康"将为其提供专家论坛、会员论坛和其他重要资源等。

(三) 发挥志愿者在城市治理中的作用

伦敦法团推出 LEAP 志愿者项目。该计划鼓励企业员工在社会和环境领域提供志愿服务，并为参与者提供技能和与其能力相匹配的服务机会。为了鼓励市民参与志愿服务，LEAP 计划承诺参与志愿服务的企业员工，可以获得长达 14 小时的带薪特殊假期。

三 通过政企、校企合作，支持金融科技企业和中小企业发展

为了抓住英国金融科技发展的机遇并消除所面临的障碍，在伦敦法团的支持下创建了金融、创新和技术中心（CFIT）。CFIT 为私营部门领导的机构。CFIT 通过"联盟"的方式，将个人和企业聚合在一起，促进相互联系，并提供金融技术和创新方面的研究及数据。CFIT 由英国知名企业家罗恩·卡利法为主席的指导委员会领导，该指导委员会还与安永会计师事务所具有密切合作。

进一步发展并改革学徒制度。在英国，学徒制度是延续百年的职业教育方式之一。学徒制度鼓励企业与学校进行合作，学校提供符合市场需求的人才培养课程，学生可以边上学边在企业实习，毕业后可获得学位证，又能提前获得工作职位。为了促进行业发展，吸引多元化人才进入金融服务业，伦敦法团与英国特许证券与投资协会合作，从当地学校 12 年级的

学生中选拔相关人才，提供就业能力计划支持。

中小企业是伦敦经济和城市发展的重要贡献者，推动了社会进步和就业增长。事实上，中小企业占伦敦城内所有企业的98%以上。伦敦法团致力于鼓励和支持伦敦城内、邻近行政区以及整个英国的中小企业发展。伦敦法团为中小企业提供广泛的支持和建议，例如帮助企业融资、为企业寻找市场提供建议、支持建立可持续和本地的采购及应急计划流程、支持建立负责任的商业实践等。并且引导企业成为社会发展的向上、向善力量。通过"城市之心"慈善机构举办的研讨会、专家指导会等，帮助中小企业在可持续和包容性经济方面发挥重要作用。通过"城市之心"计划，企业领导者学习如何支持当地社区发展、减少对自然环境的影响、建立更加多元化的员工队伍、照顾员工福祉等。并且为企业网络和数据安全提供定制免费服务。[1]

四 着眼全球网络合作，推出"全球计划"

伦敦法团认为伦敦城作为面向全世界资本的门户，需要从世界吸收卓越的人才、技术和创新能力，建立全球和区域网络。伦敦城将中国和印度视为两个重要的全球网络。通过与中印在贸易、金融和创新等各领域的深入合作，促进英国市场与全球的互联互通。

十多年前，伦敦法团在北京和上海设立了办事处。自2018年以来，伦敦法团在中国的项目数量不断增加，从中国的监管机构、政策制定者、市政府到金融机构等，伦敦法团均有联系。中国项目组的工作还受到伦敦法团中国咨询委员会的指导，该委员会由一群资深的研究中国金融业专家组成，以确定工作重点和战略方向。中国项目组的目标在于：突出英国充满活力和蓬勃发展的金融业和专业服务；扩大英中贸易和投资规模等。伦敦金融城与中国人民银行合作，推出了《构建"一带一路"投融资体系——伦敦等全球金融中心如何助力》的报告。

与在中国发展情形相似，伦敦法团在印度开展业务已有十余年，自孟买办事处成立以来，伦敦城在印度的业务蓬勃发展，合作领域从专注于保险和金融领域发展到可持续的资本市场等领域。印度项目组的工作得到了

---

[1] City of London Corporation, "Supporting SMEs and Start-ups", January 2023, https://www.city of london.gov.uk/supporting-businesses/business-support-and-advice/supporting-small-businesses.

伦敦法团印度咨询委员会的指导。2018—2019 年，伦敦法团委托普华永道印度公司围绕支付、借款、保险等经济治理、风险和合规性编写了三份研究报告。

五　设立独立于大伦敦警察局以外的伦敦城警察局

根据 1839 年《伦敦金融城警察法》的规定，伦敦法团中的政务议事厅管理伦敦城警务。政务议事厅将警务职责（任命警察专员除外）委托给伦敦城警察局和其委员会（包括战略规划和绩效；资源、风险和财产；专业标准和诚信；经济犯罪和网络；以及警察养老金委员会）。

伦敦城警察局负责由其委员会提供有效和高效的服务；确保警队运作经费正常；并考虑当地社区意见，制定治安优先事项，伦敦城警察局还负责领导英国全国性打击欺诈和网络犯罪工作。伦敦法团和伦敦城警察局会定期举行活动与当地居民进行交流，听取市民意见建议。

六　与伦敦交通局合作，整合首都交通规划和运营

伦敦城的大部分公共交通由伦敦交通局负责。伦敦市长为大伦敦交通发展制定战略。当前伦敦城交通建设的重点在于：改造伦敦城街道，改善公共交通，鼓励更多人步行、骑行和使用公共交通工具。为此，伦敦市场提出"健康街道策略"（Healthy Streets Approach）：一是实现街道的健康和人的健康，街道占伦敦公共空间的 80%，健康的街道能提高每个伦敦人的生活质量。二是良好的公共交通体验，对于那些步行或骑自行车的人来说，公共交通是最有效的方式。无缝的"全程"体验将提供另一种有吸引力的替代汽车出行的选择；重塑伦敦发展，确保每个人的生活质量得到提高。[①] 伦敦交通局与国家政府、企业、乘客代表、法定监管机构、消费者团体、智囊团和志愿部门通力合作。伦敦交通局在努力提供安全可靠的公共交通服务的同时，鼓励转向低排放和零排放车辆，引入更安静的巴士、周末和夜间限制重型车辆行驶以减少噪声。

七　注重艺术和文化建设

伦敦市市长决心确保每个伦敦人都能接触和享受伦敦独特的人文——

[①] Transport for London, The Mayor's Transport Strategy, https：//tfl. gov. uk/corporate/about-tfl/the-mayors-transport-strategy.

从博物馆、画廊、现场音乐会到节日庆典，希望将伦敦打造为夜间经济繁荣的世界文化之都。伦敦创意产业发展迅速，每年创造了约 420 亿英镑的收入，提供了伦敦 1/6 的岗位，也是 4/5 游客选择游览伦敦的首要原因。[①] 伦敦市长注重推进以下文化工作：启动伦敦文化竞赛；扩建伦敦音乐场所并为艺术家提供更多的工作空间；支持伦敦设计节、游戏节、英国时装协会、电影制作的相关活动。同时，力图将伦敦打造为可以与柏林、东京和纽约相媲美的 24 小时城市，任命了伦敦第一位夜间委员会主席。

八 联动促进智慧城市建设

在智慧城市领域，英国颁布了相应的标准以指导智慧城市的建设和管理工作。例如，由英国标准协会（British Standards Institution，BSI）颁布的《智慧城市概述—指导》（*PD8100：2015 Smart Cities Overview - Guide*）就如何选取和应用智能城市的产品与服务提供了详细的指导，并就如何促进城市的智能化提出了步骤建议。英国标准协会颁布的另一标准《智慧城市——规划与开发过程职能指导》（*PD8101：2014 Smart Cities - Guide to the Role of the Planning and Development Process*）明确列出了城市管理部门在智慧城市规划和开发过程的每个阶段所应承担的任务。[②]

2017 年大伦敦政府任命了首位首席数字官，负责领导全伦敦的数字转型、数据和智慧城市发展计划。数字官的主要职责在于：在大伦敦地区以及更广泛的公共部门中，为伦敦公共服务提供数字化转型的战略性领导；代表伦敦市长召集伦敦地方政府，为创新技术和数据主导的服务提供公众参与的途径；发展和促进公共、私营和社区部门之间的伙伴关系，以支持面向公众服务的新技术的发展。[③]

[①] London City Hall, "The Mayor's Vision for Culture in London", https://www.london.gov.uk/programmes-strategies/arts-and-culture/mayors-cultural-vision/mayors-vision-culture-london.

[②] 陆军：《中国城市精细化管理研究》，科学出版社 2021 年版，第 209 页。

[③] Theo Blackwell, "Next Steps in Digital Leadership and City-wide Collaboration in London", Oct 2017, https://medium.com/@camdentheo/next-steps-in-digital-leadership-and-city-wide-collaboration-in-london-3655876e6cb1.

第四节　巴黎城市治理架构与精细化治理的重点方向

巴黎市是法国首都和最大城市，是法国的政治与文化中心，也是欧洲最大的都会区之一。据 UNDP 统计，巴黎城市集聚区面积 2300 平方千米，2020 年人口约 1086 万人，市区面积 105 平方千米，人口约 215 万人。巴黎也是世界上重要的国际大都会，许多国际组织总部设在巴黎，如联合国教科文组织、经济合作与发展组织、巴黎俱乐部等。此外，巴黎也是欧盟地区高等教育机构较为集中的地区，被认为是世界上最适合研发创新的城市之一。

一　延续地方自治传统

巴黎在 1790—1795 年法国大革命时期以及 1834 年作为公社（Commune）存在。1860 年巴黎开始扩张城市范围，并以顺时针方向划分为 20 个区。巴黎 20 个区都拥有自己的政务厅和由直选产生的区议会。从每个区议会选出成员组成巴黎市议会，巴黎市长由巴黎议会选举产出。巴黎市议会由 163 名议员组成，每个区根据加权比例选出代表，每天议员多会在议会进行辩论，以批准、修改或否定有关草案。自 2014 年以来，巴黎市将提升公民参与作为公共政策的核心问题，2019 年巴黎议会通过设立巴黎市民委员会，为公民参与市政政策讨论提供了机会。巴黎市长是巴黎的行政长官，向巴黎议会提交提案和建议，积极执行城市法令，提交城市的年度预算，任命城市官员、部门专员或委员。

二　加强公民对城市精细治理的参与，强调"开放治理"[①]

巴黎市长认为巴黎的智慧首先来自巴黎人的智慧，这也是巴黎开放创新的动力所在，让巴黎有别于其他国际大都市。鼓励公民参与、开放数据和共同创造是巴黎政府的政策导向。总体上，巴黎市民可以通过多种途径参与政治事务：一是进行投票。巴黎市民可以在选举中行使自己的选举

---

① Mairie De Paris, "Paris Smart and Sustainable: Looking Ahead to 2020 and Beyond", February 2020, https://cdn.paris.fr/paris/2020/02/26/f7dc822a66de6000cd910a145c7fca39.ai, p. 21.

权，选举市长、市议会议员、区议会议员等公职人员。巴黎市政府会在选举前发布选民登记和投票指南等信息。二是公民咨询和参与机构。巴黎市政府设立了多个公民咨询和参与机构，例如市民议会、区域委员会等，市民可以在这些机构中发表意见和建议，参与市政府的决策和监督市政府行为。三是社会团体和组织。巴黎市政府鼓励市民参与各种社会团体和组织，例如政治党派、志愿者组织、公民团体等，通过这些组织，市民可以更好地表达自己的意见和参与政治事务。四是公共听证会和公众磋商。巴黎市政府会定期组织公共听证会和公众磋商，邀请市民就特定议题发表意见和建议。市民可以通过这些会议直接向市政府表达自己的想法和意见。市民可以根据自己的兴趣和意愿选择适合自己的方式参与到市政府的决策中去。

为了方便市民了解政府行为和政策，促进政府与市民的互动和合作，巴黎市政府通过多种手段公开政务信息：一是加强巴黎市政府网站的可访问性。巴黎市政府网站（www.paris.fr）是市政府公开政务信息的主要平台，市民可以在网站上查找市政府的各种信息和数据，例如政策法规、市政工程、社会服务等。网站还提供在线申报、咨询等服务，方便市民与市政府互动。二是开放数据平台。巴黎市政府开设了开放数据平台公开城市的各种数据和信息，例如交通、环境、经济等。市民可以在该平台上自由查询、下载和利用数据，为城市发展提供有益的参考。三是建立信息公开制度。巴黎市政府依据《信息公开法》，建立了信息公开制度，市民可以向市政府申请获取政府部门的相关信息和文件。市政府会在法定时间内回复并提供相关资料。

此外，巴黎市还是"开放城市伙伴关系"（Open Government Partnership，OGP）的15个倡议者之一。OGP是一项国际倡议，旨在促进政府透明度和开放、打击腐败，并利用新技术和数字技术加强公民参与。

三 大力支持国际性学术交流，维持巴黎的高学术声誉

巴黎市对国内和国际各级科学界持续开放，保持高水平的国际合作网络，这些是巴黎之所以能拥有较高学术声誉、卓越研究成果的原因之一。巴黎欢迎来自世界各地的学生、学者和科学家，鼓励对科学的不懈研究与创新。设立巴黎市科学咨询委员会，该机构就其收到的文件和问题发表意见，并向市政厅提提案和建议。另外，巴黎注重加强城市、科技界和学界

的国内及国际伙伴关系构建。例如由巴黎经济学院领导的"劳工主席"的多年学术研究项目，其目标是为社会和政府决策做出贡献；巴黎市政府支持医院、大学等加强对公共健康和护理的研究；巴黎高等研究院在人文社科领域为世界知名学者及科学家提供访学机会。

巴黎市政府还鼓励各类机构和人员开展研究项目。巴黎市政府作为巴黎和欧洲共同资助项目的成员，与研究实验室、公司和其他法国及欧洲城市发展伙伴关系。巴黎市政府呼吁人们传播和分享科学文化，与各类协会、公司、基金会、公共机构、研究组织和大学建立联系，还支持公民个人进行科学研究。

四 发展数字技术，创建联通城市

巴黎市政府旨在推进创新技术运用，使数字技术提供更为开放、以民为本、智能和可持续的城市服务。主要通过数字平台提供的新服务实现交互操作和信息交换。通过数字科技，巴黎市政府扩展了城市服务的范围，以适应居民和游客的新需要。

巴黎市政府认为数字基础设施是互联城市的基础。高速通信网络、移动服务、联网设备、传感器、软件基础设施随着技术进步而发生重大变化。为了适应越来越多的团体和公民使用开放数据服务的需要，巴黎市政府正在探索将垂直流程数据转换为交叉流程数据的可能性，以便在全市范围内聚合服务。

在公共基础设施方面，巴黎市在为学校配备数字工具方面做出了相当大的努力：为学校提供光纤覆盖；为学校提供电脑、视频投影仪和编码机器人；为9—11岁的学生提供数字实验空间。

巴黎市政府不断加强城市数字基础设施建设。加速布局光纤电缆，使巴黎在光纤覆盖竞争力方面处于世界领先地位。在无线网络方面，3G/4G网络覆盖整个城市空间，大部分地铁网络有4G网络。[1] 自2007年以来，巴黎市在图书馆、市政厅和公园等400多个城市热点地区提供免费Wi-Fi。

随着物联网的发展，巴黎市政府也启动了相应的基础设施建设。一些

---

[1] Marie De Paris, "Paris Smart and Sustainable: Looking Ahead to 2020 and Beyond", February 2020, https://cdn.paris.fr/paris/2020/02/26/f7dc822a66de6000cd910a145c7fca39.ai, p. 37.

运营商已经开始推出广域和节能网络，以满足连接设备收集数据的需求。这些技术也广泛应用于市政发电站，使得设备的探头和传感器可以连接。未来，巴黎市将建立一个大型无线电技术试点项目，以创建一个覆盖整个城市的广泛网络，测试其在旅游、文化和体育应用方面的运用，并提供无障碍解决方案。随着物联网的发展，连接设备产生的海量数据凸显了存储和处理这些信息的必要性。巴黎正在努力建立一个区域数据平台，将所有数据来源收集到一个单一的数据池中，并使用数据科学方法和技术分析这些数据。

巴黎市正在推进数字城市建设项目，这个项目由巴黎市政府和大公司进行合作，进一步推动城市数据科学的使用和新用途的协作开发。动员有经验的数据科学家，优化市政公共政策。此外，政府与学校进行合作，对城市进行3D建模，为发展项目、创建分析、决策支持提供共享信息的技术工具。

巴黎市还与纽约市签署了智慧城市宪章，重申了对几项关键原则的承诺：确保技术最终用途的透明度；对个人资料和隐私的保护；所有数据的使用必须是为了公众的利益；数据开发必须用于优化公共行动等。

五　强调可持续发展

巴黎正努力在保护地球、应对气候变化方面做出优先表率，并制定战略项目，成为"后碳城市"（Post Carbon City）。2020年，巴黎市消耗的能源中有25%为可再生能源。[①] 巴黎市政府也加速推进太阳能电池板安装和引用，支持1000个共同所有权的物业进行能源改造，对市级火电站进行改造，并对所有市级电站进行监管，实现节能降耗；设定气候、空气、能源行动计划目标。

"重塑巴黎"是巴黎市向来自世界各地的建造者提出的新挑战，要求他们在建筑、新用途、环境创新和共同创造方面改造巴黎的22个地点，并将它们变成未来城市的典范。这22个项目总共涵盖1341个住宅物业（包括675个社会住宅小区）。目前该计划取得了阶段性的成功，如"重塑塞纳河"项目，在塞纳河生态系统周围设立了40个景点等。

---

① Marie De Paris, "Paris Smart and Sustainable: Looking Ahead to 2020 and Beyond", February 2020, https://cdn.paris.fr/paris/2020/02/26/f7dc822a66de6000cd910a145c7fca39.ai, P.45.

巴黎还不断延伸自然空间。巴黎是世界上人口最密集、建筑最密集的城市之一。为了提高市民的生活质量，使城市更具活力，巴黎市政府认为自然不再局限于公园和花园，而是延伸到整个城市。这意味着在建筑内部、建筑外观、室内外、绿色空间、居住区域以及各类社会关系之间创造一种融合。为此，巴黎制定了新的生物多样性计划。为创建绿色城市和发展城市农业，巴黎向全球征集提案。巴黎市还向市民发放创建绿化许可证，允许巴黎居民在公共空间中获得一块场地，用以园艺种植。

为了减少交通所造成的污染，巴黎实施了以下政策：限制高污染车辆在巴黎行驶；鼓励人们停止使用会污染环境的个人车辆，转而使用更清洁的交通方式（自行车、拼车、更清洁的公共交通工具）和对环境友好的替代品，加速电动汽车发展，扩大自行车道。

提供循环经济孵化器，巴黎市政府支持了 13 个创新试点项目，作为"城市代谢"倡议的一部分，以促进初创企业的发展，并帮助它们与大公司建立联系。

实施生物垃圾回收，开展家庭生物垃圾收集，在公共场所实施垃圾分类。巴黎市将垃圾分为可回收物、有害物、有机物和其他垃圾四类。为方便市民垃圾分类，巴黎市政府在垃圾桶上标注了分类图标和说明。政府还提供了一个垃圾回收站系统查询，帮助市民快速找到最近的垃圾回收站。巴黎市还通过电视、户外宣传、网络等进行垃圾分类宣传。巴黎市计划到 2024 年实现 100% 的垃圾分类和回收。

六　重视韧性城市建设

城市韧性或城市弹性、城市恢复力是指一个地区，包括其机构、企业、居民、系统和基础设施，在面临恐怖主义、洪水、热浪等冲击，以及必须应对的就业、住房和污染等慢性危机的情况下，其预测、生存和发展的能力。

巴黎市参加了洛克菲勒基金会支持的全球 100 个韧性城市（100RC）计划。巴黎市任命了一名首席韧性城市官员，以负责起草总体战略并协调其实施。2016 年，巴黎的第一个城市韧性研讨会在市政厅举行。2016 年巴黎还设立了城市韧性委员会，向有关代表和委员会提供建议和信息，并不定时地领导一些具体的行动（如危机后的反馈，组织具体活动等）。

七　历史风貌保护制度化

巴黎是一座历史悠久的城市，它有很多历史建筑和文物古迹。从古希腊殖民地到拿破仑·波拿巴，从法国大革命到第二次世界大战，都留下了许多历史遗迹。这些历史建筑保存至今并且闻名世界。

在巴黎，至少自20世纪中期以来，城市风貌传承始终坚持两条基本原则：一是强调无论历史街区保护，还是城市更新改造，都要充分尊重当地的建筑和城市文脉；二是强调无论历史街区保护，还是城市更新改造，都要充分尊重当地居民的生活需求，并有利于促进当地街区的持续发展。

巴黎市非常注重保护历史建筑，采取了多种措施来保护这些重要的文化遗产。以下是一些主要的措施：第一，法律保护。巴黎市的历史建筑受到法律保护，包括法国文化遗产保护法、城市规划法和历史建筑保护法等。第二，历史建筑注册。巴黎市会将历史建筑注册为文化遗产，确保它们得到妥善保护和管理。第三，建筑限制。巴黎市政府会对历史建筑的改建和翻新提出限制，确保这些建筑的原始结构和风貌得到保留。第四，补贴。巴黎市政府会向历史建筑的业主提供经济补贴，以资助他们进行保护和修缮工作。第五，文化活动。巴黎市政府会定期组织文化活动，以促进对历史建筑的保护和认识，包括举办展览、音乐会和城市历史文化之夜等。这些措施确保了巴黎市的历史建筑得到了妥善保护和管理，同时也促进了文化遗产的传承和发展。

第七章

中国超大城市治理精细化的实践模式

近年来,中国超大城市在发展阶段的内在驱动下和社会主要矛盾的内在诉求下,主动探索了城市精细化管理的路径,形成了各具特色的实践模式,对推进城市治理工作的精细化起到了积极作用。

本章基于各类实践做法的本质特征,总结出中国超大城市精细化管理的五种模式。即,在地理空间、决策空间、管理空间、权责空间以及需求空间分别形成了"基于地理空间细分的网格化管理模式""基于决策空间精确化的智能化管理模式""基于管理空间规范化的标准化管理模式""基于权责空间清晰化的权责体系管理模式""基于需求空间精准对接的市民诉求驱动型敏捷性治理模式"五大精细化管理模式。五大模式为中国超大城市的深刻转型和更新提质发挥了显著效用。

既有实践模式体现了自上而下"植入式"管理的特征。面向未来,从科学内涵、动力机制以及可持续发展等角度进一步深入思考,需要迈向上下联动"互嵌式"精细化治理模式。

第一节 地理空间精细化模式

超大城市的空间治理问题一直是其首要诉求。为应对空间规模扩大化与管理空间精细化的矛盾,缩小治理空间成为超大城市精细化管理的初始需求,2003年北京市东城区创新探索的网格化管理模式逐步推广为全国城市精细化管理的重要手段。20年间,基于地理空间细分的网格化精细化管理模式从内容上逐步由"市政领域为主"走向"市政管理与社会治理并重";经过新冠疫情的考验和发展,在形式上从日常管理走向"平战结合";在应用范围上,从城市社区走向城乡社区。未来，还需回应来自网格规模、网格数据、网格队伍和社会参与等方面的挑战。

一 网格化管理：基于地理细分的精细化管理模式

(一) 网格化管理的兴起

随着超大城市的高速发展和规模扩张，城市政府面临与日俱增的市政管理压力和市民多元诉求压力。然而，在以街道、乡镇行政辖区下的社区、村为基本单元的传统市政管理体制下，基层市政管理单位难以及时有效地发现和处理大面积辖区内的各类事件。一方面，街道作为区政府派出机关，权责难以匹配，诸多城市管理执法权不足，而城管委、交通、市场监管等职能部门基层力量薄弱，难以及时发现解决问题。特别是城市核心区，人口密度高、交通拥堵、建筑物密集、基础设施密集，城市管理部件运行压力巨大。另一方面，随着超大城市的蔓延式扩张和流动人口的聚集，在城市郊区、城乡接合部地区产生了大量超大型社区和村庄，对城市公共服务、环境秩序等治理诉求剧烈。特别是城乡接合部地区还产生了常住人口与流动人口比例失衡形成的"倒挂村"，存在大量违法建设，治安案件高发、火灾事故频发，往往成为超大城市地面问题最多、隐患最大，矛盾高度集中、人口高度密集地区，是超大城市治理的薄弱环节和主要短板。

城市基本管理单元的粗放与城市管理日趋精细的需求不相适应，城市管理响应机制滞后僵化，大大影响了超大城市治理效能。地理空间的管理粗放性成为超大城市需要破解的首要难题。因此，在地理空间上缩小城市管理单元的网格化管理成为城市精细化最初选项，通过对管理空间和对象进行细致的具象化，以提升城市精细化管理水平。对此，2003年5月，作为北京市核心城区的东城区组建了城市管理模式课题组，为破解这一问题，开发了全国首个网格化城市管理平台，并于2004年10月22日上线，创新了"万米单元网格管理法"，以万米网格为最小的虚拟管理单元，在地理空间上实现对城市事件、部件管理的精细化管理，形成了基于地理空间细分的"东城区网格化城市管理"精细化管理模式。

东城区基于网格（Grid）①理念，依托网格化城市管理平台，以万米为单位将东城全域划分为更为精细的数字管理单元，在地理空间细分的基础上，以控制论为特征的综合利用移动通信和网络地图等科技手段，在网格上汇集城市管理特别是市政管理所需的人口、建筑物、水电气热等市政设施多种城市管理部件数据，建立精细化的城市管理基础数据信息。与此同时，线下依托属地街道和社区的人员力量，在每个网格中委派"网格长"，招聘"网格员"，负责对本网格辖区范围内的人、地、事、物、组织五大要素进行全面的信息采集管理和巡视检查，收集地理位置、小区楼栋、房屋、单位门店、市场商铺、人口信息、环境卫生、市政设施、综治信访、安全生产、特殊人群、治安信息和消防安全等信息；网格员通过配备的手持移动通信设备，将收集信息和巡查发现的问题实时上传至网格管理指挥平台，网格指挥平台通过编制规范化的《网格化城市管理指挥手册》，明确所有管理对象的主管部门、权属单位、处置单位、处置时限和结案标准等，对上报问题进行分类、分级，对能就地处理解决的网格员及时解决，对疑难问题和专业问题需要专业部门解决的，按照事件性质分类逐级派单给各处置部门，形成高效闭环的处置流程，保障了问题的准确派遣、快速处置，促进了城市由粗放管理到精确管理的转变，初步实现对城市主动感知、全方位、高效率的管理。

东城区网格化城市精细化管理模式逐步在北京和全国范围内推广。2018年，北京市网格化城市管理系统已实现16个区全覆盖。② 2020年年底，北京市各区已有170个街（乡、镇）独立设置了网格中心，159个街（乡、镇）网格与其他职能联合设置机构。目前北京市共划分管理网格3.9万个，现有专、兼职网格员13792名，管理对象包括7大类101小类、680万个城市部件和6大类72小类城市事件，近年来通过网格化管理模式发现和解决问题的能力持续上升，有效提升了城市精细化管理水平。③

---

① 网格（Grid）最早出现于20世纪90年代中期，来源于计算机软件开发领域，是构筑在互联网上的一种新兴技术。国内将网格应用在城市精细化管理方面所涉及的关键技术包括网格及网格计算技术、构件与构件库技术、中间件技术、地理编码技术等。

② 关桂峰：《北京城市管理网格化实现16个区全覆盖》，2018年12月12日，https://www.gov.cn/xinwen/2018-12/12/content_5348093.htm，2023年6月4日。

③ 尹圆：《关于推进"十四五"时期首都网格化城市管理发展的实践与思考》，《城市管理与科技》2021年第3期。

2005年，住房和城乡建设部成立了数字化城市管理模式推广领导小组和专家组，制定了数字化城市管理发展规划，对全国数字化城市管理试点和推广工作进行具体指导，于2005年、2006年、2007年分三批在全国遴选出51个试点城市，推广"东城模式"，并在试点基础上，于2010年开始在全国全面推广数字化城市管理模式（简称"数字城管"）。经过多年发展与创新，网格化管理的城市精细化管理模式在全国范围内取得了良好效果。2013年，党的十八届三中全会《关于全面深化改革若干重大问题的决定》提出："坚持源头治理，标本兼治、重在治本，以网格化管理、社会化服务为方向，健全基层综合服务管理平台，及时反映和协调人民群众各方面各层次利益诉求"[①]，标志着网格化管理由地方创新探索转变为全国城市管理和社会治理的重要手段。

（二）新冠疫情防控下网格化管理的兴盛

基于网格化管理的地理空间精细化模式在民意收集、矛盾调解、政策宣传、治安防范、特殊人群观察、重大事件监控报告、应急处置等社会治理方面发挥了积极作用。网格化管理功能不断从城市的市政管理拓展到基层社会治理。党的十九届五中全会提出，"加强和创新社会治理，推动社会治理重心向基层下移，向基层放权赋能，加强城乡社区治理和服务体系建设，减轻基层特别是村级组织负担，加强基层社会治理队伍建设，构建网格化管理、精细化服务、信息化支撑、开放共享的基层管理服务平台"，明确强调了网格化管理在基层社会治理中的重要地位。其本质是政府在城市治理中通过关注小微单元，使基层治理的主体与客体在微小空间有机结合，进而增强政府对城市的感知力和管控力。

这对人口密集、流动性强的超大城市而言，在新冠疫情暴发的突发状态下尤为重要，网格化管理成为疫情防控工作的有力保障和重要手段。习近平总书记在新冠疫情防控工作中指出："各地区要压实地方党委和政府责任，强化社区防控网格化管理，采取更加周密精准、更加管用有效的措施，防止疫情蔓延。"[②] 网格化的精细化管理模式使得社区在建立疫情防控的准确信息台账、社区人员流动的有效管控、社区居民医疗和生活需

[①]《中共中央关于全面深化改革若干重大问题的决定》，人民出版社2013年版，第50页。
[②] 中共中央文献研究室：《习近平关于统筹疫情防控和经济社会发展重要论述选编》，中央文献出版社2017年版，第54页。

求的有序满足、社区老人等重点人群的监护照顾，以及公共空间消毒防疫等管理服务、阻断病毒传播等方面发挥了关键作用，网格化管理成为中国新冠疫情防控的重要经验。

在新冠疫情防控的推动下，基于地理空间细分的网格化管理模式成为各大城市日常状态下精细管理、突发事件状态下精准管控的必要举措，网格化管理模式成为各大城市特别是超大城市"平战结合"的精细化管理类模式且发展迅猛。截至2021年年底，网格化管理模式已覆盖了31个省、直辖市、自治区的270余个地级以上城市，地级以上城市覆盖率超过90%。其中江苏、浙江、河北、河南、山东、湖北、湖南、安徽、山西、江西、福建、广东、广西、四川、贵州、陕西、青海、宁夏、新疆、内蒙古、辽宁、吉林、黑龙江23个省份已实现地级城市全覆盖，[1] 网格化管理成为各大城市精细化管理的主要抓手。

与此同时，网格化管理在推广应用过程中不断创新发展。作为网格化管理发源地的东城，随着社会发展的需要和大数据等信息技术的发展，网格化管理正从"市政管理主导型"转型为"市政管理与社会治理并重型"。结合北京市"街乡吹哨部门报到""接诉即办"改革工作和城市大脑系统功能架构，在网格化城市管理体系基础上，将全区划分为592个社会服务管理网格，对原有的网格化信息系统架构进行调整，进一步对接市级平台接口标准和案件办理流程，增加系统兼容性和可扩展性，以适应数据治理的发展趋势和要求，形成东城区"热线+网格""接诉即办"系统。当系统接收到"12345"市民热线派发的城市管理类案件时，会自动同步发送至区城市管理平台，由城管监督员按照网格化城市管理模式进行督办，[2] 形成了特色的网格化社会服务管理新模式。以2022年10月24日"热线+网格"指挥平台数据为例，除可统计当月网格市政管理的7.8万件案件的结案情况，分析网格案件的来源情况外，还融合了实时统计分析当月全区市民8746件诉求的解决率和满意率，以及市级考核成绩排名情况，北京市社会治理对"幼有所育、学有所教、劳有所得、病有所医、

---

[1] 腾讯网：《北京东城区：首创"网格化城市管理模式"，引领"街道吹哨"和"接诉即办"机制》，2022年2月8日，https://new.qq.com/rain/a/20220208A079N300，2023年6月4日。

[2] 东城网格：《东城区"热线+网格"接诉即办系统上线，助力城市精细化"智"理》，2022年12月20日，https://mp.weixin.qq.com/s/l0fKCoRk96iHIwD9eTH3Lg，2023年6月4日。

老有所养、住有所居、弱有所扶"以及"便利性、宜居性、多样性、公正性、安全性"的"七有""五性"具体诉求的结构情况。网格化管理不断从市政管理职能拓展社会治理功能。

（三）城乡融合发展下农村社区网格化管理的探索

在网格化管理不断向社会治理功能拓展的同时，在城乡融合发展的大背景下，应用范围上，超大城市的网格化管理也不断从城市社区空间拓展到农村社区空间。随着农业现代化、新型城镇化以及信息化的快速发展，我国农村经济关系、社会关系和生产生活方式等各方面发生了深刻变化，负责村务管理和村民服务的村委会与部分新建立的农村社区服务站，在满足村民对美好生活的向往、提供精准管理和精细化服务方面面临严峻挑战。

自党的十六届六中全会首次提出"积极推进农村社区建设"到党的十九届四中全会进一步提出"健全社区管理和服务机制，推行网格化管理和服务，发挥群团组织、社会组织作用，发挥行业协会商会自律功能，实现政府治理和社会调节、居民自治良性互动，夯实基层社会治理基础"的目标要求，再到2021年中共中央、国务院《关于加强基层治理体系和治理能力现代化建设的意见》明确提出"改进网格化管理服务，依托村（社区）统一划分综合网格，明确网格管理服务事项"，网格化治理成为近年来推进城市农村基层治理的关键举措。

2007年，浙江舟山为解决农村社区管理与农村社区公共服务分割的矛盾，通过"网格化管理，组团式服务"将城市网格化管理的实践经验推广到农村。桃花镇将全镇6000余户居民，按照150户左右的居民为一个网格单元，建立数据信息管理平台，将居民的住房、土地承包、医疗、教育、就业等纳入其中并实时进行更新。每个网格单元由1名镇机关公职人员、1名社区党员、1名医护人员、1名教师组成一支管理服务团队，具体包括专业特长、岗位职责、服务内容、联系方式等。由此，形成了40个网格单元，将以乡镇下辖的新渔村社区为基础的6000余住户全部纳入了管理信息系统。[①]通过实施"网格化"定位，推行"组团式"服务、信息化管理、常态化巡逻等方式，有效地整合了各类农村社区的管理与服

---

① 王敏、朱华伟：《农村社区网格化治理的本土实践：比较、问题与对策——基于我国东中西三个典型案例的分析》，《西华师范大学学报》（哲学社会科学版）2020年第4期。

务资源，提升了农村基层治理水平。

在山西平遥，自2011年开始，由县政府办牵头在全县范围内实施"四级网格化"管理模式，即县级网格为一级网格、乡镇为二级网格、行政村为三级网格、基础网格为四级网格。根据人口数量、空间布局、道路走向、工作量等确定网格规模，在此基础上按照工作职责和服务内容将党建组织、社会事务、公共服务、依法行政、安全稳定、应急管理、社情民意共7大类61项信息进行逐级汇总，所形成的最终数据库全部汇入县社会管理网格化系统数据处理中心。集农村管理、服务和自治于四级网格中，并形成了相对规范和闭环的信息采集、案卷建立、任务派遣、任务处理、处理反馈、核查结案和综合评价"七步"工作流程，提升了农村基层治理效能。

作为首都大京郊重要组成部分，平谷区明确将"微网格"作为党建引领基层治理的重要抓手，进一步规范设置、统筹队伍、丰富功能，将"微网格"打造为宣传动员、联系群众、化解矛盾、议事协商的治理平台，在新冠疫情期间产生了全区1000余天未出现感染者的成绩，全面提升城乡基层治理效能。在城乡融合一体化发展的战略背景下，提出"深化党建引领'街乡吹哨、部门报到'工作机制，探索'微网格'基层治理新模式，织细织牢织密织实治理网格"，制定出台《平谷区深化"微网格"治理机制的实施意见》《平谷区网格员管理办法（试行）》。自2022年年初，平谷区不断深化微网格机制，逐步提升城乡基层治理的精细化水平和组织化程度，拓宽联系服务群众平台、夯实基层治理基础。与一般意义上的城市网格化管理相比，平谷区微网格机制从形态、队伍、功能方面，更为契合农村地区实际，更加注重向村级赋权，更加凸显基层民主自治。主要做法有：

第一，"科学定格"，实现全区城乡社区全覆盖。农村地区一般以45户、社区一般以130户为单位，将全区320个村（社区）划分3170个微网格，将人、地、物、事、组织等全部纳入网格管理。

第二，"一员多能"，整合基层网格力量。整合农村工作力量，从下沉到村（社区）的协管员力量中优选网格员，将农村原有的护林员、管水员、安全员等落到网格中，实现"一岗多能多责"，提升网格员效能。区级提出网格员4项基本条件、5项负面清单和7项基本职责，镇街指导、村居选人，突出党组织把关定向。给予一定工作报酬，建立选用退出、绩效考核、教育培训等制度。将优秀网格员作为村级后备人才、党员发展对象，给予一定政治激励。

第三，"统筹定责"，强化系统治理。全面统筹条线部门落地职责，将疫情防控、接诉即办、文明创城等纳入网格管理范围。网格员在承担协管员专岗专责基础上，落实信息采报、隐患排查、便民服务、矛盾化解等方面职责任务。

第四，"推动下沉"，权力资源下沉一线。一是人员下沉。将镇街包村（居）干部、村（社区）干部、警务人员、疾控医护人员、物业管理人员、志愿者等人员落到网格，党员、村（居）民代表主动亮出身份、做出表率。二是权力下放。按照"多个龙头进水、一个龙头出水"，以微网格为切入点，科学整合、全面下沉村级协管员，由村（社区）党组织统一调配、统一考核、统一安排使用，赋予更多人员管理权、财政自主权和资源支配权。三是诉求下交。完善"明责明权明法"机制，通过微网格等机制，创新"下交群评"工作法，把群众的诉求交给群众评判，诉求合理不合理，让老百姓自己说了算，体现全过程人民民主。

第五，"一格一群"，建立网格微信群。构建微网格治理体系信息化平台，区级直达网格群内部，直接联系服务群众。在新冠疫情防控等突发公共事件中，充分发挥微网格作用。重要时间节点实时统计分析在区人员情况，提供数据支撑，推动由"有形卡口"向"无形网络"转变。利用网格微信群及时发布政策通知，重要信息区级微网格平台一键群发，统一政策口径，避免信息延迟。第一时间响应解决代缴水电费、代管宠物、购买生活必需品等需求，确保广大群众情绪平稳。依托微网格畅通人民群众对身边事务表达意愿的渠道，群众线上线下反映问题，网格员第一时间响应、全程跟踪办理，主动服务未诉先办。依托微网格搭建村（居）民议事协商平台，激发群众参与基层治理热情，有效推进"下交群评"，营造共同家园氛围。线上发布志愿服务、组织活动等信息，组织党员报到，引导群众参与卡口管理、垃圾分类等，进行量化评估、统计积分，并在群内公示。不文明行为及时提醒，形成群众监督、强化自我规范。

平谷区的城乡"微网格"治理模式将城市市政管理、基层政务服务和村（居）民自治共治相融合，增强了网格化管理平台的可及性、便利性、开放性、互动性和功能性，提升了网格化社会参与的广度、深度和精细化程度。

二 讨论与展望

经过近20年的各地探索和发展，基于地理空间细分的网格化管理精细化模式已成为超大城市治理精细化的基本方式之一，使得大规模、大密度、大流动的复杂城市社会系统在常态与突发状态下运行更加可控，网格化管理为健全城市基层有效的组织结构、提升基层稳定性发挥了重要作用，极大提升了治理效能。然而，从全国各地的实践差异来看，其应用范围和效用仍受诸多因素的制约，存在一定局限性，仍面临诸多挑战，需进一步回应和完善。

一是网格规模。网格化管理是基于地理空间细分来减少管理空间过大带来的不确定性、滞后性和粗放性从而增强管控效力的模式。网格织得足够密，管理才能足够精细。然而，网格密度高会造成人员成本和行政成本的浪费。因此，因地制宜、科学合理地确定网格规模是网格化管理发挥效用的基础条件。目前，虽然网格化管理的全国普及率已经很高，但网格所能发挥的效用却参差不齐。其中一个重要原因是，一些地区受财力、人力、物力的制约，网格织得过疏，而流于形式。

二是网格数据。即便满足了上述第一个条件，在人、财、物力比较充裕的地区，网格织得足够密，规模科学合理，仍还受到网格数据充足与否、数据质量如何的重要影响。网格内的各项管理信息数据汇总是否丰富、准确是实施网格化管理、进行指挥决策的必要条件。然而，各部门的数据想要汇总在最基层的网格，往往会因数据接口、数据标准和安全保密等由难以实现数据共享，极大制约了网格化管理在更大范围、更深层次、更多功能的城市管理和社会治理场景的推广应用。此外，受条块分割体制影响，基层网格管理数据在流通运用环节与市区各级的纵向联动、与各部门的横向联系还存在诸多交叉与限制。

三是网格队伍。一方面，网格员能否按照工作要求进行巡视，及时发现问题、上报问题、解决问题同样是影响网格效用的重要因素。有的地区由于缺乏网格员监督技术设备或考核评价的具体办法，经常出现网格员不尽忠职守，网格流于形式的现象。另一方面，随着近年来基层治理创新，各地基层治理的队伍种类和人员数量也不断增加，然而这些基层新队伍、新力量之间却缺乏清晰的权责划分，难以形成高效的基层治理合力，经常出现"三个和尚没水喝"的现象。比如有的街道拥有的网格员、各职能部门下派的各类协管员、志愿者等队伍可多达 20 余支，但各种力量归属不同、职责交叉、人力成本高，难以及时响应基层问题。

四是社会参与。以上是制约网格化管理发挥实效的技术层面因素。而更为重要的是，网格化管理本质上是一种"管控式"思维，依靠"人海战术"来实现精细化的管理，难以广泛调动广大居民在诸多城市公共事务中的主动性和参与性，其内在的单向支配和管控逻辑越来越暴露出局限性。[1] 近年来，北京市平谷区探索的"微网格"治理模式通过增加微信网格平台对此问题进行了一定程度的有益回应，在调动城乡居民参与性和互动性，增强服务功能等方面做出了积极探索，但在调动居民主动性、提高参与深度、整合与下沉各职能部门资源力量等方面尚存有优化空间。

第二节　技术空间精细化模式

2021 年 9 月 27 日，习近平总书记向 2021 年世界互联网大会乌镇峰会致贺信，指出数字技术正以新理念、新业态、新模式全面融入人类经济、政治、文化、社会、生态文明建设各领域和全过程，给人类生产生活带来广泛而深刻的影响。当前，世界百年变局和世纪疫情交织叠加，国际社会迫切需要携起手来，顺应信息化、数字化、网络化、智能化发展趋势，抓住机遇，应对挑战。[2]"要建立健全大数据辅助科学决策和社会治理的机制，推进政府管理和社会治理模式创新，实现政府决策科学化、社会治理精准化、公共服务高效化。"[3]

随着社会事务的激增及其复杂性、多样性的发展趋势，缩小管理单元的网格化管理路径体现出对人力和资金成本的大量耗损，效率与精准性也难以适应，不论是城市精细化管理还是社会治理更需要在技术空间寻找突

---

[1] 黄俊尧：《"精细化"导向的城市基层治理创新——国家"趋近"社会的实践与逻辑》，《浙江学刊》2019 年第 1 期。

[2] 习近平：《向 2021 年世界互联网大会乌镇峰会致贺信》，《人民日报》2021 年 9 月 27 日第 1 版。

[3] 中共中央党史和文献研究院编：《习近平关于网络强国论述摘编》，中央文献出版社 2021 年版，第 146 页。

破。在大数据技术的蓬勃发展下，各地开始寻求智能化改革，积极探索智慧城市的建设，开发大数据在城市基础管理、安全运行、公共服务等各领域的应用，寻找数字技术空间与物理治理空间的配适性。

一 智能化改革：基于决策精确化的精细化管理模式

西蒙曾指出，决策贯穿管理的全过程，管理就是决策。决策在管理中占据了核心基础地位。换言之，决策的科学化、精准化直接决定了管理质量。特别是面对大数据时代超大城市信息多元巨大的复杂系统，技术空间的智慧化改革是推动经验判断型决策管理转型为科学精准型决策管理的必须手段，也是提升超大城市治理现代化的必然要求。在大数据时代背景下，技术空间进步的同时，也在倒逼和助力着超大城市治理精细化水平。换言之，数字治理实质上包含了"对数字治理"和"用数字治理"两个层面的内容，"对数字治理"更多的是要回应数字技术发展对超大城市治理精细化带来的挑战；"用数字治理"更多的是释放数字技术发展为超大城市治理精细化带来的机遇红利。

（一）大数据时代超大城市治理精细化面临的挑战

回顾城市发展历程，按照列斐伏尔的观点，城市自从完成政治城市、商业城市再到工业城市的革命，城市的功能不断叠加拓展。步入21世纪，随着信息社会、数字社会的到来和大数据技术发展，城市正发生以数据技术空间为主导的第四次革命。在这一过程中，城市空间的内涵与外延发生了极大变革。由于平台经济、社交软件的兴起，人们从事的经济活动、发生的社会关系不断从城市实体物理空间拓展到虚拟数字空间，把城市管理的地理空间范畴拓展到数字空间范畴。

然而，在大数据时代数据源的开放多元性挑战着传统自上而下金字塔形的城市管理模式。不论我们是否愿意，大数据正全方位考验着传统城市管理的理念、思维、体制、机制、流程、方法和技术。一方面，智能终端、"可穿戴式"计算设备、社交媒体、移动互联网、各种科学数据库、检测监控系统、传感器网络等爆炸性增长，数据从简单的处理对象开始转变为一种基础性资源。[①] 另一方面，政府部门以外的市场主体、社会公众

[①] 孟小峰、慈祥：《大数据管理：概念、技术与挑战》，《计算机研究与发展》2013年第1期。

成为越来越重要的数据源，极大增加了城市决策管理数据源的多元性和复杂性，对数据的获取、清洗和分析提出了更高要求。

而人工智能及其技术的发展与应用进一步对城市治理生态的网络化、城市治理制度的重构、城市治理事务的复杂化和城市治理过程的数字化等方面全面发起挑战。① 比如，随着我国互联网大数据技术和平台经济的蓬勃发展，在国家数字经济战略背景下，2022年我国大数据产业规模达1.57万亿元，同比增长18%。② 其中网约车、快递、外卖等新业态发展迅猛。2021年我国在线外卖收入占餐饮业收入比重约为21.4%，网约车客运量占出租车总客运量比重约为31.9%，快递日均业务量超3亿件。北京作为超大城市，快递从业人员规模约11万人，2022年1—11月的寄递业务完成量达26.21亿件，业务收入达334.86亿元。大数据时代的新业态正深刻重塑社会经济交往活动和人民群众生活习惯，在支撑数字经济发展、促进社会就业、抗击疫情等方面起到重要保障作用。但与此同时，短短几年内"野蛮成长"起来的新业态也极大挑战着超大城市传统监管体制和机制。一方面，互联网平台依托大数据算法和人工智能等新技术对从业人员更精密的管控机制和更灵活的"灰色"用工行为深刻挑战着传统劳动者权益保障体系。另一方面，快递等新业态发展对分拣场地的空间秩序、运输环节的交通秩序和末端配送的安全秩序造成冲击，对传统城市治理体系和治理能力发起挑战。

另外，与传统较为封闭层级化的决策信息传递路径不同，大数据背景下，由于数据源分散多元，信息传递不受权力核心自上而下的控制，不再依赖金字塔式的层级组织和严格流程，不再依赖信息的层层汇集、收敛的方式，而是同时具有自下而上、多级分散等传播路径。传播路径的转变，使得以往层级制的管理组织结构的灵敏性和高效性受到挑战。③ 传统的城市管理体制与组织结构亟须向更加灵活化、扁平化的形态转型，提高精准性、时效性和科学性。

---

① 陈水生：《技术驱动与治理变革：人工智能对城市治理的挑战及政府的回应策略》，《探索》2019年第6期。

② 韩鑫：《2022年我国大数据产业规模达1.57万亿元》，《人民日报》2023年2月22日第1版。

③ Shindelar S., "Big Data and the Government Agency", *Public Manager*, Vol. 43, No. 1, Spring 2014, pp. 52-56.

以2012年北京"7·21"特大暴雨和2021年郑州"7·21"特大暴雨等灾害造成的城市内涝为例，不仅需要有气象数据，更需要有地貌数据、地下管线数据、交通流量数据、事态发展的舆情数据等。灵敏高效的决策系统要求我们能够及时提取、分析这些数据类型多样、数据结构复杂、数据规模庞大、传播迅速的大数据。① 同时，大数据技术催生的"自媒体"的流行，让越来越多的公民成为城市突发事件的利益相关者，挑战着传统城市管理系统的封闭性。在北京"7·21"事件中，关于北京灾情的图片，仅在新浪网上3个小时之内就达到了100万张。每个人成为大数据的第一来源。这意味着，当城市某项灾难或重大事件发生时，除当事人外，越来越多的人将以这种"自媒体"的形式成为利益相关者。在大数据和多元利益主体相互作用下，传统相对封闭的城市管理系统面临着极大考验，某一城市局域发生事件可能在瞬间扩大为全国关注事件。大数据时代的城市治理不得不考虑诸多利益相关者的压力和诉求，以及来自多元利益相关者的信息数据。

此外，复杂多元的城市治理主体要求创建高效协同和敏捷灵活的治理机制，构建扁平化组织结构。相对于其他规模城市而言，超大城市治理事务因其影响范围广、涉及主管部门多、响应层级多、参与主体多等因素，使得城市治理主体更为复杂多元。在敏捷响应要求下，超大城市治理主体之间既需要有科学民主的协同参与机制和资源整合机制，也需要有高效集中的决策体制和敏捷灵活的决策指挥流程。

（二）大数据时代为超大城市治理精细化带来的机遇

大数据时代，开源、庞大、多元的数据源虽在不断挑战传统超大城市管理的模式，倒逼城市政府改革，但同时更重要的是为城市治理精细化实现提供了技术可能，成为超大城市质量变革、效率变革、动力变革的重要引擎。

2023年中国国际大数据产业博览会发布数据，2022年年底，我国已建成全球最大的光纤网络，光纤总里程近6000万千米，数据中心总机架近600万标准机架，全国5G基站超过230万个，均位居世界前列，数字基础设施实现跨越式发展。人工智能、物联网等领域的大数据技术发展迅

---

① Snijders C., Matzat U., Reips U.-D., "Big Data: Big Gaps of Knowledge in the Field of Internet", *International Journal of Internet Science*, Vol. 7, No. 1, January 2012, pp. 1-5.

猛，发明专利授权量居全球前列，为超大城市治理精细化提供了数字基础设施和算法技术的坚实基础。

具体而言，一是物联网传感器为精准感知城市运行细节提供了可能。物联网系统中的海量数据信息来源于终端传感器设备，传感器赋予了万物"感官"周围环境的功能，而且比人类的感知更准确、感知范围更广，让城市感知信息实现跨部门和层级的即时流通，实现对超大城市的治理穿透性。二是信息通信技术让各部门数据在后台跑路，为部门高效协同运转提供了技术方案，推动缝合职能部门间的运行缝隙。三是云计算、人工智能等技术可根据终端传感设备科学精准地优化调控城市运行资源，提高超大城市的决策理性和效率，优化卫生、交通、能源和水利等资源配置，降低成本和资源消耗，提高居民舒适度。还可为城市执法提供批量规模化处理依据，提升城市执法与问题处理的边际效应。此外，数据挖掘和分析预测技术在应急管理和决策的各个环节发生着越来越重要的作用，应急决策正从"经验驱动"向"数据驱动"转型；在技术支持下，超大城市对突发事件的管理可实现从应急管理向风险管理的关口前移。

总而言之，数字技术的嵌入可推动传统科层组织中制度结构、工作结构和信息结构的适度分离，并构造出以问题为中心和以信息共享为基础的新型工作结构和形态。[①] 在不改变传统城市官僚科层组织的前提下，数字技术为提高组织的内部协同性，实现组织在数字空间的扁平化，为城市治理的精细化提供了技术方案。

（三）智慧化在超大城市精细化管理中的应用

技术发展给城市治理带来挑战与机遇的叠加属性不断促使城市治理精细化迅速向纵深发展。智慧化在超大城市的应用是从政府自身"电子政府"和"数字政府"的内部"条条"建设逐步走向以城市治理场景为主的"智慧城市""块块"建设的过程。[②] 2002年，中共中央办公厅、国务院办公厅转发《国家信息化领导小组关于我国电子政务建设指导意见》，提出了建设和整合统一的电子政务网络，建设和完善重点业务系统、重要

[①] 容志：《结构分离与组织创新："城市大脑"中技术赋能的微观机制分析》，《行政论坛》2020年第4期。

[②] 李文钊：《数字界面视角下超大城市治理数字化转型原理——以城市大脑为例》，《电子政务》2021年第3期。

政务信息资源和积极推进公共服务等内容。基本上完成了以"条条"建设为主的自上而下的顶层设计。2008年,IBM提出智慧城市(smart city)的概念,强调"感知化""互联化"和"智能化",随后开始在全球展开了蓬勃探索实践。2012年,住房和城乡建设部开展智慧城市试点,探索智慧城市建设、运行、管理、服务和发展的科学方式。新型智慧城市建设开启了"自下而上"和"块块"建设为主的建设实践,使政府从自身的数字化向城市管理和服务的多元智慧化场景的全方位转型。2014年,国家发展和改革委等八部委发布《关于促进智慧城市健康发展的指导意见》,界定了"智慧城市是运用物联网、云计算、大数据、空间地理信息集成等新一代信息技术,促进城市规划、建设、管理和服务智慧化的新理念和新模式"[①]。以智慧城市建设为依托,实现技术、数据与城市治理业务有机融合。

2016年浙江杭州的"城市大脑"开启了智慧城市建设的全新范式,通过中枢、系统与平台、数字驾驶舱和应用场景等要素,以数据、算力、算法等为基础和支撑,运用大数据、云计算、区块链等新技术,推动全面、全程、全域实现城市治理体系和治理。[②] 杭州"城市大脑"最早在交通领域进行创新探索。为了解决杭州在交通治堵过程中出现的道路资源供需矛盾、综合治理协同性不足、智能交通数据资源难以融合发挥作用等问题,2016年4月,杭州结合阿里巴巴等企业的技术优势,利用交通部门的大数据,创新探索在拥堵道路布设车辆传感器,实时采集道路车流量信息后反馈至大脑中枢,运用人工智能算力算法智能优化调整路段的实时红绿灯时长,实现城市大脑对道路状态的精准掌控以及对道路资源的优化配置。截至2019年年底,杭州交通延误指数从2014年最高的2.08降至1.64左右,交通拥堵排名从2014年的全国第2位降至第50位。[③] 城市大

---

① 中国政府网:《发展改革委 工业和信息化部 科学技术部 公安部 财政部 国土资源部 住房城乡建设部 交通运输部关于印发促进智慧城市健康发展的指导意见的通知》,2014年8月27日,http://www.gov.cn/gongbao/content/2015/content_2806019.htm,2023年6月4日。

② 郁建兴、樊靓:《数字技术赋能社会治理及其限度——以杭州城市大脑为分析对象》,《经济社会体制比较》2022年第1期。

③ 高德地图:《中国主要城市交通健康榜》,转引自张蔚文、金晗、冷嘉欣《智慧城市建设如何助力社会治理现代化?——新冠疫情考验下的杭州"城市大脑"》,《浙江大学学报》(人文社会科学版)2020年第4期。

脑在交通领域成功探索更重要的意义在于打通了政府和企业信息关卡，为智慧城市治理建设的共享数据的大平台，通过中枢系统和平台整合了城市不同职能部门的相对割裂零散的信息系统。

此后城市大脑不断从"数据治堵"走向"综合治城"。截至2021年1月，杭州城市大脑已建成涵盖交通、城管、卫健、警务、基层治理等11个重点领域的48个应用场景、390个数字驾驶舱，形成中枢系统数据服务接口1.2万个，日均协同数据2亿余条，数据累计调用量35.6亿次。在城市治理资源互联共享、公共事件预警预测、辅助宏观决策指挥等方面发挥了积极示范效应，尤其是新冠疫情防控期间，依托"数字防疫系统"在疫情监测分析、科学预测、资源调配、复工复产等方面发挥了重要作用。[①] 杭州城市大脑，通过对城市运行精准管控和事件主动感知，让数据帮助城市来思考和决策，从而打造一座能够自我调节、与人类良性互动的城市，在智慧城市建设和推进城市治理精细化方面具有里程碑意义。

据不完全统计，目前全国有500多个城市正在积极推进或已经建成城市大脑。2020年3月31日，习近平总书记在考察杭州城市大脑时指出，运用大数据、云计算、区块链、人工智能等前沿技术推动城市管理手段、管理模式、管理理念创新，从数字化到智能化再到智慧化，让城市更聪明一些、更智慧一些，是推动城市治理体系和治理能力现代化的必由之路。[②] 近年来，北京、上海、深圳等超大城市不断推动城市大脑的创新发展，持续深化超大城市精细化治理。

从上海的实践特点看，进一步拓展了城市大脑覆盖范围与功能集成的广度和向基层纵向延伸的深度，形成政务服务"一网通办"、城市运行"一网统管"的牵引上海超大城市智治的"两张网"。通过运用大数据、云计算、区块链、人工智能、物联网等现代信息技术，对城市生命体进行数字孪生，实现态势全面感知、趋势智能预判、资源统筹调度、行动人机协同，带动城市治理由数量规模型向质量效能型转变，由人力密集型向人机结合型转变，由传统经验型向大数据支撑型转变，由被动处置型向主动发现型转变，赋予城市本体更多的"自我感知""自我判断""自我调整"的能力。

---

① 郁建兴、樊靓：《数字技术赋能社会治理及其限度——以杭州城市大脑为分析对象》，《经济社会体制比较》2022年第1期。

② 吉富星：《以"数智化"提升城市治理》，《经济日报》2020年4月27日第11版。

2019年上海市在前期浦东区城市运行综合管理中心和城市大脑的探索基础上，提出"一屏观全域、一网管全城"的建设目标，在全市层面谋划城市运行"一网统管"的雏形。2020年，上海市发布《关于进一步加快智慧城市建设的若干意见》《关于加强数据治理促进城市运行"一网统管"的指导意见》《上海市城市运行"一网统管"建设三年行动计划》等文件，明确提出将城市运行"一网统管"作为三大建设重点之一加快推进，强调在数据层面的集中统一管理要求和数据管理模式，并专门成立了市区两级城市运行管理中心负责"一网统管"建设。以"应用为要、管用为王"的理念，统筹推进智慧城市生产、生活、治理三大领域，围绕智慧政府建设中城市运行和政务服务两个关键维度，聚焦城市大脑感知、认知和行动三大能力提升，以大会战的方式全面"一网统管"，以"高效处置一件事"为目标，加快形成跨部门、跨层级、跨区域运行体系，打造信息共享、快速反应、联勤联动的指挥中心，提升城市"智治力"精细治城。体现了"多重功能集成、全域系统架构、全面技术驱动和整体流程再造"的智慧城市运行逻辑。在纵向延伸方面，2018年上海市静安区进一步探索了"社区大脑"，通过街道、社区居委会走访调研，利用民情日志App生成一户一码民生民情大数据，全面搭建社区人户房大数据，通过大数据挖掘与交叉分析形成居民画像，为基层工作人员主动服务和精准服务提供了支持，在实现城市精准智能运行的同时，提高了社会治理的精准性。

作为社会主义先行示范区的深圳市，从其实践特点看，近年来，强化新基建建设，利用深圳信息技术产业的集聚优势，在优化智慧政务服务企业和促进数字经济发展方面取得了突出成绩。2020年10月14日，习近平总书记在深圳经济特区建立40周年庆祝大会上的讲话中指出要"创新思路推动城市治理体系和治理能力现代化""要注重在科学化、精细化、智能化上下功夫，发挥深圳信息产业发展优势，推动城市管理手段、管理模式、管理理念创新，让城市运转更聪明、更智慧"[1]。在新基建方面，目前深圳"千兆光网"基本实现全覆盖，被评为中国"最互联网城市"，公共场所免费WLAN覆盖率超过90%。5G建设领跑全国，已建成5G基

---

[1] 习近平：《在深圳经济特区建立40周年庆祝大会上的讲话》，人民出版社2020年版，第14页。

站 15544 个，即将实现 5G 网络全覆盖，成为国内最早完成和覆盖密度最大的城市。在全国率先出台多功能智能杆相关政策，大力推动多功能智慧杆建设。在智慧政务方面，以"放管服"改革为契机，深圳在全国率先推出政务服务"秒批"改革，已实现"秒批"事项 212 个，推动政务服务由"基于材料"的审批向"基于数据"的审批转变。在国内首创"无感申办"新模式，已有 100 个事项实现无感申办。打造了全市统一政务服务品牌"i 深圳"，已接入 7635 项服务事项，为市民提供"千人千面"的精准化服务，推动政务服务由"网上办"向"掌上办"延伸，全市 99.92% 的政务服务事项实现最多跑一次，93.88% 的政务服务事项实现零跑动。[①] 在促进数字经济发展方面，深圳不仅将智慧化作为应用于城市治理的利器，更注重将其作为城市高质量发展的引擎，利用华为等信息化龙头企业的信息技术产业的集聚优势，大力促进技术产业自身发展，在人工智能、大数据、工业互联网等领域发展迅速。据不完全统计，全国超过一半的 5G 技术研发及创新应用"第一"出自深圳。2022 年，深圳市数字经济核心产业增加值突破 9000 亿元，占全市 GDP 比重升至 30.6%，总量和比重均位居全国第一。可以看出，在深圳的实践样本中，城市治理在技术空间形成了基础设施、经济发展与技术进步的深度融合、相互促进。

二 讨论与展望

党的二十大报告再次强调了建设智慧城市和发展数字经济的要求。近年来，虽然智慧城市的建设发展迅猛，对促进社会经济发展、提升超大城市治理的精细化等方方面面发挥了重要作用。然而从各地的实践情况看，大数据等技术手段的实效整体尚未充分释放，区域性差异仍较为显著。

从政府端看，一方面，智慧化建设缺乏一体化和全局性的统筹和顶层设计，导致各个部门之间的系统难以有效联结，数据整合力度有限。各类数据库、系统平台虽不断推陈出新，但最为关键的如何赋予基层数据权限、打破各部门在基层的"数字孤岛""系统壁垒"，真正让基层干部和人民群众"会用、爱用、受用"，实现数据开放共享和系统的整合优化等问题仍待解决。另一方面，一些地方政府热衷"建大屏"，智慧城市重

[①] 林逸涛、严红梅：《城市智慧化治理赋能深圳先行示范区建设》，《特区实践与理论》2021 年第 1 期。

"可视化"的展示功能建设，轻"实用化"的算法功能建设；重市区级建设，轻基层社区建设，大部分城市社区级的数据信息尚未有效接入，未实现联网共享，①制约了城市精细化水平；重事后分析处置，轻事前预测防范，对事前基于数据挖掘、数据分析的突发事件预测信息较为忽视，分析预测技术在城市精细化管理和服务中应用不足。

从企业端看，企业技术水平参差不齐，两极分化严重，或激进超前，或因循守旧，一些企业热衷"炒概念"，在承担智慧城市建设项目中存在虚假设计。短短几年的时间，"数字孪生城市""元宇宙""区块链"等火热新概念新技术虽层出不穷，然而技术的发展和功能的应用却难以匹配其热度。由于相关领域政务数据共享程度较低或者技术实现较为复杂，企业为控制建设成本，承担的系统实施未完全按照招投标设计，系统实际应用效果较差。

从民众端看，信息无法直接有效上传下达。通过企业端传递信息受制于政府/企业两端数据融通；通过政府端填报信息受限于官方各地各级数据的共享壁垒，传递时效、治理能力等效果一般。需要在应用场景推进实现技术理性和公共价值的平衡，做到实战性与个性化的兼顾。②

以上是操作层面需改进的问题，更深层的还需思考在价值层面大数据技术、智慧化改革所带来工具理性与价值理性的动态统筹平衡问题。一是平衡治理穿透性与公民隐私保护的关系。在传感器、视频设备、人脸识别等技术的帮助下，城市治理信息实现了跨层级、跨区域的迅速流通和传递，不断增强城市政府的治理穿透性，但与之相应的数据穿透实施的目的、条件、权限和使用等规范制度还未完善，出现一些地方政府和市场主体对数据穿透的滥用、侵犯了公民个人隐私。

二是统筹数据资产与数据流通的关系。作为城市运行过程中产生的海量、异构的数据资产无疑是各个城市职能部门的巨大治理资源，但数据资产只有通过数据运算、汇集、共享、流通和应用才能产生治理价值。因此大数据技术虽然为缝补城市部门间的运行缝隙提供了技术解决方案，但如不能在线下厘清部门间的职责职能、政务流程和协作机制，统筹好线上数

---

① 王延隆、毛燕武：《城市大脑+社区小脑："十四五"时期我国城市社区精细化治理新模式》，《学习论坛》2022年第2期。

② 梁正：《城市大脑：运作机制、治理效能与优化路径》，《人民论坛·学术前沿》2021年第9期。

据资产与数据流通的关系，将难以避免"技术"空转的风险。

三是平衡决策理性效率与人文价值效用。大数据为规模化、标准化、高效化地解决城市治理问题提供了客观理性的执法依据，极大降低了城市治理的边际成本，产生了巨大的边际效应。然而，如果更广泛地从过程价值、个案特性和系统技术漏洞等因素看，追求决策理性效率容易产生"简约主义谬误"的工具理性误区。如在"货车司机金德强案"中，执法单位刻板依据数据结果进行多次处罚，没有检查系统可能存在的漏洞，缺乏人文关怀的制度留白和弹性设计，最终酿成了悲剧。因此，运用大数据技术推进城市治理精细化的进程中，始终需在制度设计上统筹平衡好价值理性与工具理性。

第三节　制度空间精细化模式

党的十八大以来，我国加快完善和发展中国特色社会主义制度建设进程，把各领域的制度建设摆在更加突出的位置，全方位推进国家治理体系和治理能力现代化。随着各领域改革进入深水区，制度建设进入深化细化区，党的十八届三中全会明确提出"政府要加强发展战略、规划、政策、标准等制定和实施"，将标准与战略、规划、政策同列，意味着标准化成为国家治理体系和治理能力现代化的重要手段，标志着标准化建设正式上升到国家战略高度。

这一重要战略对切实推进超大城市治理精细化，加快超大城市现代化建设进程具有重要意义。上海、北京作为我国综合体量最大的超大城市，率先出台了超大城市精细化管理的顶层设计制度，均把标准化作为引领标尺和标准规范，不断地为地理空间的精细化、技术空间的精细化等模式提供可持续的制度保障，有力提升了城市精细化水平。

一　标准化改革：基于管理规范化的精细化管理模式

标准是城市经济社会高质量发展的必要支撑，是国家基础性制度的重要方面。标准化改革作为精细化管理制度规范的关键抓手，是从根本上预防"粗放式""经验式""随意式"管理和服务的必然举措。

（一）标准化对城市治理精细化的重要意义

在宏观价值层面，标准化是治理现代化的基石，没有标准化，就谈不上规范化、程序化和合理化。① 标准化关系到现代国家治理的制度建设、目标实现、效益改善以及评价基准。城市治理作为国家治理的重要内容，在精细化治理的重要阶段，以标准化作为重要抓手是必经路径。在城市公共设施、道路交通、市容环境、园林绿化、房屋土地等部件管理、涉及城市管理运行秩序的事件管理、提供城市公共服务、建设新型智慧城市等各方面具有重要的基础性和支撑性作用。

在中观管理层面，标准化是法治化的重要补充，是制度化不可或缺的重要组成部分。一方面，对于法律法规的内容的原则性、要求的底线性、时间的长期稳定性，标准规范可在法律法规框架下结合不同地区不同发展阶段需求进行更有针对性的具体化、量化规定，具有周期短、可操作性强的优势，在规范内容上可以提出更高的目标要求和质量要求，进行与时俱进的动态调整，是法治化的重要补充。另一方面，对于城市基层治理制度安排的经验化、碎片化和粗放化，② 城市管理标准化的编制实施是保障上级政策和要求不走偏与管理科学精准性的重要监督、考评和改进依据。

在微观实操层面，城市管理标准的突出特征表现为可操作、可感知、可考核以及差别化四方面。③ 通过对城市管理目标的量化、管理标准的细化、管理流程的规范、管理责任的明确，一是规范了基层城市管理和执法部门的行政权力，最大限度减少了行政自由裁量权，避免城市管理中"选择性执法"和"随意性执法"现象的发生，增强各部门全面履责约束力。二是通过建立基于城市治理问题和事件解决的标准流程和时限规定，有效增强了各级、各部门城市管理工作的行政效率。三是通过对一线工作人员行为的规范约束，全面保障了城市管理和服务的质量，提升了人民群众的获得感和满意度，使城市管理工作进入标准化、精细化、制度化长效管理运行轨道（如图7-1所示）。

---

① 俞可平：《标准化是治理现代化的基石》，《人民论坛》2015年第31期。
② 姜胜辉：《标准化治理：城市社区治理新模式》，《中共天津市委党校学报》2019年第5期。
③ 乔延军、钟颖：《以标准化建设为突破口推进我国城市管理精细化研究》，《上海城市管理》2019年第5期。

规范行政权力　　保障服务质量

提高行政效率

图 7-1　标准化的作用

（二）以标准化为抓手提升超大城市治理精细化的顶层设计

为推动国家标准化战略，2015 年国务院发布《深化标准化工作改革方案》和《国家标准化体系建设发展规划（2016—2020 年）》，将标准作为国家治理体系和治理能力现代化的基础性制度，全面开启新型标准体系的建设工作，加快标准化在经济社会各领域的普及应用和深度融合，全面部署了农业农村、工业、服务业、社会治理、生态文明、文化建设、政府管理七个重点领域和十项重大工程充分发挥"标准化+"效应。特别提出建设新型城镇化标准化工程，"建立层次分明、科学合理、适用有效的标准体系，基本覆盖新型城镇建设各环节，满足城乡规划、建设与管理的需要。研究编制具有中国特色的新型城镇化标准体系，组织制定相关标准 700 项以上。加快制定用于指导和评价新型城镇化进程的量化指标、测算依据、数据采集、监测与评价方法等基础通用标准。加强新型城镇化规划建设、资源配置、管理评价以及与统筹城乡一体化发展相配套的标准制定"①，标志着城市治理的标准化正式进入国家战略制度安排。2017 年新修订的《中华人民共和国标准化法》为城市标准化治理提供了权威依据和法律保障。

在此背景下，标准在城市建设运行、管理服务各领域的运用全面铺开。2015 年，《中共中央　国务院关于深入推进城市执法体制改革改进城市管理工作的指导意见》明确提出，要加快制定修订一批城市管理和综合执法方面的标准，2020 年基本完善城市管理法律法规和标准体系的目

---

① 中国政府网：《国务院办公厅关于印发国家标准化体系建设发展规划（2016—2020年）的通知》，2015 年 12 月 30 日，http://www.gov.cn/zhengce/content/2015-12/30/content_10523.htm，2023 年 6 月 4 日。

标，以进一步提高城市治理能力和精细化管理水平。① 2021年发布的《"十四五"推动高质量发展的国家标准体系建设规划》明确了"十四五"时期九大重点领域国家标准体系的建设路径，其中在城镇建设领域，围绕城市可持续发展标准、智慧城市标准、城镇基础设施建设标准进行了布局。

在城市可持续发展标准方面，为应对城市化带来的可持续发展挑战，我国积极开展城市可持续发展的标准建设。2012年国际标准化组织（ISO）批准成立ISO/TC 268（城市和社区可持续发展技术委员会），负责城市和社区可持续发展领域标准化工作，包括基本要求、框架、指南和支持技术、工具等，用以帮助不同类型城市和农村地区，及各利益相关方实现可持续发展。2011年以来，国家标准化管理委员会组织国内相关单位持续开展城市可持续发展标准化研究工作，提出了我国在专业门类上涵盖城市群、城市、区县、乡镇、村以及居民社区、工业园区、商务区、校园区等门类，在专业内容上涵盖经济、社会、环境、基础设施、文化治理等项目，在标准层次上涵盖专用、通用、基础的城市可持续发展标准体系框架。2017年国家市场监管总局印发的《"十四五"市场监管科技发展规划》也提出"开展城市标准化行动"和"开展可持续发展领域国际标准研究"。同年，全国城市可持续发展标准化技术委员会正式成立，主要负责城市可持续发展管理体系、要求、指南和相关领域国家标准（不含城市建设标准）制修订工作。2015—2019年，我国陆续发布《城市可持续发展标准化研究》《城市可持续发展国际标准实施案例集》。实施了国家标准《城市可持续发展——城市服务和生活品质的指标》（GB/T 36749—2018），不断系统推进城市标准化建设，促进城市发展和治理的精细化水平。

在智慧城市建设方面，标准亦成为引领和支撑新型智慧城市规划设计、建设运营、迭代升级的重要抓手，也是新型智慧城市产业、技术规则制定权和国际话语权的载体。② 智慧城市作为复杂巨系统、"系统之系统"，其标准化工作是一项高度复杂的系统工程，涉及的标准组织众多。

---

① 乔延军、钟颖：《以标准化建设为突破口推进我国城市管理精细化研究》，《上海城市管理》2019年第5期。

② 国家智慧城市标准化总体组：《智慧城市标准化白皮书（2022版）》，国家智慧城市标准化总体组2022年度全体会议白皮书，2022年，第1页。

2013年我国启动智慧城市标准化工作，2014年国家标准委下发了《关于成立国家智慧城市标准化协调推进组、总体组和专家咨询组的通知》，探索建立了智慧城市标准化协调机制，在国家标准委等多部门的积极推动下，智慧城市的标准化协调机制、国家标准研制实施等方面取得了积极进展。逐步完成了总体类、支撑技术与平台类、基础设施类、建设与宜居类、管理与服务类、产业与经济类、安全与保障类等大类智慧城市标准体系（如图7-2所示）。2021年，中共中央、国务院发布了《国家标准化发展纲要》，进一步深化"开展城市标准化行动，健全智慧城市标准，推进城市可持续发展"的要求，以新型智慧城市的建设标准和评价指标，引导我国各地智慧城市健康发展，保障和促进了信息资源汇聚、共享和开发利用，推进云计算、物联网、大数据、移动互联网等技术规模化发展。

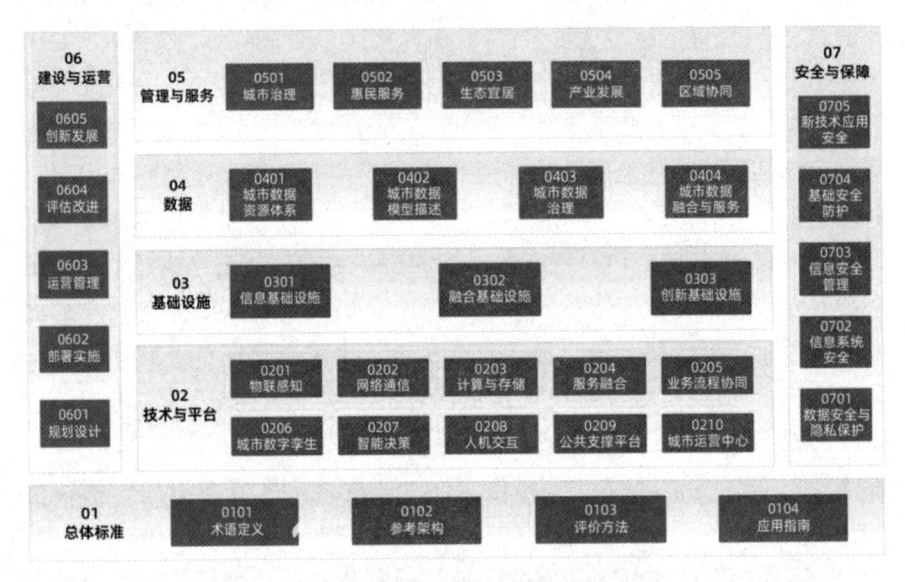

图7-2 智慧城市标准体系结构[①]

（三）以标准化为抓手提升超大城市治理精细化的实践

近年来，北京、上海两座超大城市出台的城市精细化管理顶层设计方案，均将标准化作为实现城市精细化的必要手段，各大城市也专门制

---

① 国家智慧城市标准化总体组：《智慧城市标准化白皮书（2022版）》，http：//www.cesi.cn/images/editor/20220803/20220803172531606.pdf，2023年8月22日。

定了城市标准化的政策。从全国超大城市和特大城市的实践情况看，类型上城市治理标准化改革主要包括了城市精细化管理和精细化服务事项；内容上体现出标准化范围不断拓展、体系不断健全、功能不断完善的特点。

北京城市治理标准化起步较早，在多次重大政治活动和国际赛事的推动下发展迅速。2004 年，北京市在全国首次提出构建市政标准体系，并初步建立了市政市容标准体系框架，完成了标准体系数据库和环卫、燃气、供热、照明四个子体系的建设；2008 年，北京开展了奥运专项标准体系研究，对原有市政标准体系框架进行了扩展补充，筛选出支撑奥运专项的 183 项标准和 17 项建议制订标准。[1] 在城市公共服务标准方面，2009 年，北京市东城区打造了国家级城市公共服务标准化示范区，建立了城市公共服务总标准体系、示范项目分标准体系和示范窗口，共实施了 2468 个标准。

2011 年，《首都标准化战略纲要》出台，首都标准化工作体制机制不断完善，标准化作用全面发挥，实现了跨越式发展。2017 年 9 月发布的《北京市城市管理"十三五"时期科技信息与标准化发展建设规划》提出"加快完善城市管理与服务标准化体系建设，助力城市管理行业精细化管理"。北京 2017 年共发布 140 项地方标准，其中城市管理服务类标准占 83.6%。2017 年北京地标立项计划中，城市管理服务类标准项目占比也达到 82.8%。[2] 2019 年 1 月，北京市委、市政府发布《关于加强城市精细化管理工作的意见》，作为北京城市治理精细化的顶层方案，明确提出"标准先行"，将标准化与法治化、智能化、专业化、社会化共同作为城市精细化管理的"五化"抓手。明确要求"对标国际一流，梳理完善相关标准规范，推动建立精细化管理标准规范体系。重点完善城市街巷、道路交通、河道管理、园林绿化、市容环卫、城管执法等领域的标准规范，制定管理清单、责任清单和网格清单，逐步实现城市管理领域标准规范全覆盖，使精细化管理有章可循。推动建立城市管理分级分类体系。加强标

---

[1] 贾明雁、许红、姜薇：《北京市城市管理标准体系的建立与应用》，《城市管理与科技》2021 年第 2 期。

[2] 康俊生、晏绍庆、马娜：《标准化支撑城市管理精细化研究分析》，《标准科学》2018 年第 6 期。

准规范的更新和维护，注重行业之间标准规范的有机衔接"①。同年，北京市城市管理委员会修订了《标准化工作管理办法》，成立城市管理标准化技术委员会和标准研究室，全面系统地开展履行城市管理标准化职能。

目前，北京城市管理标准体系包括了通用、城市日常运行管理、能源日常运行管理、市容环境卫生管理、市政公用事业管理五大部分。从发展变化情况看，标准制修订随着城市治理精细化的深入，重心逐步从建设类转向管理类，从传统城市管理内容拓展到城市新生管理事项（如《电动汽车充电站运营管理规范》等），从单一标准向系列标准转变。截至2019年年底，北京城市管理领域有相关国家标准、行业标准、北京市地方标准、团体标准共计2813项。2005—2020年，组织制修订城市管理领域北京市地方标准共109项，②其中环境卫生类占比约40%。2022年《首都标准化发展纲要2035》发布，围绕首都"四个中心"功能建设的标准化，进一步优化标准化治理结构，增强标准化治理效能，制定地方标准800项以上，平均制定周期在18个月以内。加强了规划建设管理标准引领。同时进一步提出健全城市空间发展、规划设计、建筑施工和运行维护等领域和公共设施建设维护标准体系，围绕支持城市更新行动计划，重点开展老旧小区改造、老旧厂房活力复兴、传统商务楼宇及商圈升级改造等相关标准的研制。通过标准化的制度规范，提升城市精细化的治理效能，保障城市高质量发展。

上海高度重视标准化的制度建设和标准化供给结构的优化。2007年出台《上海市标准化发展战略纲要（2007—2020年）》，建立市级标准化工作联席会议制度和市级标准化推进专项资金，2018年制定《上海市地方标准管理办法》，2019年颁布实施《上海市标准化条例》，形成了2个政府规章和6个规范性文件。

在城市管理领域，2016年《上海市标准化体系建设发展规划（2016—2020年）》提出了智慧城市、城市基础设施、水务、市容环卫、园林绿化、城市建筑、地下空间7项城市建设和管理标准化的重点。2018年上海出台了城市治理精细化的顶层设计方案《关于加强本市城市管理

---

① 中国政府网：《北京市关于加强城市精细化管理工作的意见》，2019年1月31日，https://www.gov.cn/xinwen/2019-01/31/content_5362783.htm，2023年6月4日。
② 贾明雁、许红、姜薇：《北京市城市管理标准体系的建立与应用》，《城市管理与科技》2021年第2期。

精细化工作的实施意见》以及《三年行动计划（2018—2020年）》。同样强调把标准化作为城市精细化管理的引领标尺，实施了《上海市市政道路建设及整治工程全要素技术规定》《城市容貌规范》等近50部城市管理标准规范。标准化作为城市精细化管理"四化"之一（法治化、社会化、智能化、标准化），不断推动城市精细化在范围上的全覆盖、时间上的全天候和流程上的全过程。2021年上海进一步出台《上海市城市管理精细化"十四五"规划》，进一步强化顶层设计和对标对表，对标国际一流，提升城市管理标准的先进性和适用性，推进不同区域标准体系建设，系统优化城市管理标准体系，形成常态长效的标准体系优化更新机制，定期评估。2022年《上海市标准化发展行动计划》提出要进一步完善超大城市重大疫情防控、应急管理、物资储备等城市治理领域标准体系，系统提升城市运行安全保障水平，并不断提高城市基础设施、公共交通、市容环卫等领域标准，提升精细化水平。

杭州则在2016年发布的《实施"标准化+"行动计划提升城市国际化水平实施方案》中提出"到2020年，建立与现代化国际化城市相匹配的城市发展标准体系的中期目标；到2030年'杭州标准'成为杭州城市国际化的名片和走向世界的重要品牌的远景目标"[①]。成都2018年出台《成都城市管理精细化标准》，对市政设施管理、环境卫生管理、市容秩序管理、城市照明管理、广告招牌管理、固体废物处理处置、行政执法管理、数字化城市管理、网络理政平台、安全生产10大内容做出规范，持续提升城市治理体系和治理能力。

这都标志着城市精细化管理在制度空间开始全面走向科学化和规范化，将城市管理决策者、执法者、服务者的权力"关进制度的笼子"，减少了基层行政自由裁量权空间，践行了依法治国、依法治市的理念；将城市建设、运行、维护在标准的引领下走向高质量发展。在未来城市发展中，运用标准化推进城市治理的精细化将是长期的"着力点"。

二 讨论与展望

尽管目前以标准化引领城市精细化治理、推动城市高质量可持续发展

[①] 浙江政务服务网：《杭州市人民政府关于印发实施"标准化+"行动计划提升城市国际化水平实施方案的通知（杭政函〔2016〕190号）》，2017年1月9日，https：//www.hangzhou.gov.cn/art/2017/1/9/art_1241194_3960.html，2023年6月4日。

已形成广泛共识,但从全国层面看,城市管理标准体系的建设整体上参差不齐、差异显著、成效不一。在标准的制修订与实施过程中仍需平衡好标准化与个性化、专业性与整体性、静态标准与动态标准的问题。

(一) 标准化与个性化

城市治理标准的科学性很大程度上取决于标准制定时是否充分考虑到标准在不同区域、不同时间、不同情况的适用性。比如城市基础设施和环境卫生在中心城区、近郊区和远郊区的需求不同,实际情况不同,需要根据管理对象的区位差异和不同发展阶段的需求,进行更加细致的标准体系建设。而在突发事件状态下,如果缺乏一定的标准弹性空间,严格按照既定标准程序,又会造成贻误时机、刻板僵化问题。再比如,有的地方将城市公共服务的"精细化"等同于"细微化",流程环节设置过多过细、标准追求个性,不切实际,导致了资源浪费、形式主义、官僚主义和刻板主义,反而造成公众获取服务繁杂不便。

另外,如果只强调差异性与个性,标准的制定又会走向形式化,起不到引领标尺的作用。因此,这就要求标准的制修订需做好城市空间的分类分级的细化;标准的实施需要考虑"急用先行"的突发情况。

(二) 专业性与整体性

超大城市不同行政区域的治理由于其固有的外围扩张、协调困境、经济回报率等因素,加重了治理的碎片化,导致城市边缘地区绿地、公交等公共产品的缺失。[①] 在这一复杂的巨系统中,城市各个要素、行业领域、新生事物经常交织重叠,既对行业标准的专业性提出了更高要求,更对标准体系的整体性提出了全新要求。

目前国家层面尚缺少引领性和指导性的城市管理标准体系框架和建设意见,缺少统一的基础术语、基本格式、基本目标等,各地的探索难免有一定的盲目性,形式多样,但有些方面不够科学准确,城市标准化建设区域间水平差异较大。[②] 城市整体制度设计不足与标准规范制度衔接不紧密的问题依然存在。目前,虽然很多行业标准已有较强的覆盖性,但面对超

[①] André Sorensen and Junichiro Okata, eds., *Megacities: Urban Form, Governance, and Sustainability*, Tokyo: Springer, 2011, pp. 411-413.

[②] 乔延军、钟颖:《以标准化建设为突破口推进我国城市管理精细化研究》,《上海城市管理》2019年第5期。

大城市涉及多行业的综合性事务，一些地方不同层级、部门的标准编制"各自为政"，缺少有效的统筹整合，仍还存在行业标准孤岛化、封闭化、碎片化，行业标准之间衔接不够，标准体系建设整体性不足的现象，难以遵循城市治理的内在逻辑和规律，有效整合各类管理要素。

一些城市的管理标准仍较滞后，尚未形成城市管理全覆盖、全过程、全天候的标准体系。一些城市虽然提出了自己的管理标准体系构架，但标准本身的规范性和逻辑性不足。还有些城市管理标准散见和依附于技术规范、工作手册或规范性文件中，难以在实际工作中得到重视，不能有力发挥标准的引领作用。

（三）静态标准与动态标准

标准的引领规范性具有双刃效应。标准的制修订一方面强制性标准需保持相对稳定的社会预期，科学指导社会生产生活；另一方面标准体系也需具备灵活性，根据时代发展变化及时动态调整，优化更新以符合实际需要，否则会制约社会经济的发展。因此，需要形成常态长效的标准体系评估机制和优化更新机制。

第四节 权责空间精细化模式

地理空间、决策空间和管理空间精细化的成败和实现程度很大程度上取决于更深层次的权责空间的清晰化。在科层制体系中，管理主体权力与责任在不同层级的有效流转，在不同部门的明确划分，是实现城市治理精细化的深层要求。因此，权责空间精细化的改革主要从横向维度的整合增效与纵向维度的下沉赋权展开。

一 权责体系改革：基于权责清晰化的精细化管理模式

（一）横向维度的权责整合

横向权责整合主要是解决城市管理运行中的框架性问题，以增强机构设置协同性和整体性，更好地适应城市社会经济发展的需要，转变政府职能，增强城市问题的响应性。1982年以来的40多年间，党和国家机构进行了9次改革，其中党中央部门分别在1982年、1988年、1993年、1999年、2018年和2023年进行了6次改革，国务院机构分别在1982年、1988

年、1993 年、1998 年、2003 年、2008 年、2013 年、2018 年和 2023 年进行了 9 次改革。

在前三次的机构改革中，北京等超大城市正值城镇化高速发展阶段（50%—70%），城市建设任务越来越重，对城市统筹能力的需求迫切。在此背景下，城市管理的职能和机构设置上体现了"大城管"体制特点。1983 年，北京在市政管理办公室的基础上，成立北京市市政管理委员会，明确其作为市政府综合管理城市基础设施、公用事业、市政工作的职能部门，综合负责城市交通、公用事业、城市环境、邮电通信、防震减灾和城镇房地产六个方面的工作。随后，其管理职能不断扩充，管理队伍不断壮大，到 1994 年，北京市市政管理委员会已经归口管理北京市环境卫生管理局、北京市公用局、北京市环境保护局、北京市交通局、北京市园林局、北京市房地产管理局、北京市出租汽车管理局、北京市公安交通管理局、北京市邮政管理局、北京市电信管理局、北京市地震局、北京市房改办公室、北京市公共交通总公司、北京市地下铁道总公司、北京市市政工程管理处 15 个局处室和总公司。

步入 21 世纪，随着城市规模不断扩大，市政基础设施结构复杂，对专业化、精细化管理要求越来越高，而北京市政管理委员会承担职能太多，导致出现城市专业管理能力相对薄弱的问题。2000 年，为落实党中央、国务院批准的《北京市党政机构改革方案》和《北京市人民政府关于机构设置的通知》部署，对原北京市市政管理委员会的职能进行了划转调整。按照政企分开、政事分开的原则，新的北京市市政管理委员会不再对原先的 15 个归口单位进行统筹管理，将协调有关环境保护、园林、绿化、邮政、电信、防震减灾等工作、主管公共交通的职能以及出租汽车行业等管理职能、组织城区防汛的职能、住房制度改革和协调住宅小区综合管理的职能、审批建筑物或构筑物拆除爆破的职能等分别划出交给相关部门承担。同时，取消审批职能 22 项，下放给区县政府职能 7 项，明确环卫作业的具体任务逐步由社会化、专业化公司承担。将由原北京市环卫局管理的市级环卫专业队伍改组成专业公司；后又将由原北京市公用局管理的市级供气、供热专业企业改组成北京市燃气集团有限责任公司、北京市热力集团有限责任公司。2004 年将城市道路、桥梁以及经营性停车设施的行政管理职责划归交通委；将城市供水、节水、排水与污水处理、再生水利用等职责划归新组建的水务局。至此，综合管理的职能大大削弱，部门专业化的趋势日益明显。① 城市管理体现了向分工细化、专业化、市场化转变的特点。

然而，城市管理在向分工细化、专业化、市场化的转变过程中，不同程度出现了管理职责"碎片化"现象，管理分工越细、交叉缝隙就越多，城市对综合协调能力的要求越来越凸显。2008年国家机构改革提出"大部制"的理念，北京在筹办2008年奥运会提升城市综合运行效能的契机下，再次探索城市管理向综合统筹转型发展。北京市委、市政府决定成立临时机构——北京市"2008"环境建设指挥部及办公室，负责统一指挥、组织协调、督促落实全市城市环境景观、市政设施等建设整治任务，全面改善环境面貌，提升城市形象，保障北京成功举办了一届"无与伦比"的奥运会。这一临时体制的成功实践，得到了社会各界的广泛认同，作为一项奥运遗产被保留下来，2010年5月在北京市市政市容管理委员会加挂"首都城市环境建设委员会办公室"牌子。首都城市环境建设委员会作为市政府议事协调机构，由市长任主任委员，吸收相关中央单位、驻京部队和市属相关部门、各区政府的主管领导参加，加强对首都城市环境建设的整体协调，组织检查首都环境建设工作任务的实施，协调解决首都城市环境建设工作重大问题，弥补了城市管理部门职责分散的不足。

在此基础上，随着中央"大部制"改革的持续深入，2016年北京市召开市委第十一届第十次全会，贯彻落实习近平总书记视察北京重要讲话和中央城市工作会议精神，专题研究做好新形势下的城市管理工作，审议通过《中共北京市委、北京市人民政府关于全面深化改革提升城市规划建设管理水平的意见》。其中，将北京市规划委员会、市国土局合并，确保"多规合一"的底图精确。同时，组建城市管理委员会，明确其为城市管理主管部门，进一步完善综合管理与专业管理相结合的城市管理新格局，具有里程碑意义。其主要职责是：承担对城市管理工作的业务指导、组织协调、指挥调度、专项整治和检查评价等职责。在机构设置上，以原北京市市政市容管理委员会为基础，划入煤电油气等能源日常运行、充电站（桩）建设运营、再生资源回收、城市建成区市管道路两侧绿化带的环境卫生、城市河湖管理范围内（不含水域）的环境卫生，以及地下综

---

① 北京市城市管理委员会：《全面深化改革与首都城市管理发展》，《城市管理与科技》2018年第6期。

合管廊等管理职责，使新的城市管理委员会职责更加集中，管理更加顺畅。突出统筹协调和综合管理的发展要求，赋予了对城市管理领域财政预算运维资金的统筹管理，以及对市政设施建设的统筹协调的职责，赋予了对供热、燃气、环卫、照明等国有企事业单位管理任务的监督指导和考核评价职责，赋予了对各区城市管理主体责任考核的职责，强化了统筹综合职能，有利于统筹作用的发挥。

党的十九大以来，党和国家机构深度整合，进一步弥合了原有横向部门间的缝隙，不断横向整合城市管理职能，围绕城市发展和运行的问题与需求精准发力。北京等地"多规合一"等举措为城市高效运行搭建框架。2018年出台的《中共中央关于深化党和国家机构改革的决定》明确要求"构建简约高效的基层管理体制"；2019年年初，北京进一步出台《关于加强新时代街道工作的意见》，推动"街道大部制改革"，将街道原来针对上级政府职能部门设置的20多个科室，精简转变为以居民服务为中心的"6+1+3"的机构设置，包括6个内设机构（党群工作、社区建设、民生保障、平安建设、城市管理和综合保障），1个街道综合执法队以及3类街道所属事业单位（窗口类、平台类、活动类），聚焦基层党建、公共服务、城市治理和社会治理等方面。由此，街道在机构设置上由"向上对口"管理型向"对下负责"服务型转变。

（二）纵向维度的权责下沉

纵向权责的下沉，主要是在城市精细化管理范围的全面覆盖和公共服务神经末梢向基层延伸的要求背景下展开的。长期以来，城市精细化管理的重点对象和实施范围主要集中在城市的代表性地标和重要区域、路段，其环境美化标准、精细管理程度较高。2017年2月24日，习近平总书记视察北京时指出"北京要推进精细化管理，既管好主干道、大街区，又治理好每个社区、每条小街小巷小胡同"，并在6月27日进一步强调"背街小巷是最能体现精细化管理水平的，城市管理要向街巷胡同延伸"。标志着中央对超大城市精细化管理范围形成了更深刻的科学认知，并明确提出了全新要求，表明精细化的范围应不只局限于主干道、大街区，还应包括每个社区、小街小巷小胡同，应是一个全范围、无死角的概念。对城市精细化管理范围全面覆盖的重新认知极大推进了城市治理神经不断向城市基层、向城市角落延伸。特别是作为城市毛细血管的背街小巷，直接关系到城市环境秩序、居民生活质量、城市运行安全，是检验城市精细化管理的"第一考场"。① 2017年以来,北京市连续启动了三轮背街小巷环境整治提升三年行动计划(即《首都核心区背街小巷环境整治提升三年(2017—2019年)行动方案》《背街小巷环境精细化整治提升三年(2020—2022年)行动方案》以及《三年(2023—2025)行动方案》),六年间通过对6000余条背街小巷连续集中整顿治理,按照达标类、精治类、维护类三种类型进行了精细化的整治提升,背街小巷的环境面貌和景观品质实现提升,人民群众的生活环境质量得到显著改善。2022年建成精品街巷200条、示范片区6个,一批"最美街巷"成为北京新名片。

另外,随着人民群众对城市精细化管理和服务的需求不断增加,城市基层治理体系中街道属地与城市管理职能部门之间"条块分割"、权责不匹配所造成的"看得着的管不着,管不着的看不见"的矛盾不断加剧。精细化的深入推进需要向城市基层赋予更大权力、资源和能力,明晰基层各方治理主体责任,解决因"条块分割"、权责不匹配导致的"最后一公里"精细化治理的体制机制难题。

对此,党的十八大以来,中央高度重视,"大抓基层"、打通"最后一公里"的导向愈加鲜明。不断强调"城市治理的最后一公里就在社区"②。党的十九大报告提出要"推动社会治理重心向基层下移"。在此背景下,北京、上海、成都等超大城市均积极探索了如何在党建引领下破解"条块分割""九龙治水"等制约城市治理精细化的体制机制障碍。2018年北京由市委组织部牵头,将党建力量作为城市管理和基层治理重要引擎动力,开展党建引领"街乡吹哨,部门报到"的改革一号工程,推进治理重心下移、力量下沉,将5个领域433项行政执法权下放街乡,积极攻克"最后一公里"难题,加强城市神经末梢的治理。2019年进一步出台地方性法规《北京市街道办事处条例》,赋予街道参与权、意见建议权、指挥调度权、人事考核权、协调督办权和人员资金的统筹安排权,明确了"在本街道党的工作委员会领导下,加强社区治理,以到基层一线解决问题为导向,统筹协调、指挥调度区人民政府工作部门及其派出机构、承担公共服务职能的企业事业单位等,围绕群众诉求、重点工作、综合执法、

---

① 谢国民:《北京市背街小巷环境整治提升实践与展望》,《城市管理与科技》2021年第1期。

② 中共中央党史和文献研究院编:《习近平关于城市工作论述摘编》,中央文献出版社2023年版,第155页。

应急处置等反映集中、难以解决的事项，共同做好辖区服务管理工作"。

2014年，上海市委把创新社会治理、加强基层建设列为"一号课题"，由市委书记担任组长，四位市领导担任副组长，探索了"创新社会治理，加强基层建设1+6"系统文件（"1"是《关于进一步创新社会加强基层建设的意见》；"6"是涉及街道体制改革、居民区治理体系完善、村级治理体系完善、网格化管理、社会力量参与、社区工作者的6个配套文件），围绕"权力下放、重心下移"的主体着重解决城市管理中职能职权交叉重叠和效率低下问题。

成都则将社区发展治理纳入城市战略全局，提升到城市层面统筹，通过体制创新推进城市治理神经末梢有力触及社区。2017年，成都组建城乡社区发展治理工作领导小组，设立社治委，首次在党委组织体系中确定了一个综合部门，统筹分散在20多个部门的社区发展治理、治安综合治理、矛盾纠纷化解、居民服务供给、共建共治共享职责，破解条块分割、各自为政、权责失衡、资源分散的体制弊端，实现对基层治理体制的适应性重构。[①] 相继出台了一系列改革配套文件，构建了"1+6+N"的政策体系（"1"是《关于深入推进城乡社区发展治理 建设高品质和谐宜居生活社区的意见》，"6"涉及街乡职能转变、购买社会组织服务、社区营造、物业管理、社区工作者管理和社会企业，"N"则包括经费保障、小区治理、商圈楼宇党建等具体方案），并以老旧城区改造行动、背街小巷整治行动、特色街区创建行动、社区服务提升行动、平安社区创建行动五大行动作为项目牵引，持续提升城市治理精细化水平。

二 讨论与展望

"明者因时而变，知者随事而制。"横向维度的权责整合、职能调整对增强城市治理的整体性和问题回应性提供了体制保障；纵向维度的权责下沉对推进城市治理重心和资源下移，实现城市治理的精细化提供了机制保障。然而也需要看到，城市治理的权责体系改革是一项长期的复杂系统工程，不可能一蹴而就，也不会一劳永逸。超大城市治理的精细化尚需深入统筹专业性与整体性、下沉性和系统性、行政刚性与基层活力的关系，持续破除深层次体制机制障碍，从而推进城市治理体系和治理能力现

---

① 何艳玲：《人民城市之路》，人民出版社2022年版，第92页。

代化。

一是统筹专业性与整体性。从改革开放以来超大城市管理机构由"大而全"到"细而专"再到"大而精"的演变历程看,超大城市治理的精细化仅靠整体上大而全的管理机构是无从实现的;与此同时,仅靠科层制精细分工的专业治理方式也难以实现,只会带来与超大城市发展规律相悖的"碎片化"。面对今天超大城市这一复杂巨系统,只有构建既能迅速响应城市问题的整体性权责框架又能进行专业处置的权责体系才能符合超大城市发展规律。

二是统筹下沉性和系统性。一些城市在治理重心下移、权责下沉的过程中,尚存在市—区—街镇事权不清、责权不明的现象,不利于城市治理精细化工作的开展。有些市级职能部门将一些难以开展的工作、没有收益的项目下放给区级政府和街镇。但在事权下放的同时,却没有下放相应的权力和配套资金,影响了下级政府的工作积极性。[①] 权责下沉变相为"甩包袱"、推责任。有些区级部门在给街镇下放权责的过程中没有考虑街镇承担相应权责所需要的配套资源、专业能力和人员力量,"一放了之",使得街镇"接不住",难以发挥权责下沉的成效。因此,纵向维度的权责改革是个系统工程,需要系统而精细的考量。

三是统筹行政刚性与基层活力。虽然政府通过权责体系和运行模式的改革不断降低了超大城市在治理空间信息的模糊性和滞后性,增强了对问题解决的回应性和有效性,但这一代价是通过自上而下的行政刚性,对属地责任的压力发包机制来实现的,形成的是"地理空间"+"权责空间"的任务导向型模式,会使基层自主学习创新能力的空间受到挤压。这是因为,城市发展须以市民需求作为出发点和依归,而城市满足这一需求的能力具体区分为三个维度:需求识别能力、服务供给能力、学习成长能力。[②] 如仅依赖权责驱动的城市精细化只能让城市具备需求识别能力和服务供给能力,对基层长效治理的自主学习成长的能力和动力而言则难以满足。这使得一些基层干部容易发生"消极治理""被动应对"的情形,不利于城市治理精细化的内生成长。

[①] 张有坤、翟宝辉:《构建城市综合管理的标准化支撑体系》,《上海城市管理》2014年第4期。

[②] 何艳玲、郑文强:《"回应市民需求":城市政府能力评估的核心》,《同济大学学报》(社会科学版)2014年第6期。

第五节　需求空间精细化模式

习近平总书记指出，"推进城市治理，根本目的是提升人民群众的获得感、幸福感、安全感。要着力解决人民群众最关心最直接最现实的利益问题，不断提高公共服务均衡化、优质化水平"[1]。

权责空间横向维度与纵向维度的改革以自上而下的方式，为城市治理精细化提供了有力保障，优化整合了城市运行权责框架，有效贯通了城市运行的权责通道。在治理重心下移的城市治理精细化背景下，权责资源的下沉还需精准对接、敏捷响应自下而上来自需求空间的诉求，才能实现真正意义上城市治理的精细化。

对此，沿着纵向维度权责改革的深化路径，基于需求精准对接的市民诉求驱动型的敏捷性改革提供了一条自下而上的超大城市治理精细化新路径。

一　敏捷性改革：基于需求精准对接的市民诉求驱动型精细化管理模式

（一）"接诉即办"精准响应机制

习近平总书记强调，"社区是党委和政府联系群众、服务群众的神经末梢，要及时感知社区居民的操心事、烦心事、揪心事，一件一件加以解决"[2]。构建精准感知社区居民操心事、烦心事和揪心事的需求信息感知机制是超大城市治理精细化的第一前提。对此，2019年以来，北京市不断深化党建引领"街乡吹哨，部门报到"改革，创新扩大"哨源"，通过整合全市各区各部门的政务热线，把"街乡吹哨"延伸为"百姓吹哨"，将"哨子"直接交到有需求的人民群众手中，启动了"民有所呼，我有所应"的"接诉即办"改革，使各级各部门政府围绕

---

[1] 任鹏、颜维琦、曹继军：《上海："人民城市"的生动实践》，《光明日报》2020年12月3日第1版。

[2] 中共中央党史和文献研究院编：《习近平关于城市工作论述摘编》，中央文献出版社2023年版，第155页。

人民群众需求"闻风而动"。通过整合后的非紧急救助热线"12345"，将城市政府的管理服务与人民群众的距离从"最后一公里"拉近到"最后一厘米"，后台将居民诉求单直派属地街乡镇和相关职能部门，减少中转环节，以办件的响应率、解决率和满意率为考核标准，由市、区一把手对各街乡、政府部门、公共服务企业进行月度考核排名和通报点评，形成了城市政府对公众需求的精准响应。具体而言，通过建立需求精准感知机制、督办反馈机制、竞争激励机制和学习认同机制，形成了市民诉求驱动的城市精细化治理模式。

第一，建立"一号连通"的需求感知机制。针对超大城市治理普遍面临的场景复杂、服务低效和沟通不畅等问题，[1] 北京将分散在16个区县、委办局的100多条专号热线整合为非紧急救助热线"12345"，一号响应群众诉求，一号通联直派全市各属地部门，一号反馈诉求办理结果，从而精准感知、便捷捕获市民全方位诉求。随后又进一步扩大"12345"需求感知机制的可及性与便利性，除热线电话外，开通了"北京12345"微信公众号、微博等账号，构建了微博、微信、北京通手机客户端、人民网"领导留言板"等"17+N"网上"接诉即办"工作矩阵。通过热线联动社会力量，在行政执行系统外部搭建信息循环机制，形成"政策执行靠内部、信息发现和回馈两端靠社会"的信息闭环机制，有效地破解了委托者与代理者之间的信息不对称难题。[2] 打破了以往依赖领导干部经验主导议题的政府注意力分配模式，将普通大众的诉求精准吸纳进决策议程，形成民情民意表达、超大城市治理精细化感知的新机制。

第二，建立"一把手月度点评会"督办反馈机制。在整合热线建立诉求精准感知渠道的基础上，根据诉求件的权责属性进行归口划分，进一步建立精准回应的督办反馈机制。首先，建立诉求数据分类归集机制。2019年1月1日北京市正式启动以"12345"热线为抓手的"接诉即办"改革，将职责明确、管辖权属清晰的市民诉求直接交由各区委办局、街道

---

[1] 孟天广、黄种滨、张小劲：《政务热线驱动的超大城市社会治理创新——以北京市"接诉即办"改革为例》，《公共管理学报》2021年第2期。

[2] 张楠迪扬：《"全响应"政府回应机制：基于北京市12345市民服务热线"接诉即办"的经验分析》，《行政论坛》2022年第1期。

或乡镇，基层单位快速回应解决，区政府负责跟进工单的督办和考核。① 其次，建立诉求办理反馈评价机制。将市民来电划分为诉求件、咨询件、表扬件三类，并建立以市民评价为中心的"三率"评价机制，重点对诉求件进行市民回访，从响应率、解决率、满意率三个维度评价。在此基础上，建立一把手月度点评会机制和"接诉即办"排名机制以形成行政压力层层传导的威慑效应，保障督办效果。

自2019年1月起，北京市委召开区委书记月度点评会，会议由市委书记主持，市委、市政府领导，市政府秘书长参加。会议以视频形式覆盖全市街道乡镇，全市十六区、经开区和市有关部门主要负责同志，各街道乡镇主要负责同志分别在所在分会场参加。会议通报点评的"接诉即办综合排名"结果向社会公布。最初会议通报排名前三的区、最后一名的区、前十的街道（乡镇）和诉求量前十的街道（乡镇），随后不断完善，从2019年4月开始，月度点评会开始公布市直部门排名靠前的单位和最后一名的单位，标志着督办反馈机制日益健全，推动"接诉即办""条块"关系的协同。2019年5月，通报的街道（乡镇）进一步细化类别，分为先进类［综合排名前十的街道（乡镇）］、进步类［环比进步幅度大的前十名街道（乡镇）］、整改类［综合排名后十名的街道（乡镇）］和治理类［诉求最集中的前十名街道（乡镇）］，精准督促"接诉即办"不同情况和水平的属地进行提升。随着改革不断深化和基层治理需求的变化，截至2023年3月，通报内容涵盖了全市综合评分并列第一、排名后十、环比进步前十、诉求量前十、PM2.5排名后十的街道（乡镇），各区综合排名前三和排名靠后的区，综合排名评分并列第一和靠后的市级部门以及国有企业，形成了全体系的督办反馈机制，进一步优化配置行政资源，形成"以人民为中心"的行政价值导向。北京市委每月召开的区委书记月度点评会或市直部门党组月度点评会成为北京市委推动各项工作的重要议事平台，督促重要工作开展的沟通平台。通过月度工作点评会，实现了超大城市治理问题需求端与行政政策供给端的精准对接，为精细化推进超大城市的战略部署和重点任务提供了有力抓手。

---

① 北京市人民政府网站：《一图读懂：北京12345市民服务热线"接诉即办"》，2019年8月14日，https://www.beijing.gov.cn/ywdt/tujie/201908/t20190814_1833400.html，2023年6月4日。

第三，建立"内部竞争"的激励机制。通过建立政府"内部竞争"排名机制，以一把手点评机制将接诉即办成效的荣誉感与耻辱感自上而下地及时层层传递，形成各个街道、各个区、职能部门以及国有企业的内部竞争效应。与此同时，把接诉即办的竞争结果作为干部选人用人的重要依据，基于官员晋升激励的"行政发包制"①为基层政府回应公众诉求提供动力，也进一步强化了"人民城市为人民"的鲜明价值导向。

2019年7月，北京市召开的区委书记月度点评会上明确提出"相关部门要主动介入督办高频问题，将基层办理结果纳入部门考评，注重在'吹哨报到''接诉即办'中考察干部"。随着"接诉即办"改革深入和考评机制科学化水平提升，北京市将干部选拔任用与"接诉即办"联系起来，明确规定"接诉即办"绩效排名靠后的区、街道（乡镇）干部不提拔，对于排名靠前的干部优先使用，而对于长期处于后面的干部进行岗位调整，这极大地调动了干部做好"接诉即办"工作的主动性、能动性和积极性。②有学者通过"12345"诉求件的办理数据结合街乡镇和区两级主政官员的晋升履历数据的回归分析，发现主政官员晋升激励，不管是在街乡镇还是区级层面，都显著影响政府回应性，从而形成了"基层政府—上级政府—社会"的三元互动机制。③

第四，建立"数据驱动"的长效学习机制。与"城市大脑"通过物理传感器数据驱动的"物感型"城市精细化管理模式不同，"接诉即办"是由在城市中生活的每个鲜活个体直观感受的热线数据驱动而成的"人感型"城市精细化治理模式。"人感型"城市精细化治理模式为政府提升数据治理能力、群众工作能力和规则优化能力等方面建立了长效学习机制。一是提升数据治理能力。政务热线数据具有大数据普遍意义上的数量大、多样性、速生成和低赋值特性。政府通过对数据进行有效的分类聚类、挖掘赋值、风险识别、预测分析，提升了数据治理能力，从而精准识别民意，透视治理问题，精准施策，优化行政资源配置，增强了城市精细化治理水平。二是提升群众工作能力。热线数据带来的数据穿透性和覆盖

---

① 周黎安：《行政发包制》，《社会》2014年第6期。
② 李文钊：《超大城市的互动治理及其机制建构——以北京市"接诉即办"改革为例》，《电子政务》2021年第11期。
③ 赵金旭、孟天广：《官员晋升激励会影响政府回应性么？——基于北京市"接诉即办"改革的大数据分析》，《公共行政评论》2021年第2期。

性为几乎每个政府部门、街乡镇属地的干部提供了走出办公室,直接面对、直接办理人民群众诉求,直接接受人民群众评价的机会,在一次次"办件"过程中不断学习和提高了联系群众、深入群众的群众工作能力,增强了党和政府与人民群众的黏性。2019年1月1日至2021年11月30日,北京"12345"共受理群众反映3134万件,其中诉求1301万件,占比41.5%;咨询1833万件,占比58.5%。群众诉求解决率从53%提升到89%,满意率从65%提升到92%。①三是提升规则优化能力。"接诉即办"牵一发而动全身,撬动整个超大城市治理理念、治理方式和治理规则的全方位变革。以社会赋权、政府赋能的方式,不仅成为超大城市获知社会需求的渠道,还成功破解了行政系统内部上下级之间的信息不对称的难题和规则优化盲区的问题,为精准优化超大城市治理规则提供了重要依据和强大动力。

(二)"未诉先办":"每月一题"精细化主动治理机制

以政务热线为牵引的"接诉即办"改革为精准对接政府与公众的供需空间提供了平台,增强了政府回应性。然而与此同时,政府回应效能的提升也极大地刺激了市民诉求的持续释放。2019—2021年年底,北京"12345"共受理市民诉求3134万件;而2022年仅上半年(截至6月30日24时)共受理群众和企业来电2252.7万件。超大城市诉求的"井喷效应",极大增加了有限行政资源的压力,在超大城市的规模体量压力下,单一诉求响应模式的被动性和持续性问题日益凸显。

因此,供需空间的精准对接需从技术治理工具转型为系统治理工具,通过海量热线数据的聚类分析,从热点诉求中由表及里地发掘城市治理的深层共性难题。对此,北京市在"接诉即办"发现治理问题的基础上,建立了"每月一题"的"未诉先办"机制,对超大城市多元海量诉求进行制度性优化的主动回应,系统性精准破解城市治理的高频共性难题。

2021年2月,北京市"接诉即办"改革专项小组印发《2021年"接诉即办""每月一题"推动解决重点民生诉求工作计划》(以下简称《工作计划》),建立了"每月一题"机制。每年通过挖掘分析上年度"12345"接诉即办的民生数据,识别诉求量大、涉及面广、群众反映突

---

① 任册:《12345热线3年受理群众反映3134万件》,《北京日报》2021年12月20日第3版。

出的高频难点共性难题，主动发力进行专项治理，每月确立1个主题，在每月主题下选取2—3个具体问题，每个问题都明确一个市级部门牵头负主责，相关单位协同配合，共同研究改革措施，制定"一方案三清单"，以清单式管理、项目化推进的形式，从年初开始所有列入计划的"每月一题"问题同步滚动推进，市领导每月集中调度本月主题，建立督查督办、回访评估等环节，形成从"靶向治疗"到"标本兼治"的完整闭环治理系统，向未诉先办、主动治理、敏捷治理转型。

以2021年的"每月一题"为例，首先，年初根据2020年受理的1103.94万件群众来电前十类的市场管理、公共服务、住房、医疗卫生、城乡建设、交通管理、劳动和社会保障等问题，确立了"无证'房''车'""劳务和消费""城市环境""小区管理"等12个主题，以及27个具体问题（如表7-1所示）。其次，通过部门自行部署、分管副市长调度、市政府决策的"三级调度"机制，加强高位统筹和整体协调力度，确保当前问题解决的实效，又强化源头治理与政策创新，推动长期制度建设。再按照"三张清单"制度，由12个主责单位和54个配合单位对27个具体问题逐一提出解决方案，制定任务清单、责任清单和政策清单，明确时间表、路线图，由"一把手"亲自抓。与此同时，建立督查室、专项小组、市委市政府的"三级督导"机制，形成破解"每月一题"的合力。从诉求变化情况看，2021年10月20日至11月20日，27个问题的诉求派单量环比全面下降。下降超过20%的问题有10个，其中下降幅度超过30%的问题有4个。[①] 针对网络消费纠纷问题，市发展改革委牵头出台《关于促进平台经济规范健康持续发展的若干措施》，市市场监管局制定《电子商务经营者主体责任清单》。截至2021年11月底已完成任务清单中的570项任务，占比94.52%，出台政策法规105项，占比90.52%。2021年9月，北京市出台国内首部规范"接诉即办"工作的地方条例《北京市接诉即办工作条例》，对"接诉即办"改革理念和治理体系予以制度确认，对"接诉即办"全流程工作机制予以固化提升，对基层反映的突出问题予以立法回应，标志着"接诉即办"工作走出运动式治理模式，走向法治化治理，进一步主动缩短城市政府与人民群众的距离、进一

---

① 任珊：《12345热线3年受理群众反映3134万件》，《北京日报》2021年12月20日第3版。

步精准敏捷响应群众需求，逐步形成市民诉求驱动政府治理规则优化变革，市民诉求驱动的超大城市精细化管理模式。

表7-1　2021年北京市12个"每月一题"与27项具体问题任务

上会月份	主题	问题	上会月份	主题	问题
1月	无证"房""车"	1. 房产证难办问题 2. 无牌照电动三、四轮车问题	7月	市政	15. 路灯问题 16. 地下通道和市政涵洞设施维护问题
2月	劳务和消费	3. 拖欠工资问题 4. 预付式消费退费难问题 5. 网络消费纠纷问题	8月	医疗服务	17. 社区医院资源不足问题 18. 医院医疗服务问题
3月	城市环境	6. 垃圾清运不及时问题 7. 街头游商占道经营问题	9月	停车管理	19. 小区周边道路停车资源不足、违章停车问题 20. 共享单车乱停乱放问题
4月	小区管理	8. 房屋使用问题 9. 老旧小区改造项目推进难问题 10. 小区充电桩安装难问题	10月	养老	21. 养老机构收费和服务问题 22. 居家养老保障问题
5月	教育	11. 普惠幼儿园入园问题 12. 教育培训机构规范管理问题	11月	农村管理	23. 农村宅基地问题 24. 农村村民待遇问题 25. 农村基础设施建设问题
6月	交通管理	13. 交通噪声扰民问题 14. 大货车交通安全问题	12月	地产市场管理	26. 房地产中介经营不规范问题 27. 群租房问题

二　讨论与展望

"接诉即办"是以人民为中心和以基层为中心的北京超大城市治理实验，它开创了面向人民、面向问题、面向基层的超大城市治理变革实践，真正实现人民城市人民建，人民城市为人民。[1] 这一在需求空间创新的"接诉即办"模式通过主动缩短政府与公众的权力距离，破除公众诉求的

---

[1] 李文钊：《北京市"接诉即办"的设计原理》，《前线》2021年第3期。

模糊性信息障碍，是基于中国情境构建的公共价值创造的整合性框架。①"接诉即办"以党建引领统合资源、以主动回应增强认同、以常态互动维持成效、以技术嵌入促智慧治理②的方式，有效构建了城市治理精细化所需的信息和政府政策与资源供给的循环系统，充当了社情民意的"传感器"、协同治理的"接驳器"、决策辅助的"信息港"的三重功能，③实现了不同治理主体之间的有效互动与合作生产、合作治理。

北京"接诉即办"改革以来，"12345"热线共受理群众诉求1亿余件，解决率、满意率在原有基础上分别提升了41个百分点和30个百分点，提升至94%、95%。④北京"接诉即办"的治理理念和治理方式得到了党中央和国务院的肯定，也为我国各地城市以政务热线为抓手提升精细化治理水平提供了重要启示。2021年党中央、国务院出台的《关于加强基层治理体系和治理能力现代化建设的意见》肯定了"接诉即办"对超大城市基层治理改革的价值；国务院办公厅印发的《关于进一步优化地方政务服务便民热线的指导意见》充分借鉴了北京"接诉即办"的改革经验，重视"接诉即办"对政务服务便民热线改革的启示，要求全国各地"接得更快、分得更准、办得更实"，加快热线归并、优化热线运行机制、加强热线能力建设。内蒙古呼和浩特市等地开始全面引入北京市"接诉即办"改革实践，对"12345市民服务热线"进行升级和改造，使其能够更好地回应民众诉求和提升城市治理能力。⑤

与此同时，这一模式在迭代优化、政策扩散和经验推广过程中仍需应对以下挑战。一是政务精细化服务的供需矛盾依然突出。市民诉求的激增对客服座席规模、专业程度的挑战持续增强，影响了热线接通率。虽然通过增加网络诉求渠道的方式在一定程度上有所缓解，但相较于传统热线电

---

① 翟文康、徐文、李文钊：《注意力分配、制度设计与平台型组织驱动的公共价值创造——基于北京市大兴区"接诉即办"的数据分析》，《电子政务》2021年第5期。

② 马超、金炜玲、孟天广：《基于政务热线的基层治理新模式——以北京市"接诉即办"改革为例》，《北京行政学院学报》2020年第5期。

③ 清华大学数据治理研究中心：《政务热线数智化发展报告（2022）》，2022年7月，https://www.digitalelite.cn/h-nd-5003.html，2023年6月4日。

④ 任珊、孙宏阳：《接诉即办以来12345受理群众诉求超亿件解决率、满意率分别提升至94%、95%》，《北京日报》2022年12月19日第1版。

⑤ 李文钊：《超大城市的互动治理及其机制建构——以北京市"接诉即办"改革为例》，《电子政务》2021年第11期。

话渠道较强的互动性和便利性，网络渠道互动效果较低，难以对复杂诉求问题予以准确掌握；而老年人等数字弱势群体的诉求表达难以保障。

二是量化考核的外驱动力机制仍需完善。自上而下的"行政发包"考核压力机制有效调动了各级政府特别是基层政府的积极性。但一些地区会通过制造虚假的简易诉求来提高本地区的阶段性考评成绩，扭曲了指标考核的初衷。还有的地区只注重短期的考核排名，不注重问题的正确解决方式或对长期根源性问题的科学研究，产生被诉求"牵着走"的"被动应对"现象，容易诱发公民的"政府包办"心态，不利于形成城市治理精细化内生动力。

三是数字治理能力的提升空间仍然较大。虽然目前已有300多个城市设立了政务热线，但大多数城市的政务热线仅仅是作为一个辅助倾听民声的"技术治理工具"，而非一套数字治理的"决策辅助系统"。多数城市很少将政务热线数据视为重要的决策资源进行赋值挖掘，只是对市民来电进行简单统计，诸如来电量、解决率、满意率等，对来电内容的分析不足，缺乏通过挖掘数据现象背后的深层政策原因。亟须更好融合数据、理论和经验，以帮助政府更高精度和效度地洞察全域深层治理需求，驱动城市决策和治理的精细化、现代化水平。

四是权责协同体系仍需进一步深化改革。不论是"接诉即办"还是"未诉先办"主动治理，依靠的是热线背后诉求办理的长业务链条和复杂协同链条。一些疑难诉求件由于关联单位众多、业务分工精细，使得办理过程复杂、时间周期较长。对此，只有深入分析业务流程链条、上下联动链条、左右协同链条的梗阻节点，深化权责体系改革，解决上级政府"权大责小"和基层政府"权小责大"的实际问题以及部门间权责合理划分问题，才能从根本上提高精准派单水平、提升部门间的对接联动效率、及时跟踪反馈办理结果，推动精准办理、敏捷办理。

结论与展望

构建中国式超大城市现代化道路

我国现已成为全球超大城市最多的国家。超大城市是我国经济发展最重要的引擎，超大城市治理是体现国家治理体系和治理能力现代化的最重要的载体。党的二十大报告强调，要"提高城市规划、建设、治理水平，加快转变超大特大城市发展方式"。这是党中央在全面建设社会主义现代化国家开局起步的关键时期作出的重大战略部署。超大城市治理的精细化既是当前发展阶段目标，也是实现超大城市治理现代化的必要手段。中国超大城市治理的精细化为全球探索破解超大城市治理难题提供了既具有中国特色，也具有普遍价值的方案。

通过追溯中外精细化思想渊源、理论方法发展的历史逻辑，分析精细化之于超大城市治理的现实逻辑和价值逻辑，辨清了精细化的四大核心要素及逻辑关系：（1）价值导向和评价标尺是人的需求；（2）基础前提是功能定位的精简优化；（3）方式方法是科学量化与持续改进；（4）目的是兼顾经济效益和人民满意。即，精细化管理的核心要义应以公民需求为导向，在去除冗余规章制度、精简办事流程的基础上，采用一系列科学的方法工具，对管理的决策、执行、监督全过程进行细节优化，以达到兼顾经济效益和人民满意的管理理念和方式。具体到超大城市治理的精细化，则其核心内涵是以城市中的人为中心，以人民群众需求为价值导向，精炼优化城市功能，做精存量、做优增量，以人性化、标准化、智慧化、可持续为核心理念，在城市发展战略目标制定、项目决策、执行监督、反馈回应的全环节，精心细致设计城市规划与管理制度、流程、标准，运用大数据等技术手段，精准严格进行城市建设、运行管理与公共服务，构建精治、法治、共治的现代化城市治理体系。

在辨明"精细"的本质含义基础上，提出了超大城市治理精细化的首要要义在于"精"。即精细化的前提是对城市功能的精简优化与精准定位。超大城市治理精细化的这一功能内涵的前提条件，在传统超大城市发展与治理过程中往往被忽视，造成了以往超大城市"摊大饼"式的粗放扩张和无序蔓延。对此，北京市作为全国首个明确提出"减量发展"的超大城市，通过功能集约、精准定位，围绕"四个中心"功能目标，实施了疏解非首都功能、"疏整促"行动等重大举措，全新诠释了超大城市治理精细化的功能内涵。而超大城市治理要实现"细"，需要在治理体制上保障纵向治理层级的贯穿性及在治理需求末端权责资源的整合性，同时在治理机制上，需要调动多元治理的协同参与。面对长期"碎片化""条块分割"的城市政府科层体系，跨属地环境治理挑战，以及区域功能发展整体性协同需求，超大城市治理精细化需寻求建立"条块融通"的精细化治理体制，区域化的城际协作机制，以及公共部门与私营部门协同合作的治理机制。

在把握超大城市治理精细化的基本逻辑与核心内涵的基础上，进一步分析了国内外超大城市的实践模式。通过对纽约、东京、巴黎、伦敦国外四座城市治理精细化的分析，发现了其共同特点在于：提倡参与式治理、鼓励包容性治理和利用智慧化治理、发展绿色治理和对城市存量空间精细治理。这与北京、上海等中国超大城市提倡的"全范围、全天候、全流程"的精细化治理范围和"法治化、专业化、标准化、社会化、智能化"的精细化治理手段有较强的共通性，也为未来中国超大城市治理精细化的发展趋势和重点方向提供了思路。

与此同时，中国在探索"中国特色的超大城市管理新路子"的实践过程中，创新将政党作为重要的治理主体，发挥了独特的功能和价值，逐步形成了"政党—政府—社会"的城市精细化治理三元架构和"一核多元"的超大城市精细化治理共同体。在这一新型治理架构中，政党通过价值引领，弥补了精细化价值理性的缺陷；与此同时，通过组织覆盖、服务牵引、组织动员和资源整合，实现了精细化治理的全面性、穿透性和服务的精准性，并成为城市发展的价值"引导剂"、城市法律法规的"补充剂"、城市治理"条块分割"的"黏合剂"，为超大城市治理精细化做出了重要理论创新，贡献了独特的中国方案。

近年来，中国超大城市在地理空间、决策空间、管理空间、权责空间以及需求空间分别探索形成了"基于地理空间细分的网格化管理模式""基于决策空间精确化的智能化管理模式""基于管理空间规范化的标准化管理模式""基于权责空间清晰化的权责体系管理模式""基于需求空间精准对接的市民诉求驱动型敏捷性治理模式"五大精细化管理模式。五大模式为中国超大城市的深刻转型和更新提质发挥了显著效用。

既有实践模式体现了从自上而下"植入式"管理的特征。面向未来，需从科学内涵、动力机制以及可持续发展等角度进一步深入思考，形成上下联动的超大城市精细化管理与社会精细化治理互嵌的有机生命体。一是以党建引领为核心。把党的领导贯穿超大城市精细化治理共同体的全方位、各领域，把党的政治、组织以及密切联系群众优势不断转化为基层治理、服务群众的有效机制。[1] 二是既注重精细化的结果导向的管理技术伦理，更注重目的和过程导向的价值伦理，更好地运用大数据、人工智能等技术建设好智慧城市。三是既强调细节更强调系统。建立全方位、多层次、立体化的协同治理机制和跨部门、跨行业、跨地域的责任机制，实现对群众诉求的全方位回应，提供更高价值质量、更具多元化的公共服务。

由此，方能回答在中国式现代化的推进中，城市作为国家发展最重要的空间载体，城市治理作为国家治理的重要内容，如何通过不同规模城市群的协同发展进而实现人口规模巨大的现代化；如何通过城乡一体化发展进而实现全体人民共同富裕的现代化；如何通过城市文化的认同，实现物质文明和精神文明相协调的现代化；如何通过持续的城市生态文明建设，实现人与自然和谐共生的现代化；如何通过走中国特色社会主义城市道路，实现和平发展道路的现代化。

---

[1] 张晓萌、周鼎：《以人民为中心推进首都治理》，《前线》2022年第5期。

主要参考文献

一 中文部分

（一）专著

《马克思恩格斯全集》第5卷，人民出版社1958年版。
《马克思恩格斯全集》第23卷，人民出版社1972年版。
《马克思恩格斯文集》第1卷，人民出版社2009年版。
《马克思恩格斯文集》第2卷，人民出版社2009年版。
《毛泽东选集》第4卷，人民出版社1996年版。
《毛泽东文集》第7卷，人民出版社1999年版。
《粤港澳大湾区发展规划纲要》，人民出版社2019年版。
《中共中央关于全面深化改革若干重大问题的决定》，人民出版社2013年版。
《中华人民共和国国民经济和社会发展第十四个五年规划和2035年远景目标纲要》，人民出版社2021年版。
本书编写组：《十八大以来治国理政新成就》（上册），人民出版社2017年版。
本书编写组：《习近平的小康情怀》，人民出版社2022年版。
本书编写组：《习近平关于社会主义社会建设论述摘编》，中央文献出版社2017年版。
陈忠：《城市社会的哲学自觉：人文城市学》第2卷，复旦大学出版社2020年版。
城市中国：《未来社区》，浙江大学出版社2021年版。
何艳玲：《人民城市之路》，人民出版社2022年版。
洪向华主编：《领导干部治理能力十讲》，人民出版社2020年版。
李传军：《管理主义的终结》，中国人民大学出版社2007年版。

陆小成：《"城市病"治理的国际比较研究》，中国社会科学出版社 2016 年版。

陆军：《中国城市精细化管理研究》，科学出版社 2021 年版。

吕世辰等：《农民工农地流转与城镇化》，社会科学文献出版社 2018 年版。

习近平：《在深圳经济特区建立 40 周年庆祝大会上的讲话》，人民出版社 2020 年版。

薛泽林：《城市精细化治理：中国的理论与实践》，上海社会科学院出版社 2020 年版。

中共中央党史和文献研究院编：《习近平关于城市工作论述摘编》，中央文献出版社 2023 年版。

中共中央党史和文献研究院编：《习近平关于网络强国论述摘编》，中央文献出版社 2021 年版。

中共中央文献研究室编：《习近平关于全面建成小康社会论述摘编》，中央文献出版社 2016 年版。

中共中央文献研究室编：《习近平关于社会主义经济建设论述摘编》，中央文献出版社 2017 年版。

中国城市规划设计研究院：《城市发展规律——知与行》，中国建筑工业出版社 2016 年版。

中国城市科学研究会：《中国城市更新发展报告 2019—2022》，中国建筑工业出版社 2022 年版。

（二）译著

[德] 乌尔里希·贝克：《风险社会》，何博闻译，译林出版社 2004 年版。

[美] 弗雷德里克·泰勒：《科学管理原理》，马风才译，机械工业出版社 2007 年版。

[美] 简·雅各布斯：《美国大城市的死与生》，金衡山译，译林出版社 2006 年版。

[美] 刘易斯·芒福德：《城市发展史——起源、演变和前景》，宋俊岭等译，中国建筑工业出版社 2005 年版。

[美] 迈克尔·哈默、詹姆斯·钱皮：《企业再造》，王珊珊译，上海译文出版社 2007 年版。

［美］尤金·巴达赫：《跨部门合作：管理"巧匠"的理论与实践》，周志忍、张弦译，北京大学出版社 2011 年版。

［美］约翰·罗尔斯：《正义论》修订版，何怀宏等译，中国社会科学出版社 2009 年版。

［美］詹姆斯·P. 沃麦克、丹尼尔·T. 琼斯、丹尼尔·鲁斯：《改变世界的机器》，沈希瑾等译，商务印书馆 1999 年版。

［英］埃比尼泽·霍华德：《明日的田园城市》，金经元译，商务印书馆 2010 年版。

［英］尼格尔·泰勒：《1945 年后西方城市规划理论的流变》，李白玉等译，中国建筑工业出版社 2006 年版。

（三）论文

北京市城市管理委员会：《全面深化改革与首都城市管理发展》，《城市管理与科技》2018 年第 6 期。

曾维和：《共建共享社会治理格局：理论创新、体系构筑、实践推进》，《理论探索》2016 年第 3 期。

陈晨：《城市治理精细化转型路径分析》，《中共珠海市委党校珠海市行政学院学报》2015 年第 1 期。

陈弘仁：《四大非首都功能将疏解出北京城》，《中国经贸导刊》2015 年第 8 期。

陈家喜、黄卫平：《把组织嵌入社会：对深圳市南山区社区党建的考察》，《马克思主义与现实》2007 年第 6 期。

陈家喜：《中国城市社区治理的新变化：基于政党功能视角》，《政治学研究》2023 年第 1 期。

陈荣卓、胡皓玥：《党建引领社会治理重心下移的逻辑与进路》，《江汉论坛》2023 年第 3 期。

陈水生：《技术驱动与治理变革：人工智能对城市治理的挑战及政府的回应策略》，《探索》2019 年第 6 期。

成德宁：《大城市安全风险的性质、特征及治理思路》，《国家治理》2021 年第 5 期。

仇保兴：《我国城市发展模式转型趋势——低碳生态城市》，《城市发展研究》2009 年第 8 期。

崔传义：《当前农民工社会管理的突出问题与政策建议》，《重庆工学院学报》2006 年第 2 期。

戴湘毅、王晓文、王晶：《历史街区定义探析》，《云南地理环境研究》2007 年第 5 期。

党云晓、湛东升、谌丽等：《城市更新过程中流动人口居住—就业变动的协同机制研究》，《地理研究》2021 年第 2 期。

邓杰：《马克思、恩格斯关于大城市规模的思想研究》，《社会主义研究》2017 年第 5 期。

狄凡、周霞：《超大城市治理公众参与演变历程与现状分析——基于国内外比较的视角》，《上海城市管理》2019 年第 6 期。

翟斌庆、伍美琴：《城市更新理念与中国城市现实》，《城市规划学刊》2009 年第 2 期。

翟文康、徐文、李文钊：《注意力分配、制度设计与平台型组织驱动的公共价值创造——基于北京市大兴区"接诉即办"的数据分析》，《电子政务》2021 年第 5 期。

杜宝东：《浅议规划师角色的转型——基于中关村科学城协作规划的过程思考》，《城市建筑》2014 年第 10 期。

国家统计局：《经济社会发展统计图表：第七次全国人口普查超大、特大城市人口基本情况》，《求是》2021 年第 18 期。

韩志明：《从粗放式管理到精细化治理》，《云南大学学报》（社会科学版）2019 年第 5 期。

何绍辉：《把城镇化路子走正——学习习近平总书记关于城镇化与城市工作重要论述》，《毛泽东研究》2020 年第 4 期。

何艳玲、郑文强：《"回应市民需求"：城市政府能力评估的核心》，《同济大学学报》（社会科学版）2014 年第 6 期。

黄俊尧：《"精细化"导向的城市基层治理创新——国家"趋近"社会的实践与逻辑》，《浙江学刊》2019 年第 1 期。

黄莹、甘霖：《继承、发展与创新——对北京城市功能定位和发展目标的深化认识》，《北京规划建设》2012 年第 1 期。

霍艺：《基于三方博弈的旧城区改造利益主体策略研究》，《四川建筑》2022 年第 2 期。

贾明雁、许红、姜薇：《北京市城市管理标准体系的建立与应用》，《城市管理与科技》2021 年第 2 期。

姜胜辉：《标准化治理：城市社区治理新模式》，《中共天津市委党校学报》2019 年第 5 期。

景跃进：《将政党带进来——国家与社会关系范畴的反思与重构》，《探索与争鸣》2019 年第 8 期。

康俊生、晏绍庆、马娜：《标准化支撑城市管理精细化研究分析》，《标准科学》2018 年第 6 期。

柯于璋：《社区主义治理模式之理论与实践——兼论台湾地区社区政策》，《公共行政学报》2005 年第 9 期。

李国平、孙瑀：《以人为核心的新型城镇化建设探究》，《改革》2022 年第 12 期。

李冉：《国际政治经济学中的"脱钩"》，《金融博览》2015 年第 1 期。

李文刚：《人民城市理念：出场语境、意蕴表征与伦理建构》，《城市学刊》2021 年第 6 期。

李文钊：《北京市"接诉即办"的设计原理》，《前线》2021 年第 3 期。

李文钊：《超大城市的互动治理及其机制建构——以北京市"接诉即办"改革为例》，《电子政务》2021 年第 11 期。

李文钊：《数字界面视角下超大城市治理数字化转型原理——以城市大脑为例》，《电子政务》2021 年第 3 期。

李子祥：《京津冀一体化下的北京城市功能定位研究》，《中国经贸导刊》2014 年第 23 期。

梁妍慧：《区域化党建是党的建设的新课题》，《理论学刊》2010 年第 10 期。

梁正：《城市大脑：运作机制、治理效能与优化路径》，《人民论坛·学术前沿》2021 年第 9 期。

林立公：《试论两新组织党的建设》，《政治学研究》2009 年第 5 期。

林逸涛、严红梅：《城市智慧化治理赋能深圳先行示范区建设》，《特区实践与理论》2021 年第 1 期。

刘士林：《人民城市：理论渊源和当代发展》，《南京社会科学》2020 年第 8 期。

刘伟：《从"嵌入吸纳制"到"服务引领制"：中国共产党基层社会

治理的体制转型与路径选择》，《行政论坛》2017 年第 5 期。

刘中起、郑晓茹、郑兴有等：《网格化协同治理：新常态下社会治理精细化的上海实践》，《上海行政学院学报》2017 年第 2 期。

栾晓峰：《城市更新，如何做好风险防范》，《决策探索》2021 年第 8 期。

吕健俊、陈柏峰：《基层权责失衡的制度成因与组织调适》，《求实》2021 年第 4 期。

马超、金炜玲、孟天广：《基于政务热线的基层治理新模式——以北京市"接诉即办"改革为例》，《北京行政学院学报》2020 年第 5 期。

梅浩：《习近平关于城乡融合发展重要论述形成的双重维度》，《重庆行政》2019 年第 1 期。

孟天广、黄种滨、张小劲：《政务热线驱动的超大城市社会治理创新——以北京市"接诉即办"改革为例》，《公共管理学报》2021 年第 2 期。

孟小峰、慈祥：《大数据管理：概念、技术与挑战》，《计算机研究与发展》2013 年第 1 期。

［英］帕齐·希利：《一位规划师的一天——沟通实践中的知识与行动》，熊国平、刘畅译，《国际城市规划》2008 年第 3 期。

彭勃、邵春霞：《组织嵌入与功能调适：执政党基层组织研究》，《上海行政学院学报》2012 年第 1 期。

乔延军、钟颖：《以标准化建设为突破口推进我国城市管理精细化研究》，《上海城市管理》2019 年第 5 期。

渠敬东、周飞舟、应星：《从总体支配到技术治理——基于中国 30 年改革经验的社会学分析》，《中国社会科学》2009 年第 6 期。

任远：《人的城镇化：新型城镇化的本质研究》，《复旦学报》（社会科学版）2014 年第 4 期。

容志：《结构分离与组织创新："城市大脑"中技术赋能的微观机制分析》，《行政论坛》2020 年第 4 期。

孙柏瑛、于扬铭：《网格化管理模式再审视》，《南京社会科学》2015 年第 4 期。

孙立平：《中国进入利益博弈时代》，《经济研究参考》2005 年第 68 期。

唐鑫：《从北京发展的阶段特征看减量发展》，《前线》2018年第11期。

王春光：《新生代农民工城市融入进程及问题的社会学分析》，《青年探索》2010年第3期。

王丛虎、乔卫星：《基层治理中"条块分割"的弥补与完善——以北京城市"一体两翼"机制为例》，《中国行政管理》2021年第10期。

王红茹：《七大城市群预判：下一个10年，哪些城市有望晋升超大城市？》，《中国经济周刊》2021年第19期。

王军：《接诉即办：北京提升超大城市治理水平的创新实践》，《北京党史》2020年第2期。

王敏、朱华伟：《农村社区网格化治理的本土实践：比较、问题与对策——基于我国东中西三个典型案例的分析》，《西华师范大学学报》（哲学社会科学版）2020年第4期。

王名、李朔严：《十九大报告关于社会治理现代化的系统观点与美好生活价值观》，《中国行政管理》2018年第3期。

王巍：《"企业流程再造"：美国管理理论与实践的新突破》，《世界经济》1996年第1期。

王延隆、毛燕武：《城市大脑+社区小脑："十四五"时期我国城市社区精细化治理新模式》，《学习论坛》2022年第2期。

王阳：《从"精细化管理"到"精准化治理"——以上海市社会治理改革方案为例》，《新视野》2016年第1期。

王玉明：《粤港澳大湾区环境治理合作的回顾与展望》，《哈尔滨工业大学学报》（社会科学版）2018年第1期。

王振坡、张安琪、臧学英：《习近平关于城市发展重要论述的理论蕴涵与实践价值》，《江淮论坛》2019年第5期。

吴良镛：《中国城市发展的科学问题》，《城市发展研究》2004年第1期。

吴月、冯静芹：《超大城市群环境治理合作网络：结构、特征与演进——以粤港澳大湾区为例》，《经济体制改革》2021年第4期。

吴月：《技术嵌入下的超大城市群水环境协同治理：实践、困境与展望》，《理论月刊》2020年第6期。

吴忠民：《社会公正与中国现代化》，《社会学研究》2019年第5期。

习近平：《在庆祝中国共产党成立 95 周年大会上的讲话》，《求是》2021 年第 8 期。

项久雨：《新时代美好生活的样态变革及价值引领》，《中国社会科学》2019 年第 11 期。

肖洪：《城市生态建设与城市生态文明》，《生态经济》2004 年第 7 期。

谢国民：《北京市背街小巷环境整治提升实践与展望》，《城市管理与科技》2021 年第 1 期。

邢华：《我国区域合作治理困境与纵向嵌入式治理机制选择》，《政治学研究》2014 年第 5 期。

徐颖：《历史演进与功能定位：北京建设世界城市的战略思考》，《中国行政管理》2011 年第 7 期。

闫彦明：《产业转型进程中城市病的演化机理与防治研究》，《现代经济探讨》2012 年第 11 期。

阳建强、陈月：《1949—2019 年中国城市更新的发展与回顾》，《城市规划》2020 年第 2 期。

杨辰、辛蕾、兰蓓等：《超大城市治理的"社区"路径——〈成都市城乡社区发展规划（2018—2035 年）〉的编制与思考》，《城市规划学刊》2020 年第 1 期。

杨光斌：《建国历程的新政治学：政党中心主义、政治秩序与"好政治"三要素》，《中国政治学》2018 年第 1 期。

杨宏山、皮定均：《构建无缝隙社会管理系统——基于北京市朝阳区的实证研究》，《中国行政管理》2011 年第 5 期。

杨旎：《城市精细化管理与基层治理创新互嵌：实践模式与理论探讨》，《新视野》2020 年第 3 期。

杨旎：《美国政府精细化管理的历史沿革及经验启示》，《陕西行政学院学报》2019 年第 1 期。

杨妍、王江伟：《基层党建引领城市社区治理：现实困境实践创新与可行路径》，《理论视野》2019 年第 4 期。

杨勇祥：《城市更新与保护》，《现代城市研究》2002 年第 3 期。

叶胥、武优勐、毛中根：《习近平关于城市发展的重要论述及实践探析——以成都建设公园城市为例》，《邓小平研究》2019 年第 6 期。

尹圆：《关于推进"十四五"时期首都网格化城市管理发展的实践与思考》，《城市管理与科技》2021年第3期。

余璐：《从"出去"到"留下"：新生代农民工融入城市之道》，《中国减灾》2020年第9期。

俞可平：《标准化是治理现代化的基石》，《人民论坛》2015年第31期。

俞可平：《科学发展观与生态文明》，《马克思主义与现实》2005年第4期。

郁建兴、樊靓：《数字技术赋能社会治理及其限度——以杭州城市大脑为分析对象》，《经济社会体制比较》2022年第1期。

袁方成、王丹：《全过程联动：迈向共同富裕的新型城镇化》，《苏州大学学报》（哲学社会科学版）2022年第4期。

张更立：《走向三方合作的伙伴关系：西方城市更新政策的演变及其对中国的启示》，《城市发展研究》2004年第4期。

张晖明、温娜：《城市系统的复杂性与城市病的综合治理》，《上海经济研究》2000年第5期。

张京祥、胡毅：《基于社会空间正义的转型期中国城市更新批判》，《规划师》2012年第12期。

张磊：《"新常态"下城市更新治理模式比较与转型路径》，《城市发展研究》2015年第12期。

张楠迪扬：《"全响应"政府回应机制：基于北京市12345市民服务热线"接诉即办"的经验分析》，《行政论坛》2022年第1期。

张松：《中国历史建筑保护实践的回顾与分析》，《时代建筑》2013年第3期。

张晓萌、周鼎：《以人民为中心推进首都治理》，《前线》2022年第5期。

张有坤、翟宝辉：《构建城市综合管理的标准化支撑体系》，《上海城市管理》2014年第4期。

张治栋、秦淑悦：《产业集聚对城市绿色效率的影响——以长江经济带108个城市为例》，《城市问题》2018年第7期。

赵弘、刘宪杰：《疏解北京非首都功能的战略思考》，《前线》2015年第6期。

赵金旭、孟天广：《官员晋升激励会影响政府回应性么？——基于北京市"接诉即办"改革的大数据分析》，《公共行政评论》2021年第2期。

赵金旭、王宁、孟天广：《链接市民与城市：超大城市治理中的热线问政与政府回应——基于北京市12345政务热线大数据分析》，《电子政务》2021年第2期。

赵孟营：《超大城市治理：国家治理的新时代转向》，《中国特色社会主义研究》2018年第4期。

赵新峰、袁宗威：《京津冀区域大气污染协同治理的困境及路径选择》，《城市发展研究》2019年第5期。

周黎安：《行政发包制》，《社会》2014年第6期。

周利敏：《韧性城市：风险治理及指标构建——兼论国际案例》，《北京行政学院学报》2016年第2期。

周晓丽：《论社会治理精细化的逻辑及其实现》，《理论月刊》2016第9期。

竺乾威：《公共服务的流程再造：从"无缝隙政府"到"网格化管理"》，《公共行政评论》2012年第2期。

庄友刚：《马克思主义城市观与马克思主义哲学当代出场范式的创新》，《吉林大学社会科学学报》2018年第4期。

邹兵：《增量规划向存量规划转型：理论解释与实践应对》，《城市规划学刊》2015年第5期。

（四）其他

北京市人民政府门户网站：《2004年北京市政府工作报告》，2004年2月23日，https：//www.beijing.gov.cn/gongkai/jihua/zfgzbg/201903/t20190321_1838372.html，2023年6月3日。

北京市人民政府网站：《一图读懂：北京12345市民服务热线"接诉即办"》，2019年8月14日，https：//www.beijing.gov.cn/ywdt/tujie/201908/t20190814_1833400.html，2023年6月4日。

蔡奇：《在习近平新时代中国特色社会主义思想指引下奋力谱写全面建设社会主义现代化国家的北京篇章》，《北京日报》2022年7月4日第1版。

联合国新闻中心：《〈世界城镇化展望报告〉：到2050年世界城镇人

口将再添 25 亿》，2014 年 7 月 10 日，https：//news.un.org/zh/story/2014/07/217372，2023 年 6 月 4 日。

仇保兴、邓羽：《"减量发展"：首都开启高质量发展的新航标》，《北京日报》2018 年 5 月 28 日。

东城网格：《东城区"热线+网格"接诉即办系统上线，助力城市精细化"智"理》，2022 年 12 月 20 日，https：//mp.weixin.qq.com/s/l0fKCoRk96iHIwD9eTH3Lg，2023 年 6 月 4 日。

顾一琼：《站稳人民立场，将制度优势转为人民城市建设发展竞争优势》，《文汇报》2020 年 6 月 24 日。

关桂峰：《北京城市管理网格化实现 16 个区全覆盖》，2018 年 12 月 12 日，https：//www.gov.cn/xinwen/2018-12/12/content_5348093.htm，2023 年 6 月 4 日。

郭宇靖、吉宁：《京津冀经济总量突破 10 万亿元》，2023 年 2 月 22 日，http：//www.news.cn/politics/2023-02/22/c_1129388186.htm，2023 年 6 月 4 日。

国家发展改革委：《国家发展改革委关于印发〈2021 年新型城镇化和城乡融合发展重点任务〉的通知》，2021 年 4 月 8 日，https：//www.ndrc.gov.cn/xxgk/zcfb/tz/202104/t20210413_1272200.html，2023 年 6 月 4 日。

国家智慧城市标准化总体组：《智慧城市标准化白皮书（2022 版）》，国家智慧城市标准化总体组 2022 年度全体会议白皮书，2022 年。

吉富星：《以"数智化"提升城市治理》，《经济日报》2020 年 4 月 27 日。

兰红光：《中央城市工作会议在北京举行》，《人民日报》2015 年 12 月 23 日。

林祥：《城市化进程中居住性历史街区保护与更新研究》，硕士学位论文，华侨大学，2003 年。

清华大学数据治理研究中心：《政务热线数智化发展报告（2022）》，2022 年 7 月，https：//www.digitalelite.cn/h-nd-5003.html，2023 年 6 月 4 日。

权衡：《明确目标定位，当好新的"排头兵"》，《解放日报》2022 年 7 月 4 日。

任鹏、颜维琦、曹继军：《上海："人民城市"的生动实践》，《光明日报》2020年12月3日。

任珊、孙宏阳：《接诉即办以来12345受理群众诉求超亿件解决率、满意率分别提升至94%、95%》，《北京日报》2022年12月19日。

任珊：《12345热线3年受理群众反映3134万件》，《北京日报》2021年12月20日。

沙靖宇：《管理主义反思》，博士学位论文，黑龙江大学，2017年。

上海市人民政府：《上海市国民经济和社会发展第十四个五年规划和二〇三五年远景目标纲要》，2021年1月30日，https：//www.shanghai.gov.cn/nw12344/20210129/ced9958c16294feab926754394d9db91.html，2023年6月4日。

上海市习近平新时代中国特色社会主义思想研究中心：《以人民为中心推进城市建设》，《人民日报》2020年6月16日。

汤斯萍：《习近平关于城乡融合发展的重要论述研究》，硕士学位论文，闽南师范大学，2020年。

腾讯网：《北京东城区：首创"网格化城市管理模式"，引领"街道吹哨"和"接诉即办"机制》，2022年2月8日，https：//new.qq.com/rain/a/20220208A079N300，2023年6月4日。

屠海鸣：《采取"组合拳"加快旧区改造进度》，《文汇报》2013年。

王珏：《五城市被通报批评评论：名城岂能无历史》，《人民日报》2019年4月8日。

习近平：《向2021年世界互联网大会乌镇峰会致贺信》，《人民日报》2021年9月27日。

谢环驰、鞠鹏：《习近平在甘肃考察时强调坚定信心开拓创新真抓实干团结一心开创富民兴陇新局面》，《人民日报》2019年8月23日。

谢环驰：《习近平在上海考察时强调深入学习贯彻党的十九届四中全会精神提高社会主义现代化国际大都市治理能力和水平》，《人民日报》2019年11月4日。

央广网：《2013年全国遭史上最严重雾霾天气创52年以来之最》，2013年12月30日，http：//travel.cnr.cn/2011lvpd/gny/201312/t20131230_514523867.shtml，2023年6月4日。

叶祖兴：《未来的北京什么样?》，《北京日报》1957年5月8日。

张梦露:《习近平总书记城市规划建设相关论述研究》,硕士学位论文,北京交通大学,2020年。

张潇涵:《城市更新中的政府职能研究》,博士学位论文,上海交通大学,2016年。

浙江政务服务网:《杭州市人民政府关于印发实施"标准化+"行动计划提升城市国际化水平实施方案的通知(杭政函〔2016〕190号)》,2017年1月9日,https://www.hangzhou.gov.cn/art/2017/1/9/art_1241194_3960.html,2023年6月4日。

中国区域科学协会:《沈体雁:决胜城市化下半场:从城市增长引擎(UGEM)范式转向城市更新引擎(UREM)范式》,2021年4月29号,http://rsac.pku.edu.cn/tp_content.jsp?urltype=news.NewsContentUrl&wbtreeid=1071&wbnewsid=1110,2023年6月3日。

中国政府网:《北京市关于加强城市精细化管理工作的意见》,2019年1月31日,https://www.gov.cn/xinwen/2019-01/31/content_5362783.htm,2023年6月4日。

中国政府网:《发展改革委 工业和信息化部 科学技术部 公安部 财政部 国土资源部 住房城乡建设部 交通运输部关于印发促进智慧城市健康发展的指导意见的通知》,2014年8月27日,http://www.gov.cn/gongbao/content/2015/content_2806019.htm,2023年6月4日。

中国政府网:《国务院办公厅关于印发国家标准化体系建设发展规划(2016—2020年)的通知》,2015年12月30日,http://www.gov.cn/zhengce/content/2015-12/30/content_10523.htm,2023年6月4日。

二 英文部分

(一) 著作

Alice Sparberg Alexiou ed., *Jane Jacobs: Urban Visionary*, New Brunswick, N.J.: Rutgers University Press, 2009.

André Sorensen and Junichiro Okata, eds., *Megacities: Urban Form, Governance, and Sustainability*, Tokyo: Springer, 2011.

Harvey David, *Social Justice and the City* (Vol.1), Athens & London: University of Georgia Press, 2010.

Heilmann, S., and E. Perry, eds., *Mao's In-visible Hand: The Political Foundations of Adaptive Goernance in China*, Cambridge, MA: Harvard University Press, 2011.

Jane Jacobs, *The Death and Life of Great American Cities*, New York: Random House, 1962.

Lefebvre Henri, Eleonore Kofman and Elizabeth Lebas, eds., In *Writings on Cities*, Oxford: Blackwell, 1996.

Lefebvre Henri, *Critique of Everyday Life, Vol. II: Foundations for a Sociology of the Everyday*, New York: Verso, 2002.

Lester M. Salamon, *The Tools of Government: A Guide to the New Governance*, New York: Oxford University Press, 2002.

Loga, John R., *The New Chinese City: Globalization and Market Reform*, Blackwell Publishers, 2002.

Sustin Ranney, *Governing: An Introduction to Political Science* (8th Edition), New Jersy: Prentice Hall, 2001.

(二) 论文

Abel Wolman, "The Metabolism of Cities", *Scientific American*, Vol. 213, No. 3, 213 (3), September 1965.

Agranoff, R., & McGuire, M., "Big Questions in Public Network Management Research", *Journal of Public Administration Research and Theory*, Vol. 11, No. 3, 2001.

Al-Jamel, M., & Abu-Shanab, E., "The Influence of Open Government on E-government Website: The Case of Jordan", *International Journal of Electronic Governance*, Vol. 8, No. 2, 2016.

Arcuri, Graig and Jing, Chaoliang, "The Paradigm Shifts of Community Governance in China", *Baltic Journal of Real Estate Economics and Construction Management*, Vol. 7, No. 1, 2019.

Arnstein, S. R., "A Ladder of Citizen Participation Journal of the American Institute of Planners", *Journal of the American Institute of Planners*, Vol. 35, No. 4, 1969.

Benson, M. & Jackson, E., "Place-making and Place Maintenance: Performativity, Place and Belonging among the Middle Classes", *Sociology*,

Vol. 47, No. 4, 2013.

Brenner, Neil, Peter Marcuse, and Margit Mayer, "Cities for People, not for Profit", *City*, Vol. 13, No. 2-3, 2009.

Denhardt, R. B., & Denhardt, J. V., "The New Public Service: Serving Rather Than Steering", *Public Administration Review*, Vol. 60, No. 6, 2000.

Drew J. Nathan, "Authoritarian Resilience", *Journal of Democracy*, Vol. 14, No. 1, 2003.

Heilmann, S., "From Local Experiments to National Policy: The Origins of China's Distinctive Policy Process", *The China Journal*, No. 59, 2008.

Mark Purcell., "Possible Worlds: Henri Lefebvre and the Right to the City", *Journal of Urban Affairs*, Vol. 36, No. 1, 2014.

Mayer, M., "Whose City? From Ray Pahl's Critique of the Keynesian City to the Contestations around Neoliberal Urbanism", *The Sociological Review*, Vol. 65, No. 2, 2007.

Michael P. Todaro, "A Model of Labor Migration and Urban Unemployment in Less Developed Countries", *The American Economic Review*, Vol. 59, No. 1, 1969.

Neuman, M., & Smith, S., "City Planning and Infrastructure: Once and Future Partners", *Journal of Planning History*, Vol. 9, No. 1, 2010.

Oi, Jean C., "The Role of the Local State in China's Transitional Economy", *The China Quarterly*, Vol. 144, No. 2, 1995.

Scott, A. J., & Storper, M., "The Nature of Cities: The Scope and Limits of Urban Theory", *International Journal of Urban and Regional Research*, Vol. 39, No. 1, 2015.

Shindelar, S., "Big Data and the Government Agency", *Public Manager*, Vol. 43, No. 1, Spring 2014.

Snijders, C., Matzat, U., Reips, U-D., "'Big Data': Big Gaps of Knowledge in the Field of Internet", *International Journal of Internet Science*, Vol. 7, No. 1.

Stoker, G., "Governance As Theory: Five Propositions", *International Social Science Journal*, Vol. 50, No. 12, 1998.

Wang, X., "Requests for Environmental Information Disclosure in China: An Understanding from Legal Mobilization and Citizen Activism", *Journal of Contemporary China*, Vol. 25, No. 98, 2016.

West, D. M., "E-government and the Transformation of Service Delivery and Citizen Attitudes", *Public Administration Review*, Vol. 64, No. 1, 2004.

(三) 其他

City of London Corporation, "Enjoying Green Spaces and the Natural Environment", May 2023, https://www.cityoflondon.gov.uk/about-us/working-with-community/central-grants-programme/enjoying-green-spaces-and-the-natural-environment.

City of London Corporation, "Supporting SMEs and Start-ups", January 2023, https://www.cityoflondon.gov.uk/supporting-businesses/business-support-and-advice/supporting-small-businesses.

City of London, "Our Role in London", May 2023, https://www.cityoflondon.gov.uk/about-us/about-the-city-of-london-corporation/our-role-in-london.

London City Hall, "The Mayor's Vision for Culture in London", https://www.london.gov.uk/programmes-strategies/arts-and-culture/mayors-cultural-vision/mayors-vision-culture-london.

Mairie De Paris, "Paris Smart and Sustainable: Looking Ahead to 2020 and Beyond", February 2020, https://cdn.paris.fr/paris/2020/02/26/f7dc822a66de6000cd910a145c7fca39.ai.

Mayor's Community AffairsUnit, "About Commmunity Boards", https://www.nyc.gov/site/cau/community-boards/about-commmunity-boards.page.

Mayor's Office of Immigrant Affairs, "State of Our Immigrant City", March 2018, https://www.nyc.gov/assets/immigrants/downloads/pdf/moia_annual_report_2018_final.pdf.

New York City Comptroller Brad Lander, "The Crisis Below: An Investigation of the Reliability and Transparency of the MTA's Subway Performance Reporting", February 8, 2019, https://comptroller.nyc.gov/reports/the-crisis-below-an-investigation-of-the-reliability-and-transparency-of-the-mtas-subway-performance-reporting/.

New York City Government, "One NYC 2050 Building a Strong and Fair City, A Vibrant Democracy", 2019, https://onenyc.cityofnewyork.us/wp-content/uploads/2019/05/OneNYC-2050-A-Vibrant-Democracy.pdf.

New York City Government, "One NYC 2050 Building a Strong and Fair City, An Inclusive Economy", 2019, https://onenyc.cityofnewyork.us/wp-content/uploads/2019/05/OneNYC-2050-Inclusive-Economy.pdf.

New York City Government, "One NYC 2050 Building a Strong and Fair City, A Livable Climate", 2019, https://onenyc.cityofnewyork.us/wp-content/uploads/2019/11/OneNYC-2050-A-Livable-Climate-11.7.pdf.

New York City Government, "One NYC 2050 Building a Strong and Fair City, Thriving Neighborhoods", https://onenyc.cityofnewyork.us/strategies/thriving-neighborhoods/.

NYC Business, "Minimum Wage About Labor Department of State", https://nyc-business.nyc.gov/nycbusiness/description/wage-regulations-in-new-york-state#:~:text=The%20minimum%20wage%20in%20New%20York%20City%20is, must%20be%20paid%20at%20least%20%2415.00%20per%20hour.

The New York City Charter Chapter 76: Civic Engagement Commission, https://www.nyc.gov/assets/civicengagement/downloads/pdf/charter_chapter_76_cec.pdf.

The official Website of the City of New York, "About New York City Government", https://www.nyc.gov/nyc-resources/about-the-city-of-new-york.page.

Theo Blackwell, "Next Steps in Digital Leadership and City-wide Collaboration in London", Oct.2017, https://medium.com/@camdentheo/next-steps-in-digital-leadership-and-city-wide-collaboration-in-london-3655876e6cb1.

Tokyo Metropolitan Government, "Global Financial City Tokyo" Vision, November 2017, https://www.seisakukikaku.metro.tokyo.lg.jp/en/pgs/2021/03/images/02-2_vision-en.pdf.

Tokyo Metropolitan Government, "Tokyo Sustainability Action", July

2021, https://www.seisakukikaku.metro.tokyo.lg.jp/en/basic-plan/Tokyo%20Sustainability%20Action.pdf.

Tokyo Metropolitan Government, "Future Tokyo: Tokyo's Long-Term Strategy", March 2021, https://www.seisakukikaku.metro.tokyo.lg.jp/basic-plan/2023/02/images/versionup2023_v2.pdf.

Tokyo Metropolitan Government, "Tokyo City Profile and Government", 2021, https://www.seisakukikaku.metro.tokyo.lg.jp/en/diplomacy/2022/05/images/689fbb50f96190f085d6d9aa5286c08b.pdf.

Transport For London, "The Mayor's Transport Strategy", https://tfl.gov.uk/corporate/about-tfl/the-mayors-transport-strategy.

United Nations Human SettlementsProgramme, "World Cities Report 2022: Envisaging the Future of Cities", June 29, 2022, https://unhabitat.org/sites/default/files/2022/06/wcr_2022.pdf.

后　记

　　近些年"精细化"一词越来越频繁出现，并作为一个工作目标或任务被广泛使用在各领域、各部门。然而作为一个实践热词，却未在学界引起热议，似乎只是把它视为一个与"粗放管理""经验管理"相对的应然状态，一个理所应当、毫无争议的常识，一个缺乏理论探讨空间的概念。

　　有意思的是，恰恰作为一个泛在化的概念，这一"泛在"的现象本身就很有理论追问的价值。精细化思想的发端源头是什么？不同领域的精细化有哪些共性和特性？为何在今天的中国如此凸显？目标论下的精细化是什么？方法论下的精细化又是什么？精细化管理与精细化治理有何区别？精细化有无尽头？精细化又会不会带来其他问题？……特别是自精细化进入超大城市治理领域，又给业界和学界提出了更多亟待回答的问题。作为一个超大规模的巨系统，超大城市有没有可能实现治理的精细化？以雄伟大气著称的北方城市，精细化是否符合其城市气质？又是什么因素不断驱动着精细化治理的发展？……

　　我最早对精细化问题的思考始于2012年北大读博期间，特别感激当时参加了先师张国庆教授主持的中央某部委关于"政府职能精细化管理与流程再造"的课题研究。在书生意气的求学时期，一开始其实对"精细化"这个看似理论色彩不浓厚且富有浓重本土气息的概念兴趣不大，但随着张老师的启发和指导，通过对中西方实践与理论研究的深入，发现了它巨大的现实与理论魅力。

　　到党校工作后，党校培训性质要求在课堂上必须对实践前沿做出更前瞻、更深入的理论回应。在习近平总书记视察北京做出重要讲话、时隔37年中央城市工作会议的召开、北京市新总规谋篇布局的时代背景下，以教学任务为牵引，进一步钻研城市精细化管理问题，于2016年开设了《新时代超大城市精细化治理的理论与实践》专题课，求解超大城市精细化治理背后的时代逻辑、城市发展阶段逻辑和治理的现实逻辑。这门课程在北京市领导干部的局级班和处级班引起了不小反响。有学员鼓励我，称我是国内城市精细化研究第一人。我当然不敢厚颜恬以为是，但学员的鼓励与教学相长的多次课堂课后深入讨论，让我更坚定地展开更深入的理论研究。

更重要的是，时代的发展、中国超大城市治理的不断创新为深入理解这一问题提供了肥沃的土壤与充足的养分。北京市提出疏解非首都功能走减量高质量发展战略，这其实为理论上准确阐释超大城市治理精细化的本质内涵、理解精细化"加法"与"减法"的辩证关系提供了生动样本；上海、成都、深圳、杭州等超大城市的创新实践越来越清晰地勾勒出中国超大城市治理精细化的实践模式，也吸引了越来越多学者的关注。中国特色超大城市治理新路的体系、架构、机制愈加明朗，在理论与实践的螺旋前进中不断揭开中国方案的神秘面纱。2021年我承担了北京市社科基金重点项目"习近平总书记关于超大型城市治理精细化论述的基本逻辑与实践路径研究"，得以正式对多年积累的实践调研成果和理论思考成果进行深入研究与系统集成。

回顾研究与撰写《超大城市治理精细化的逻辑与路径》一书的整个过程，课题团队、同行专家和亲朋好友给予了莫大的支持和帮助。研究团队的庞宇、许娟、孙石、唐维和韩海燕在研究和调研过程中克服万难，不辞辛苦，做出了重要贡献；北京市委党校提供了"京"字号学术文库的出版资助，科研处和公共管理教研部领导与同事给予了莫大支持鼓励；北京市组织部、城管委、住建委、规自委、市委研究室、市政府研究室、大兴区民政局（社工委）等市区政府部门、各街道社区领导和工作人员给予了大力协助；每次课堂上学员的精彩讨论给予了研究诸多启发；清华大学张辉、刘奕老师，北京师范大学朱光明老师，中国传媒大学高慧军老师，上海市委党校罗峰、董幼鸿老师，上海交大城市治理研究院吴建南老师，中山大学叶林老师等各位专家同行提供了宝贵意见；成都社治委、成都城管委研究院、深圳龙岗区政务服务数据管理局等兄弟省市的领导和专家给予了大力支持帮助，由衷感谢！

与此同时，作为我职业生涯中的一本重要著作，要特别感谢母院北京大学政府管理学院院长燕继荣老师支持关怀，作序推介，以及北京大学书法家牛耕耘先生亲笔题名支持；诚挚感谢中国社会科学出版社梁剑琴老师一如既往的精心编辑与统筹协调；衷心感谢父母在出版关键期无微不至的照顾支持……这些我都将铭记于心，继续踏实前进。但也正因受到这么多如此的厚待，更觉本书的结束远不足以回馈各位。那就如前讨论，希望通过本书的出版，能够引起更多同行和专家对现代化进程中我国超大城市治理方案和这些重要问题的关注与思考，把它当作对这些问题探讨的一个起点，抛砖引玉，恳请诸位同仁指正，共勉前行！

杨　旎